道德的中国与
规则的日本

孙绿江 著

中 华 书 局

图书在版编目(CIP)数据

道德的中国与规则的日本 / 孙绿江著.—北京：
中华书局,2010.7(2011.1 重印)
ISBN 978 - 7 - 101- 07384 - 3

Ⅰ.道… Ⅱ.孙 … Ⅲ.文化 — 对比研究 — 中国、
日本 Ⅳ.G12

中国版本图书馆 CIP数据核字(2010)第 068198 号

书 名	道德的中国与规则的日本	
著 者	孙绿江	
责任编辑	高 天	
出版发行	中华书局	
	(北京市丰台区太平桥西里 38 号 100073)	
	http://www.zhbc.com.cn	
	E-mail:zhbc@zhbc.com.cn	
印 刷	北京天来印务有限公司	
版 次	2010 年 7 月北京第 1 版	
	2011 年 1 月北京第 2 次印刷	
规 格	开本 /880 × 1230 毫米 1/32	
	印张 9⅞ 插页 2 字数 220 千字	
印 数	3001-6000 册	
国际书号	ISBN 978 - 7 - 101- 07384 - 3	
定 价	25.00 元	

目　录

绪　言

　　从本质上说,文化就是生存方式,只有不同的生存方式才会创造出不同的文化形态。文化一旦形成又会反过来"规定"一个民族的生存方式,这种"规定"就是广义的规则。规则是每个国家、每个民族、每个群体都必不可少的行为标准,因此也必然会影响到人们的思维与思维模式。人类早期的劳动都是为了实用的目的、功利的目的,换句话说,实用主义、功利主义是任何一个原始部族唯一可以选择的生存方式。但在漫长的历史发展过程中,不同的国家、不同的民族最终还是创造了不同的文化,并走上了不同的道路。

　　实际上世界各民族的价值观念与文化心理中所包含的内容大部分都是相同的,差异只在于对各种内容的评价不同。如果对各民族最为重要的文化心理进行筛选,前 10 位的内容至少有 80% 是相同或相近的,不同的只是排序。但在价值观念体系里,为了实现或保证排序在前的内容而不惜牺牲排序在后的内容是一条铁的定律,正是这条铁的定律决定了各民族不同的生活方式与价值取向。

　　中国文化最典型的特征是对道德的关注。在西周初期确立起来的宗法制度是氏族血缘制度向政治制度的扩大与延伸,是父系家长制度（家族制度）与政治制度的结合体。家族制度更为根本，血缘是人的第一身份，"人道亲亲"（《礼记·大传》）是人生的第一原则。"人道亲亲"的核心是孝，孝是中国道德的基础。"孝者，德之本也。"（《孝经》）以孝子之心，以"亲亲"的态度来对待天下就是仁，所谓"老吾老以及人之老，幼吾幼以及人之幼"（《孟子·梁惠王上》），"四海之内皆兄弟"（《论语·颜渊》）。和谐成为社会的最高理想，正是在这个基础上，道德最终超越了家族与血缘的意义，成为人的本质属性。

为了保证道德的权威，道德与政治联姻。道德借着政治的力量超越了自己的权限，成为是与非、对与错、善与恶的最终审判者。因为道德关注的是人而不是物，是社会的和谐而不是自然的科学，所以对道德的过度关注必然导致重人而轻物——善恶观念重于是非观念，善恶判断高于是非判断；注重本质而忽视细节；人文科学发达，自然科学滞后。史学成为道德的记录与评价，哲学成为道德的阐释与说明。在情与理、公与私、义与利、道德与法律、改革与保守、政治与经济的对立与冲突中，善恶成为判断是非的关键因素，变通成为解决问题的必要手段。中国文化中的很多带有根本性的问题都可以在道德与变通的特征中获得解释。

日本最典型的特征是对规则的遵守。在德川幕府时期，统治者把政治制度中的等级与规则极为成功地融入"家制度"之中，每个"家"都有明确的等级，任何人都不能越过规则与等级行事，这也包括身为诸侯的"大名"。对日本人来说，最重要的是要安于本分，努力完成自己的责任，从不设想拥有中国式的以天下为己任的精神。日本从成为一个国家到现在，从来没有发生过思想革命与启蒙运动，一切都严格地按规则进行。任何事情都是可变的，包括规则，唯一不变的就是对规则的遵守。所谓道德就是遵守规则，此外无道德,是非判断取代了善恶判断。在日本的原始神话中没有地狱(黄泉国并非地狱),甚至也没有恶神,只有不听话的捣蛋之神。在电视台的儿童节目中大灰狼与小白兔和谐相处,亦无善恶之别。因为缺乏对善恶的区分,所以日本人也就缺乏内省与忏悔精神,有的只是对规则的遵守。

在向世界各国学习时,日本具有一种明显的倾向:选择自己需要的,排斥自己不需要的。在选择之初,原样照搬,在推行开来之后又对选择的对象进行日本式的改造,既保持着外来事物原有的形态,又在核心的价值观念中坚守着自身的传统,使外来事物成为纯粹日本式的东西。保持外来事物原有的形态使日本时时处于变动之中,坚守自身的传统又使日本不可能成为其他任何一个国家,日本永远是日本。这就是坚守规则,唯己所用,而规则的核心就是等级秩序与集团主义精神。日本所有的特征都可以在这里获得合理的解释与印证,日本也因此成为一个不能以常规来判断的国家。

从第一个研究日本的外国人开始,就被它的极端与宽容、保守与开放、礼貌与冷漠搞得如坠云雾。中国人在研究日本文化时要么更多地注意到了它的表面现象,给予过多的赞扬,甚至像梁启超这样的学者也在追随日本学者的见解,认为日本是一个讲"公德"的国家,而中国是一个讲"私德"的国家,不仅曲解了中国道德的本质,也不可能准确地理解日本;要么完全根据二战时期日军在中国和东南亚的表现与罪行来理解今天的日本,以至于不能全面、准确地评价日本的文化特征与经济成就;要么在对日本的巨大的经济成就进行评价时,依据欧美经济发展的逻辑来解释日本的成功,在难以自圆其说的时候又运用中国式的逻辑来给予说明。

文化的差异源于思维方式的差异而不是思维对象的差异。思维方式的比较是一项困难的工作,但也是一项必须认真做好的工作。之所以选择中国与日本的比较,是因为两国之间的关系对两国的发展与自身的利益都变得越来越重要。在 19 世纪中期之前,日本是一个深受中国影响的国家,其政治、经济、文化、宗教、哲学、文字等形态都来自中国。从 19 世纪中期开始,中国和日本都受到西方资本主义列强的剧烈冲击,两国开始各自寻找解决问题的方法,几乎在同时进行变法与改革。日本比较轻易地完成了对自我的改造,成功地进入了资本主义国家的行列,进而成为列强之一,而中国始终在革新与保守、开放与锁国之间徘徊。面对日本的成功,清政府曾派出了大量的留学生到日本学习,但收效甚微。造成这种差异的主要原因并不是面临的问题不同,而是思维方式的不同。从文化的角度切入,对中日两国的思维方式进行比较与研究,不仅可能,而且意义重大。

要想真正了解一个国家,只有以这个国家自己的认识世界的眼光与研究者本国的认识世界的眼光进行比较才有可能。"有比较才有鉴别",但这种比较必须是深层次的比较,是本质意义的比较。不完全、不成功的比较对世界的意义都是有限的,唯有通过深层次的比较,才能真正认识一个民族、一个国家,也才能在一个有效的基础上与之进行公正的对话。本书只是一个初步的尝试。

第一章 道德与规则

◎ 道德与变通

中国：道德以伦理为基础（孝），向社会延伸（仁），和谐成为最高理想——道德与政治联姻，权力越界，成为最高原则——善恶判断高于是非判断——公德与私德之辨——变通成为必然

◎ 规则与等级

日本：不允许存在一个高于天皇的道德——道德被规定为遵守规则（公德），与修养（私德）无关——不同的等级遵守不同的规则，道德没有统一的标准——各居其位，等级森严，从未发生过思想革命——规则的详细与严格

◎ 动机与结果

中国：注重品行与修养，动机成为人的本质的体现——关注动机，忽视过程与细节——动机往往成为解释失败的理由

日本：注重过程与细节，无视动机与本质——动机不能成为解释失败的理由

中国的成功在于把握本质，善于重点突破；日本的成功在于把握细节，善于技术创新——中国之失在缺乏品牌，日本之失在缺乏创造

曲阜孔庙大成殿

道德与变通

古代中国是宗法制的国家。在西周被最终确立起来的宗法制度是把氏族时代的血缘制度与父系家长制度政治化的结果,也就是依据周氏族贵族的血缘亲疏来确定周王朝内部的等级,并以此来分配政治、经济、军事权力,实行的是血缘集团式的贵族统治。虽有少数非姬姓功臣也被封为诸侯,但并不能改变宗法制的本质,而且此类诸侯在诸侯国内实行的仍然是宗法制度。孔子说:"必也,正名乎!"(《论语·子路》)名即是等级。等级是宗法制社会组织的第一原则,家族是社会组织的第一基础,血缘关系则是人的第一身份。血缘清晰则等级不乱,等级严格则家族不乱,家族稳定则天下太平。等级制度必须被严格遵循,天下之所以乱,就是因为大家都不再安于本位的结果。"君君、臣臣、父父、子子"(《论语·颜渊》),天经地义,不可违逆。君臣与父子并列是因为"家国一理",家族的模式就是国家的模式。

《周易·序卦》:"有天地然后有万物,有万物然后有男女,有男女然后有夫妇,有夫妇然后有父子,有父子然后有君臣,有君臣然后有上下,有上下然后礼义有所措。"家庭、家族早于国家,家庭、家族正是国家、社会、宗法制度的基础。利用血缘亲情,也就是伦理关系来缓和政治等级制度的刚性正是一种最为有效的手段,这就是"父慈子孝,兄友弟恭"。但父兄与子弟并不对等,这既是血缘等级,也是政治等级,是根本,所以即使父不慈、兄不友,子也必须孝,弟也必须恭,也就是"君叫臣死,臣不得不死;父叫子亡,子不得不亡"。

"孝者,德之本也。"(《孝经》)孝是最早、最基础的道德,也是成熟之后的道德的核心。依据血缘确定等级与运用孝道化解矛盾就是西周王朝的"祖宗之法"。前者为政治,后者为道德。到了春秋、战国时期,社会开始动荡,各种矛盾渐渐显露,冲突也日益严重。氏族解体,宗族对立,人口增长,家族分裂,直接导致了无休止的战乱。西周初期确立的道德也就显出了明显的狭隘性,儒家学派不失时机地在传统道德中增加了仁的观念,再经过汉代儒家的努力,最终使其上升为天道。

　　天道是至高无上的,是永恒的。用董仲舒的话说就是:"天不变,道亦不变。"(《举贤良对策》)仁义不可背弃,道德不可违逆。"樊迟问仁,子曰:'爱人。'"(《论语·颜渊》)"仁者,爱人。"(《孟子·离娄下》)仁就是爱一切人,爱天下人,是把家族亲情向所有人的延伸,它隐含着对人的终极关怀。这就是"老吾老以及人之老,幼吾幼以及人之幼"(《孟子·梁惠王上》),"四海之内皆兄弟"(《论语·颜渊》),也就是人们常说的"同姓为兄弟,异姓为甥舅"。这是一个极为美好的图式,它要求把"父慈子孝,兄友弟恭"的道德情感扩大至天下所有的人,"以其所爱及其所不爱"(《孟子·尽心下》)。

　　对个人而言,这是一个由内而外、由家庭而达于天下的过程,也是一个不断提升的、永无止境的过程。这个过程的起点是修身,只有具有了高尚的品行,才谈得上高尚的实践,才能去齐家、治国、平天下。对中国人而言,道德是自觉的意愿,而不是被动的服从,最高境界是把自己修炼到所有的欲望都完全符合道德的要求,使实现道德成为自己最大的乐趣,也就是孔子所说的"从心所欲不逾矩"(《论语·为政》)。从根本的意义上说,和谐社会不仅仅是指人际关系的和谐,也包括个人心理与精神、情感与思想的舒畅。维护社会和谐、宣扬自我完善与具有高尚的心灵正是中国道德具有无穷吸引力的根本原因。

儒家的等级制度与仁爱精神同时满足了统治者与被统治者双方的需求而成为中国最高的治国之术与最基本的为人之道。道德既是一个民族行为的底线，也是一个民族行为的最高境界。中国古人把个体的内心修养与人生的最高境界，把个体的自觉追求与心忧天下的仁者胸怀，把遵守社会规范与反抗不合理的统治都包含在了其中。正是在这个传统之下，依据善恶来评判是非，或者说评判是非的标准完全依据道德的原则，成为中国人价值观念的核心，道德也就成为人的本质属性。

道德既然如此重要，赋予道德以强大的力量就是一种必然，道德与政治联姻，道德被政治化，政治被道德化。道德被政治化首先是因为道德成为政治的指导原则，其次则是道德具有了政治的力量，任何人都可以对不道德的行为进行强有力的干预，都可以对不道德之人进行批判与打击。政治被道德化是指在仁的层面上政治必须符合道德的要求，要成为"仁政"。任何人都可以对"不仁"的政治或个人进行抨击与反抗。道德的善恶判断成为政治的是非标准，政治则成为打击非道德行为的有力武器，道德与政治成为同心圆，其中道德具有引领的作用。

政治作为经济的集中表现，虽然拥有巨大的力量，但缺乏具体的行为规则。道德是一种意识形态，也是一种具体的行为规则。道德与政治的联姻使道德具有了无上的权威，道德也因此超越了自己的职权，成为凌驾于法律之上的最高原则。在宗法制的、地域型的、小农业经济的古代社会，道德因为与政治结为一体，不仅可以在一定程度上替代法律、规则与制度，而且时时处于法律、规则与制度之上，充满了一种"霸气"。直到文化大革命时期，道德问题还可以通过政治渠道来解决,甚至被送上刑事法庭。

道德在超越自己权限的同时也就成为一把双刃剑,一方面仁、孝的思想对于缓和阶级矛盾、缓和集团矛盾、缓和家族矛盾、和谐人际关系、维护贵族的统治起到了极为巨大的作用,另一方面当善恶判断取代是非判断之后,道德也就从根本上动摇了宗法等级制度的核心——君权与神权。孟子就说过:"君之视臣如手足,则臣视君如腹心;君之视臣如犬马,则臣视君如国人;君之视臣如土芥,则臣视君如寇仇。"(《孟子·离娄下》)如果君不讲道德——"君不君",臣也就可以不讲规则——"臣不臣"。同样,如果父不父,当然也就可以子不子。君臣父子尚且如此,其他人际关系更不在话下。"君叫臣死,臣不得不死;父叫子亡,子不得不亡"的刚性原则被道德柔化、弱化。

在中国古代,虽然有严格的等级制度,虽然有不可动摇的王法,但激于义、源于忠孝的犯罪仍然会得到"法外开恩",而不道德的犯罪则会因为"杀人可恕,情理难容"被处决。"杀人可恕"是法律裁判,"情理难容"是道德评价。其利在于有利于化解社会矛盾与处理人际关系,有利于和谐社会的实现。其弊在于重人治而轻法治,是非与善恶成为一体,缺乏一个硬性的标准,在合情与合理之间,合情往往占有更大的比重。依据道德的原则,因为桀、纣残暴,所以汤、武就是革命。"闻诛一夫纣矣,未闻弑君也。"(《孟子·梁惠王下》)如果桀、纣贤明,汤、武就是造反。同样秦王残暴,陈胜就是"起义";如果秦王仁义,陈胜就是"作乱"。在民间这种思想更为明显,例如包公刀铡陈世美,首先就是因为陈世美不孝父母,抛妻弃子,逼死韩琦只是一个最后的理由。杨六郎枪挑潘仁美是因为潘仁美不仁不义,虽然与法不容,但却激于义,所以才有最终天子的法外开恩。这些故事是否属实并不重要,重要的是它们都是老百姓最为喜爱的故事。

这种思想形成于春秋战国时期，真正的中央集权尚未出现，思想统治还未形成。秦王朝因不行仁政而迅速崩溃，其后平民出身的汉王朝的统治者因为推行仁政而稳坐天下。具有一定的民主思想的儒家学说也因此在汉代成为统治思想。此后历代的封建王朝已经无法改变这种局面，不管统治者愿意不愿意，仁政与道德始终是套在封建王朝头上的两大枷锁。

自隋唐之后，随着科举制度的普及与巩固，从平民中选拔行政官员的做法使政府官吏成为一种职业而不再是世袭的特权。官职不再世袭，正是平民政治兴起的标志。权威不再由血缘决定，而是由职务决定，由才能决定，由当权者的道德决定。这对维护社会的和谐与稳定、保护百姓的利益、巩固封建政权、强化封建统治都起到过非常重要的作用。科举制度并没有使家族制度解体，宗法观念也没有因为改朝换代而削弱，道德的作用反而因为官吏的职业化更为强大。每当统治者不讲道德，陷百姓于水火之时，就会有人出来替天行道，救民于水火，解民于倒悬，这是善恶观念的最高表现形式。但是与此相应的则是更多的人在利用道德的口号与民心的向背来发动政变与叛乱，正是这种数不清的政变与各种各样的叛乱造成了中国历史上绵延不断的动乱、战争。道德在维护、稳定社会的同时，也成为别有用心者制造动乱的口实。一方面是"为天地立心，为百姓立命，为往圣继绝学，为万世开太平"（北宋哲学家张载之语）；另一方面则是"圣人不死，大盗不止"（《庄子·胠箧》）。虽然利用道德的力量来为自己谋取私利并不是道德的过错，但是赋予道德以超越其能力极限的使命则是造成这种种利用道德来谋取私利的现象的重要原因。

道德的本质在于实践，但当含有仁政精神的道德上升为天道之后,哲学与史学也就在一定程度上成为道德的解释学与阐释学,道德也就上升为指导实践、统辖实践、高于实践的导师,这使得履行道德成为一个有始无终的过程。在这种精神的指引下,只有具有道德的主动性、自觉性的人才是有道德的人,凡是被动地服从道德要求的人都不能算是有道德的人。由于过于强调人的修养与动机也就渐渐淡漠了对道德实践与道德规则的关注。只要心地善良,动机良好,怎么做并不重要,因为不论怎么做,都应该是符合道德的。于是,道德修养高于道德实践,行为动机优于行为过程。这正是中国道德与日本道德的根本区别。

正是在这个意义上,1902年7月来中国进行教育考察的日本学者嘉纳治五郎提出中国的教育体系中缺乏"公德"教育的看法,这是典型的日本式理解。对日本人而言,道德的全部意义就在于对社会规约与制度的遵守。因为日本的道德所要求的完全是对"公"的规约的遵守,只要遵守就是有道德,不遵守就是无道德,与个人的修养没有什么关系,所以可以称其为"公德",中国人强调的首先是个人的修养而不是对社会规约的遵守,因此可以称其为"私德"。梁启超不仅赞同这种观点,而且在《新民说》中专立一节《论公德》以阐述之。他说:"吾中国道德之发达,不可谓不早。虽然,偏于私德,而公德殆阙如。试观《论语》、《孟子》诸书,吾国民之木铎,而道德所从出者也。其中所教,私德居十之九,而公德不及其一焉。"①

梁启超其时身处戊戌变法失败之后,对中国传统文化的批判过于激烈原本也在情理之中。平心而论,对中国人来说道德既是为私(修养自身)的,更是为公(社会实践)的,修养正是为了社会实践,从来就不存在只是为了私的道德。从根本上说,为了私,就不需要道德,因为道德的根本目的是为了解决人与人的关系问题。关注人的动机正是为了道德的提升,正是为了在所有的场合与时间内都自觉而愉快地实践道德,这才是中国人关注修养的根本原因。当然,对动机与修养的过度重视反而导致了对道德实践的忽视,确实也是一个明显的事实。

从道德的角度考虑问题是中国式思维的一个明显特点,因为只有经过内心的修炼,拥有仁者的胸怀,才会真心为社会着想,为社会服务,才会真正以恻隐之心关爱天下人。因此从道德的角度评价人,首先就是关注人的行为动机。虽然变法失败但对祖国有着无限忠诚的屈原,虽无实际的政绩但忧国忧民的杜甫,虽无具体的贡献但保持清高的节操的陶渊明等人始终受到中国百姓的尊重与景仰,甚至比那些既有道德又有事功的人更受崇敬。孔子、孟子当然就更是受到无限的尊崇了。这在一定程度上成为道德至上主义。而那些虽然做出了巨大的功绩,但并无道德可言的人,或者说为了个人的目的而建立功业的人,如苏秦、张仪、李斯等人,则始终难以获得一个好名声。在阶级斗争占主流的时代,思想与动机更是受到了空前的重视。只要"思想反动",哪怕没有反革命行为也会受到严厉的惩罚与制裁;只要"思想进步",哪怕事情没有干好也会得到原谅,甚至还会受到表扬。所谓"知识越多越反动","宁要社会主义的草,不要资本主义的苗"等等,便是这种思想的极端表现。从这个意义上说,亚当·斯密在《国富论》中提出的应该鼓励个人通过"利己心"的驱使来实现自由竞争的经济理论在中国是不可能形成、产生的。

中国的道德以社会和谐为最高目标,因此统治者在统治策略上追求合情合理,要让百姓心悦诚服,以理服人成为重要的手段。在百姓的日常生活中同样是"有理走遍天下,无理寸步难行"。加之圣贤之书形象易懂,本身又具有很强的实用性,这就形成了中国人善于运用理论来解决人生与社会问题的传统。但这种理论更多地是道德伦理与社会政治方面的理论，化解人生难题、提升人生境界是其根本目的。

因为道德关注的是人而不是物，所以对道德的过度关注必然导致重人而轻物——善恶观念重于是非观念，善恶判断高于是非判断；注重本质而忽视细节；人文科学发达，自然科学滞后；"君子喻于义，小人喻于利"（《论语·里仁》）。这种观念不仅使经济的发展受到了严重的制约，也极大地局限了中国人对自然科学与生产技术的关注。自古以来的知识分子可以说是"坐而论道者多，身体力行者少"，重理论而轻行动成为传统。进入现代社会之后，这种影响仍然存在，对实践的轻视不仅导致了技术的落后，也在根本上限制了自然科学的进一步发展。因为自然科学如果失去了技术手段的支持，也就失去了发展的动力与基础。

马克思主义有一种观点：人与自然的关系决定着人与人的关系，换句话说就是生产力决定着生产关系。但人与人的关系永远不可能像人与物的关系那么简单，因为人是有思想的存在物，所以道德本身就存在着某种多变性。在道德至上的国家，道德必然充满了形而上学的特征，进而具有了反物质的特征。具体表现就是"君子喻于义，小人喻于利"，中国历史上的"重农抑商"、"杀富济贫"就是典型。恩格斯说："在黑格尔那里，恶是历史发展的动力借以表现出来的形式。这里有双重意思，一方面，每一种新的进步都必然表现为对某一种神圣事物的亵渎，表现为对陈旧的日渐衰亡但为习惯崇奉的秩序的叛逆；另一方面，自从阶级对立产生以来，正是人的恶劣的情欲——贪欲和权势欲成了历史发展的杠杆。"[②]祖宗之法与社会发展、财富积累与私欲膨胀、文明进步与罪恶堕落永远都是对立的统一体。另一方面，在个人与他人之间，在个人与社会之间，在集团与集团之间，在百姓的利益与统治集团的利益之间也永远存在着各种各样的冲突与矛盾,而且社会本身又在不断地发展变化之中,因此一方面需要对祖宗之法、对天道与道德的严格遵守,另一方面又必须根据变化了的形势和具体的情况与环境而处理具体问题,以缓解矛盾,消解战争。这就需要变通。

从另一个角度来说,因为中国的道德缘于宗法制度下的家庭、家族中的血缘亲情,而道德的最高境界又是把这种对待亲人的方式推广至天下所有的人,所以"情",也就是"人情",成为人际交往中极为重要的内容。可以说,人情是中国传统道德的派生物,是家族制度的衍生品,甚至可以说人情是中国人的宿命。人情观念的强大直接构成了中国人在情理冲突时的尴尬,变通也因此成为一种必要的手段。

变通在中国具有悠久的传统。《周易·系辞下》:"穷则变,变则通,通则久。是以自天佑之,吉无不利。"真正的变通不是丧失原则,而是在原则的基础上根据条件与环境来灵活而有效地解决问题。如果背离了原则就不是变通而是背叛。

在政治层面上说,汤武夺权不是变通而是建立新的规则,所以儒家称之为"革命"。最早的变通者应该是孔子。孔子为了推行他的政治主张,自觉地通过《春秋》来"善善,恶恶,贤贤,贱不肖"(《史记·太史公自序》),所以"孔子成《春秋》乱臣贼子惧"(《孟子·滕文公下》)。但面对春秋末期礼崩乐坏的局面,为了稳定当时的社会,孔子也只能为尊者讳,对历史事实有所修改。司马迁在《史记·匈奴列传》中说:"孔氏著《春秋》,隐恒之间则章,至定哀之际则微,为其切当世之文而罔褒,忌讳之辞也。"因为孔子的目的是为了恢复社会的稳定,所以"为尊者讳"成为一种典范。

因为变通不能背离天道的原则,所以变通只能是局部的、表面的、渐进的,久而久之则会形成大量的"既成事实",最终还是得通过哲学的解释并以规定的形式给予认可,也就是在变通中完成社会的改造。这正是很多学者所说的中国走的是一条渐进式的发展道路的原因。在中国的历史中缺乏真正意义上的革命,所谓改朝换代从秦汉之后就只是对统治集团的更换而不是社会形态的革命了。

既要坚持原则,又要使问题得到妥善的解决,辩证地看问题就成为必然,变通也因此成为合理的手段。变通思维的最大特点就是灵活地思考与处理问题:把握本质而不拘泥于某一种既定的手段与规则。在做某件事情之前,大多数中国人都会想:做这件事的目的是什么,如何才能做得更好、更有效、更轻松。这是为了达到既定的目的而寻找最佳手段。这种行为之所以没有演化为不择手段,是因为在道德的控制之下,任何目的与手段都不能超出道德所允许的范围,这正是道德存在的必要性。在解决家规与国法的矛盾、改革与保守的对立、情与理的冲突的时候,中国人具有最为高超的变通手段与能力,经验与谋略成为人生中最为宝贵的财富。但变通与背叛的边界在很多时候并不清晰,所以在一些人眼中什么事都可以商量,什么事都想要去商量。对另一些人而言,变通就是绕过法令,就是打擦边球,更进一步就是高抬贵手,法外开恩,变通又成为谋取私利的借口。

注释:

①《饮冰室合集》(专集第三册),上海:中华书局,1947 年版,第 12 页。
②《马克思恩格斯选集》,人民出版社,1972 年版,第 4 卷,第 233 页。

规则与等级

　　日本古代的学者对中国文化研究之精深令人惊叹。当局者迷,旁观者清,在认识中国文化的缺失方面,日本学者在很多地方甚于中国。江户时代(1603—1867)是一个对近代日本的意识形态具有决定性影响的时代。此时的统治者非常清楚地看到了中国式的仁政与道德对统治者造成的巨大约束,因此在对儒家所宣扬的等级制度给予最充分的肯定的同时,又坚决地排除了其他有可能影响到等级制度的学说。也就是只接受了君君、臣臣、父父、子子的忠孝思想,而儒家的仁政思想、以天下为己任的思想则遭到了坚决的排斥。"'在日本,这些思想显然是与天皇制不相容的。因此即使作为学说也从来没有被完全接受过。'事实上在日本'仁'是被排斥在伦理体系之外的道德,完全没有它在中国伦理体系中所占的那种崇高地位。"①因为他们清醒地认识到了任何仁政的、道德的思想都会提出一个高于天皇的原则或真理,在这个原则或真理的指导下,人们就会对不合理的统治提出挑战,等级制度就会受到威胁。

　　江户时代的统治者们出于统治利益的考虑,一方面闭关锁国,拒绝接受其他国家的思想,残酷镇压基督教徒,不允许在日本存在一个与天皇对立的上帝。另一方面借着儒家的等级思想与忠孝思想建立起了一套完整的封建等级制度。这个制度非常彻底,从朝廷一直到每一个家庭。只要人人都无条件地服从等级制度、执行命令,社会就是稳定的、安全的,就不会有中国古代的种种动乱与战争。但这也只是一种理想的状态,并不是所有的人都安于这种异己的"服从",所以还必须为各色人等规定各自的权力与行为范围,这就是名目繁多的各种规则。不仅在社会生活中每一个人都必须严格遵循各种规则,而且在家庭生活中也必须遵循各种规则,血缘亲情必须让位于等级规则。安于本分,各居其位,严格遵守属于自己的规则是江户时代对每一个国民的要求,也是日本近代社会建立的基础。

日本的统治规则之繁杂与精细是难以想象的。"德川时代(即江户时代——引者注)的法律使我们十分吃惊,竟然规定某个等级的农夫只能为其孩子购买某一种偶人,而另一等级的农夫则只能买另一种不同的偶人。"②这种严格、繁琐而又极为清晰的等级规则使每一个日本人都非常清楚自己的责任与权力,清楚自己在社会中的"适当位置",因此他们可以在规则的范围内自由行动,但决不越雷池一步。他们缺乏中国式的胸怀天下的理想与西方式的正义的理念,社会也不需要他们去济危扶困,关心弱者,他们需要做的只是完成自己的本分,尽到自己的责任。政府为了保证这种规则的彻底执行也在严格地保证着遵守规则者的合法利益,这是日本一个非常突出的特征。即使是最下等的"贱民",也有自己的"合法权益",只要遵守规则就能保持自己的地位,就能继续自己的生活。任何一个不遵守规则的人都将受到严厉的惩罚,包括专断独行的家长与被称为"大名"的诸侯。而在思想领域则严格地禁止各种不利于或有损于等级制度的思想的传播。这就是日本历代统治者的法宝与秘密武器。

日本的各类辞典对道德的解释是:人的行为的准则,社会公认的规范等等。虽然有些辞典中也有"道德是社会成员间对行为的善恶的判断标准"的定义,但始终没有关于道德是一种意识形态的定义,而且这也是自近代开始才有的定义。中国则首先把道德定义为意识形态。在中国,道德既是一种自律,也是一种他律,具有精神与实践两个层面。在日本则只是一种他律,只有实践一个层面,实际上只是对行为规则的遵守——遵守规则就是拥有道德。

今天的日本已经是深受世界各种文化影响的日本,但对道德的认识仍然只是在强调行为的规则性。日本学者川岛武宜说过:"日本的道德要求不倾向于创造统一的道德精神,也不基于统一的道德精神……道德不是自主性的自律的精神世界,而是由他律性的'外部'强制(被人嘲笑)来加以保障的。"[③]日本人心中的道德就是遵守各种各样的规则,符合行为规范的人就是有道德的人,反之就是无道德的人,与个人修养(自律精神)并无什么关系。因为在等级制度中,不同等级的人具有不同的行为规则,所以才有"日本的道德要求不倾向于创造统一的道德精神,也不基于统一的道德精神"这样一种非常独特的现象。

在日本,道德的规则与社会的规则相重合,成为两个同心圆。因为二者皆为他律,而社会规则又具有更为根本的意义,所以道德规则完全被社会规则所掩盖。对日本人而言,遵守规则具有与生俱来的意义(详见下文"日本的家制度与同族制度"一节),因此并不需要独立的道德来匡正人们的行为。虽然日本人也在谈论道德,但在思想深处道德只是对规则的另一种表述而已。也正是在这个意义上,江户时代的大学者本居宣长甚至说:"道德戒律适合于因本性低劣而不得不用这种人为的手段予以约束的中国人。"[④]如果从获得道德必须经过主观的努力才有可能的角度来说,所有追求道德的民族都适用于这句话;如果从道德只是一种他律的意义上看,这句话更适合于日本人,因为只有本性低劣的人才需要他律。但是当我们放弃各自的心理感受,从一个旁观的角度出发,在这句话中最能见出中日两国对道德的不同理解。因为日本的道德观念中没有自律性的要求,也就是没有对内心修养的要求,只是要求对社会规则的遵守,所以在对中日道德进行比较后,嘉纳治五郎才提出日本的道德是"公德",而中国的道德是"私德"的说法。这显然是从日本文化的角度进行的解释,也是对中国道德的不理解所致。

在江户时代每家每户都必须在门口挂一个牌子,写明主人的地位与身份,这样人们的行为就可以得到有效的监督。现在日本住宅的门口依然挂着写有户主姓名的牌子。"日本人比任何一个拥有主权的民族都更加习惯于这么一个世界:人们行为的细节以及各人所处的地位都有明确的规定。这两个世纪(指江户时代——引者注),在这样一个世界里,法和秩序是以铁腕来维持的。日本人学会了把这种精心设计的等级制度看成是安全及保险的制度……如果臣民能够证明别人侵犯了他们的权利,他们可以控诉,就像农民在遭受横征暴敛时代所做的那样……日本倒是真的有人身保障的,如果侵犯行为为现行的行为'准则'所不允许的话,那是会被纠正的……一个人是要在服从这些准则,而不是企图修改或反抗这些准则的情况下,显示其勇气和正直的秉性……它的规则不是像十诫那样抽象的伦理,而是具体的细则规定,说明在某种场合该怎么做,在另一种场合又该怎么做,是武士的话怎么做,是庶民又该怎么做,什么是兄长的本分,什么又是弟弟的本分……重要的是要承认给予每个阶级以某种保证。即使是贱民也要保证其对某一特别行业享有垄断权,他们的自治组织也得到当局的承认。"⑤违背这种规则的同时也就违背了道德。日本几乎所有的特征都可以在对规则的遵循中获得印证。

如果没有了规则,日本人就不知道该怎么办。如果有人破坏了规则,就会使所有的人都感到不安。在江户时代农民的负担非常重,租税基本保持在全部收成的40%。即使是这样,也没有农民抗议之类的事情发生,因为这是规则。如果统治者过于残暴,破坏了规则,例如个别地区年贡超过60%,甚至达到过80%,农民也会反抗,但反抗的主要形式还是请愿。只要是符合规则的请愿都会被接受,因为规则必须遵守。但带头的人要被处死,因为他越级上告,违犯了规则。得到实惠的农民则涌向刑场,静静地等待着处决,然后是对英雄的安葬,这些都是情理中的对规则的遵守。在如此严格的规则笼罩之下,日本人也就失去了对哲学与理论的兴趣。

一般情况下人们也不会主动帮助他人。"明治前最著名的法律之一就是:'发生吵架争论时,不可无端插手。'在日本,一个没有明确授权的人如果在这种场合帮助他人,就会被怀疑是在不正当地从中渔利。接受帮助者将会对其帮助感恩不尽,这个事实并不会使任何人渴望去利用这种好机会,相反使他对助人一事非常小心谨慎。"⑥解危扶困是政府的事情,并不需要百姓来关心,这是规则确定了的。而受人帮助则需加倍偿还,这是习俗规定了的,没有人愿意接受这种"无端"的帮助,所以也就没有"见义勇为"之事的发生。即使到了现在这种现象也还在一定范围内存在——做一些社会公益事业必须有相关部门的委托或认可。例如从家庭到学校这一区间的儿童,既没有父母的关照也没有学校的管理,这往往是儿童容易出事故的区间,但对在路途中出现困难的儿童提供帮助也需要得到学校的授权。只有在学校领到一块"儿童110警署"的黄色铁牌挂在门口,才可以名正言顺地帮助有困难的儿童。

日本的封建制度始终保留着浓厚的奴隶制特征,始终是贵族统治,政府也一直是军人政府。天皇是名义上的最高统治者,将军是实际上的统治者。全国被分割为许多藩国,由大名,也就是诸侯进行统治,与中国的春秋时代非常相似。从天皇到百姓都是世袭制。百姓被分为士（武士）、农、工、商四个等级，层层相叠，并不平等，各等级之间也不通婚。最下层的贱民是不算数的，甚至在计算道路的里程时，贱民居住的区间也要从总里程中减去。武士（指下层武士，因为上层武士本身就是贵族）是统治秩序的维护者与管理者，类似于今天的"公务员"。因为所有的身份都是世袭的，而且等级秩序是不能被松动的，所以从来没有实行过中国式的科举制度，也没有从平民中选拔官吏的做法。

天皇是等级精神的象征。自西方人进入日本后也一直是与将军打交道，在很长一段时间里甚至不知道在幕府的背后还有一个天皇，因而认为天皇只不过是一个摆设。但对日本人而言，天皇绝不是一个可有可无的存在，他既是唯一生活在现实社会中的神，更是一个绝对的等级秩序的代表，从未有人向天皇的权威挑战过。在中国是"胜者王侯败者寇"，在日本是"胜者官军，败者贼军"。不管大名与将军之间发生什么样的战争，从来没有人想要当天皇。"皇帝轮流做，明年到我家"，在日本不可想象。

明治维新的第一步就是"大政奉还"——要求幕府交出手中的权力。在从不过问世事的天皇下诏之后，实际上的统治者，手握大权的德川幕府在经过一夜的会议之后，竟然完整地向天皇交出了自己的祖先经过艰苦的战争获得的，并为自己的家族统治了260年之久的江山。这在日本之外的任何一个国家都是不可想象的。大政奉还之后的内战则与天皇无关了。二战后期，面对美军的进逼与原子弹的轰炸，天皇决定投降，军国政府千方百计地阻挠天皇发表投降宣言。但当天皇的投降宣言发表之后，所有的军队都放下了武器，最强硬的军国主义分子也只是去剖腹自杀，而不是反对天皇或拒绝服从命令。服从天皇是日本的第一条规则。

在等级制度之下，人与人的关系就只剩下了纵向的上下级关系。各等级内部也层级分明,年龄、辈分、资格、所属集团的地位、家庭背景等等都会构成任何两个人之间的差别。如果搞不清这种复杂的差别,日本人就不知道该怎么做,该怎么说。说错了,做错了,都会招致耻辱与麻烦。在集团内部的同级之间最为重要的就是资格,先来的人就是后来的人的"先辈",先辈与后辈之间构成一种"亚等级"。提拔干部,资格往往是一个关键的因素。对大多数集团来说,提拔一个无能的领导对集团造成的损失根本无法与提拔一个虽有能力但无资格的领导对规则的破坏相比。

在古代讲究等级与规则是为了社会的稳定,日本也确实因此而获得了稳定。但从近代资本主义制度形成以来,日本的这种充满着奴隶时代特征的制度却天然地与资本主义的大工业生产形式相对接。大工业生产所需要的组织性、纪律性、标准化、程序化,在中国遇到了小农业文明的强烈抵抗,经验型的、情感型的、变通型的、柔性的中国文明难以适应这种刚性的、无生命的、无情感的规则。但日本却在等级与规则的传统下使大工业生产的文明得到了最完美的体现,获得了无法估量的生产力。日本也因此得到了比任何一个资本主义国家都更有利的生产环境。这里没有民主与个性,只有规则。江户后期在家庭作坊的基础上产生的近代工业从一开始就具有明显的等级特征。从明治维新开始,日本只用了30年的时间就迅速崛起,成为东方列强。这也正是为什么今天的日本仍然拒绝欧美资本主义制度中的个人主义的真正原因。

今天的日本在政治制度中等级制度早已不复存在,但在社会心理中对等级的服从依然是集团主义的核心。仅就日本的企业而言,职工对上级的服从绝不亚于一般国家的军队。为了保证集团的稳固,上司也必须同其他人一样,甚至更为严格地遵循集团的制度与规则。"这个集体中的每一员,不论其表现如何,都必须与整个集体同甘共苦。"⑦这正是日本企业具有强大竞争力的本质所在。

日本人的最高智慧是以最有效的方法来处理问题,这个方法就是规则。在日本什么都在变,规则也在变,唯一不变的就是对规则的遵守,可以说是"自古华山一条道"。一般来说,日本人不关心哲学与理论问题,而是用规则来规定人的行为,用规则来确定人际关系,用规则来保证工作质量,用规则来辩明是非曲直。日本人从不为无谓的理论争执而浪费时间,有了问题就改,没有问题就继续往下走。"日本人的行为似乎是先把每一件事都纳入一条行动路线上,一旦失败了,他们就自然而然地采纳另一条路线。"⑧在表面上看好像没有一个恒定的原则,但在本质上则是做任何事情都必须有一个明确的规则。如果条件发生变化,那就改变规则——在不知变通与彻底变革之间没有根本性的障碍。自日本成为一个国家以来,从来没有发生过思想革命,也不需要思想革命,只要统治者建立起一种新的规则,百姓就会义无反顾地走上一条新的道路。对中国人而言,这是天翻地覆的变革,需要长时间地"统一认识"、"统一思想",对日本人而言这只是换了一个工作方法,换了一个操作规程而已。

最简单的例子就是在抗日战争时期,日本军人与中国军人拼刺刀,首先要子弹退膛。这并不像有些人说的那样是怕误伤自己人。误伤自己人只是训练时才有的事,在战争中其概率远远低于杀伤对方与被对方杀伤,因为在绝大多数战役中,中国军人的人数都要多于日本军人。另有人说,因为日军使用的"三八枪"过长,拼刺刀时如果枪膛中有子弹,食指就会扣在扳机上,这样就无法握紧枪柄。这种说法更是没有道理。难道子弹在膛,食指就会粘在扳机上吗?就是一条:子弹退膛就是规则,是规则就必须执行,哪怕会增加自己的伤亡。为什么会有这样的规则?我想可能与武士道精神有关,因为只有这样才能使自己处于劣势,进而最大限度地激起绝望中的厮杀精神与拼命精神,并在气势上压倒对方,这正是日军的明显特征(参见"日本的哲学"一章)。中国军人则是只要能打赢,怎么打都行,打赢就是规则,即使还有其他规则,也都必须服从打赢这个规则。

遍布世界各国的"中华料理",生意火爆,财源滚滚,但除了形式而外,从原料到烹调都在迎合着各国的风俗与口味。这种种"中华料理"与国内正宗饭菜的味道已经相去甚远。这叫"入乡随俗",是变通。而现在也开始"走向世界"的日本料理,只要是日本人开的,不论在什么地方都是同样的选料、同样的烹调、同样的口味,甚至萝卜丝的长度都严格一致。公司的管理、服务也都与日本国内基本一致。这叫"乡音难改",是规则。"中华料理"因为自己的变通,"日本料理"因为自己的规则,都在海外扎下了根,人们无法对它们的成功与失误做出更多的评价,但是谁就是谁,谁也无法改变谁。

对规则的重视除了传统的等级心理之外,还源于对安全的敏感。日本是一个地震、火灾、水灾、台风等灾害频发的国家,自古以来日本人就缺乏安全感。进入现代社会之后,国土的狭小、资源的贫乏、人口的众多、原子弹的轰炸、关东大地震、阪神大地震等因素更是在刺激着日本人的不安全感。对日本人来说,避免不安全的最有效的办法就是遵守各种规则,遵守各种各样的操作规程,阅读各种各样的使用说明书。

日本人对规则的重视首先表现在执行规则之严格上。服从重于一切,集团的团结是建立在共同服从领导的基础上的。"只有服从领导的人才能当领导",这是经常被引用的话语。即使领导的指示有明显的不足之处,日本人也会认真地按领导的指示去办,没有人会去要求解释,更没有人会去争辩。进入公司的新手在独立工作之前都要接受一次先辈的指导——极为严格甚至可以说是极不像话的挑剔与指责。不论干什么,也不论干得有多好,先辈总是会以近乎蛮横的手段进行指责与批评。这是新手必须经过的"心理锻炼",只有忍受得了这种"欺负"或"屈辱",仍然能完全服从先辈,并把工作做得更好,才算是过了关。过了关的人就不再是新手,就是一个可以信赖的人。从这一点上说,日本人是最容易领导的。但同时日本的领导也是最难当的,因为职工都在认真地执行着领导的指令,完不成任务,达不到目标,领导难辞其咎。因为工作没有干好或没有达到预期的目标而自杀的领导时有所闻。

其次是规则之详细。日本人的分工非常细致,在企业中各项工序都有明确的要求,先做什么,后做什么,用什么工具做什么等等。在每道工序的各个阶段也有非常明确的标准与说明,每个职工面前都有工序的要求与标准。就连餐馆连锁店里的豆腐、萝卜都是用尺子量着切的,在任何一家连锁店里饭菜的味道与品质绝对是一样的。对企业而言,一种产品只能有一个标准,否则都是废品。所有的事情都有具体的负责人,即使是两个人一起干活,也必然会有一个负责人。因为责任非常明确,所以也就没有中国常见的出了问题却找不到责任人的现象。工作没有做好,领导也不会越级指责具体的工作人员,而是批评负责人。

日本的公司对新进入的成员都要进行培训。其中有一条叫"报连相"。"报"就是遇到问题要请示报告,不允许员工"创造性地开展工作"。"连"就是连络,就是向有经验的老职工请教,不能擅自决定如何处理。"相"就是相谈,就是与同事商量应该怎么办。"报连相"的核心是按规则行事。对个人而言,只要按程序操作,就不会出错。如果出了错,日本人首先询问的就是:"你是怎么操作的?"中国留学生在日本打工,最容易犯的错就是不按程序操作,尤其是嫌麻烦不随时更换工具或为了图省事而随意更换工具。对中国人来说技术不过是手段,程序不过是过程,是否遵守程序并不重要,重要的是是否完成了任务,任务完成得怎么样。在这里也最能看出两国文化的差异。

第三是规则之广泛。在社会生活的各个方面都存在着无法计算的规则,有的是明文制订的规定,更多的则是约定俗成的传统。对这些规则与传统的遵守日本人堪称楷模。上个世纪 90 年代之前,日本男人在街道上随便找个灌木丛或者一个树干就可以小便,全然不管周边的汽车与行人。这是男人的权利,无人指责。从 2000 年以后,因为日渐增多的外国人看不过眼,日本政府开始制止这种现象,日本的男人也就自觉地接受了这种新的规则。

在日本扔垃圾是非常麻烦的事,垃圾的分离规定非常详细。例如,饮料罐必须把金属盖与塑料或玻璃瓶体分开,装在不同的垃圾袋里。各种装食品的塑料袋在丢弃之前,一定要把塑料袋里剩余的食品倒进普通垃圾袋里,再把塑料袋单独分装。报纸属于什么垃圾,硬塑料属于什么垃圾,电池属于什么垃圾,泡沫塑料属于什么垃圾,都有明确的规定。最让人头痛的还是很多酒瓶、饮料瓶,你根本就弄不清它到底是玻璃瓶还是塑料瓶。如果分离错误,住宅的管理员就会一手捂着鼻子,一手用小叉在垃圾袋中翻腾,寻找蛛丝马迹。一旦确定垃圾的主人,就会很有礼貌地把垃圾送回来,不把你弄得无地自容他是不会离开的。刚去日本的外国留学生在扔垃圾之前无不忧心忡忡。

日本同样存在黑社会性质的组织,政府对这些组织采取的是一种控制而不是完全取缔。"1980 年,日本国家警视厅的报告精确指出,日本存在 2597 个地下组织,成员总数达 106754 名。"⑨数字如此之精确,可见政府对它们的情况一清二楚。2007 年 4 月,一个地下组织的成员枪杀了长崎市的市长,还有一个组织因为内讧枪杀了对手,警察的行动准确而迅速,就是一个证明。日本也允许妓院与赌博在一定程度和一定范围内存在。此类情况在世界各国都不同程度地存在,各国政府采取的措施也不相同。在日本,此类行为与组织都被严格地控制在一定的区间与范围之内,敢越雷池者严惩不贷,体现的也还是规则。

那些约定俗成的潜规则也得到了严格的遵守。日本人的私生活受到严格的保护,但这种生活决不能以侵害他人为代价。最典型的就是不能制造噪音影响他人的生活。日本人养的狗很多,但从来听不到狗的叫声。甚至是在遛狗的时候,两狗相遇,相向而叫的现象也比中国的要少得多。我曾经很纳闷地问过日本人,这些狗是不是都做过手术。日本人的解释是养狗首要的就是训练狗保持安静,不要影响他人,并没有给狗做手术。

因为规则的严格,每个人都只关注自己的事,所以日本也就缺乏对掌权者的有效监督。掌权者的贪污、腐败、受贿、渎职也就很难发现。但只要发现,必然会身败名裂。安倍内阁中有几位大臣就是在政治献金的问题上出了麻烦而接连落马,有一人甚至自杀。

这种对规则的无条件服从保证了日本人极高的工作效率,但同时也使日本人明显地缺乏工作与思维的灵活性。按规则行事,在规则的范围内把工作做到最好,使日本人创造出了极为优秀的工业技术与工业产品,但在对人类具有重大贡献的理论创新与科技发明方面,日本则相对较少。

注释:

①②④⑤⑥⑧鲁思·本尼迪特克:《菊花与刀》,九州出版社,2005年1月版,第93、113、140、58—59、84、33页。

③川岛武宜:《评价与批判》,见《菊花与刀》附录,九州出版社,2005年1

月版,第230页。

⑦⑨克里斯托弗:《日本精神》,见《丑陋的日本人:日本文化的明与暗》,山东画报出版社,2006年5月版,第96、121页。

动机与结果

在中国,道德在被规定为人的本质属性并且成为哲学与史学的基本精神之后,道德的原则也就渗透进了中国人的思想深处,成为人生意识与人生行为的基本坐标,成为心灵的一部分,在道德的品行上没有公私之分。

因为道德首先属于意识形态,所以关注人的动机,无疑是在关注人的道德。在中国人看来,只有在高尚的动机下做出的高尚的行为才真正是高尚的品行。动机至关重要,在很多时候甚至比结果更重要,因为它决定着一个人的本质,而本质决定着一切,具有根本的意义。一个为了自己而努力工作的人和一个为了百姓而努力工作的人虽然干出了相同的政绩,但人们对他们的评价决不会相同。与此相应的就是对好心办了错事的人总是能够原谅的,最起码是可以理解的,自古以来的"法外开恩"大多数都是因为此。正是在这种背景之下,如果干错了事,很多人首先想到的就是为自己找一个合适的理由,当然最容易找到的理由就是"出发点是好的","动机是好的","好心办错了事"。这都是极好的躲避或减轻惩罚的理由与借口。而那些以此来掩盖卑劣的目的或搪塞责任的人,也就只注意如何做得"像",而不是如何做得"好"。从搞"花架子",搞"形象工程",到金玉其表、败絮其中的"豆腐渣工程";从只要挣钱不惜造假,到只要有税不惜地方保护;从拉关系、走后门,"玩转"领导与检查组,到从不抓具体工作,一心只想着写好汇报材料;从搞卫生只搞显眼之处,工作只干领导关心之处,到胸无点墨,大言欺人,做得不好还死不认账。这并不是道德出了问题,而是道德的打击力量不足。社会舆论充其量只能使其"名裂",而不能使其"身败",在道德的约束力已经减弱的今天,名裂不足以使其恐惧。中国正在强化的法制正是制止这种歪风的有效手段,但法律也只能解决部分问题,道德的重建仍然非常重要。

对动机的过于关注造成的负面影响就是对过程的忽略,对细节的忽略。中国人最讨厌的就是在干活的时候有个自以为是的家伙站在旁边指手画脚。典型的表现就是:"我只要把活干好就行了,至于我怎么做,免开尊口。"只要能达到目的,形式越简单越好,手段越直接越好,过程并不重要。这就是"打赢就是规则"。对于那些"繁琐的"、"形式主义的"细节力求能减到最少的程度,形式主义在中国始终没有一个好名声。即使到了现在,企业中的很多领导人仍然是只注重劳动态度而忽视操作规程,只注重产品的核心质量而忽视对细节的处理。但正是因为对细节关注不够,各项制度与规则就容易流于形式,成为新的形式主义。

中国人与日本人最大的差别在于中国人非常注重各项规定的本质,而在一定程度上忽视细节。中国人认为岗位职责是为实现工作的目标而确定的,因此要尽量清晰、简捷,如果条款过多反而会使重点消失。在上个世纪70年代之前,笑话西方国家的法律之琐碎是一个常见的主题,因为在中国人看来,西方国家总是抓不住要点。日本人则是职责要尽可能地详细,比西方国家还要详细。每一道工序,每一个细节,甚至每一种可能都要写得清清楚楚。如果不是详而又详,细而又细,那就是规则不明确,就有可能出现错误,最可怕的还在于出了错误却责任不清。例如日本人创造的"五S管理"制度。这个制度的名称是以日文中五个以"S"音为首的词汇组成的工作规定。首先是"整理"：在工作现场只保留有用的东西，把不需要的东西都清理掉；其次是"整顿"，把需要保留的东西按规定放在合适的位置上，并做好标志；第三是"清扫"：把工作环境打扫干净，保持现场无垃圾，无污秽物；第四是"清洁"：维护整理、整顿、清扫后的环境，使人人都感觉到清洁、卫生；第五是"素养"：要把这种行为方式变成一种自觉的行为。这种管理办法对绝大多数中国人而言大概都是荒唐或不必要的，保持工作环境的干净整洁，各种工具与用品放置整齐，这难道还用多说吗？说到底是人的素质问题，而素质根本就不是靠什么"规则"来实现的，要靠自觉——说到底还是道德问题。日本人则不讲什么自觉，只讲规则，只有遵守规则才能保证产品的上乘，遵守规则越彻底，产品质量越可靠。

改革开放之初，人们对中国的出口产品曾有过这种描述："一流产品，二流包装，三流价格。"实际上这也只是中国人自己的评价，也只适合于中国人自己。在当时日本人就因为中国衬衣的纽扣容易脱落而认为中国货"非常差劲"。中国人则认为我的衬衣从面料到样式，再到加工都是一流的，在本质上就是一流的，就应该有一流的价格。至于纽扣钉得不够结实那只是细节问题，没什么大的关系。在日本人眼中，纽扣脱落的衬衣根本就是破烂货。连纽扣都钉不好的衬衣能有什么质量？这样的企业能有什么水平？面料、样式、加工都因为纽扣的脱落而失去了自己的价值，充其量，也只能是三流的价格。

在中国人眼中，本质是核心，只要本质得到保证，细节是可以忽略，也是可以被原谅的。这种注重本质的观念使中国人具有了极大的创造空间与自由空间，中国人可以在最短时间内学习、掌握、使用、改造他人的经验，在有限的条件下获得最快的发展。30

年改革开放取得的重大成绩就是一个证明,中国迅速地接近了发达国家,这在世界上是罕见的,只有日本的明治维新可以与之相比。但对细节的忽略则使中国人付出了巨大的代价——知名品牌太少。中国自主产品中的汽车,从发动机到控制系统等核心部件已经达到了一个较高的水平,与同等的进口车没有太大的差别,但雨刷、把手、天窗、门锁、坐垫等小型配件总是不尽如人意,明显不如进口车。核心部件都能做好的企业对这些小问题却解决不了?关键还是对细节的关注不够。因此中国人买东西习惯于检查挑选,因为同一牌子的产品质量往往会有差别。对日本人来说,细节与核心同样重要,甚至更为重要。因为越是在细节中越是能看出一个企业的管理水平,越是能看出一件产品的质量。细节是结果的保证,而要保证细节就需要严格地遵守各项规则。日本人买东西从不挑选,因为同一牌子的产品质量不会有差别,原因就在于对规则的严格遵守。对规则的遵守虽然使日本在一个多世纪以来获得了最为迅猛的发展,但在自主知识产权日益强化的今天,对细节的过度关注构成的对基础科学理论的忽视则成为进一步发展的障碍。

日本人对规则的重视使其只重结果而忽略动机。怎么想并不重要,怎么做才是重要的;动机并不重要,结果才是重要的。"日本人是以耻辱感为原动力的。不能按照明确规定的善行标准来行事,不能在种种义务间保持平衡,不能预见偶然性事故就是耻辱('耻')……耻辱感在日本人社会生活中所占据的首要地位意味着每个人都注意公众对其行动的评判。他只需推测他人大概会下什么判断即可,然后以他人判断为基准确定自己的行动方针。"[①]为了不被指责,每个人在行动之前都必须仔细地考虑各种因素与可能,要尽可能地避免错误，因为动机不是辩解错误的理由。不能预见偶然性事故，出了错误，就是不"自重"，就是耻辱。"解释自重的这种方式不允许人们以善良的意图作为理由为自己的失败辩护。每一行动都会伴有各种各样的结果，人不能在尚未考虑结果时就行动。"②

因为不能在社会行为中出错，所以在日本经常可以见到各种各样的不同类型的调查。"任何日本政府机构或大公司，都只有在获得大量的、全面的有关资料并对这些情报煞费苦心地反复分析之后，才敢于采取一项新的冒险行动。"③这种调查与分析不是无意义的。"到 50 年代末期，通产省已经认定，更加先进的电子工业有可能成为出口创汇的主要领域。这一论断大大鼓舞了相关公司的创造性，为电子工业的发展铺平了道路。华盛顿还同东京就'纺织品侵略'讨价还价之际，日本的照相机、录音机、收音机以及高保真设备的制造商已经开始加大投资，发展新产品……到 70 年代初期，当理查德·尼克松终于对日本纺织品严加限制时，日本的电子产品已经在美国站稳了脚跟，一些产品甚至开始朝着垄断的方向发展了。几年之后，当美国电视制造商迫使美国政府禁止进口电视机时，又发生了类似的情况。日本电视制造商已经把很大一部分生产能力转入了美国工厂，并且有意识地转向了新产品，例如录像机……80 年代，通产省提出了'以钢为国'的口号，私营企业又一次热烈响应，大量投资以改进生产技术，并从澳大利亚和其他国家进口充足的煤和铁矿石。这种做法最终使日本的钢铁生产成本低于美国……通产省在 70 年代末正式得出'信息就是未来'的著名判断，并且很早以前它就开始向许多新技术领域投资了。私营企业在这方面投资更大。远在通产省宣布新技术是日本经济发展的核心之前,那些向前看的人已经认识到'信息革命'的后果将不亚于工业革命。日本对美国的追赶体现在各个新技术领域。1980 年以来,日本在机器人生产方面已经占据优势。这并不是技术上的优势(事实上许多技术是由美国发展的),而是迅速和果断带来的运用上的优势。"④

即使是在家庭生活中,日本人也不允许出现不自重的现象。如果一个人不顾他人的意见而一意孤行,就会招致"耻辱"。以前,家中遇到重大事件必须由家庭会议决定。"遇到任何重大事情,不论属哪一门第的,家长都得召集一次亲属会议,讨论这件事。例如,为了参加一次讨论走亲事宜的会议,家族的成员会从日本很远的地方赶来。在做结论的过程中,个人性格的各种无法估计的因素都会发生作用,一位弟弟或一位妻子可能左右这项决定。户主如果无视集体的意见,一意孤行,那么会给自己带来很大的困难。"⑤决议一旦形成,任何人都得执行,家长也不例外。因为不能出错,所以日本人做事非常谨慎。

日本是一个规则主义的国家,规则主义不关心人的动机,只要求人们执行规则,不鼓励人们寻找制定规则的动机,也不要求人们理解制订规则的原因。它要求的是服从,是沿着既定的规则行动。不管出于什么动机,干得好就是好,不好就是不好,结果才是最权威的说明,其他任何解释都毫无意义。只有在良好结果的面前,日本人才有可能注意到动机。 在日本刚刚就业的中国人有时会出于

日本律令制国家的创始人圣德太子

京都银阁寺规则的绿墙

"人缘"的考虑而多干活,在一般情况下当然也会受到欣赏。但在多干活的时候仍然不能有一点过错,只要有一点过错仍然会受到批评或指责,因为动机并不是解释错误的理由。你可以不做,做就不能出错。

注释:

　①②⑤鲁思·本尼迪特克:《菊花与刀》,九州出版社,2005 年 1 月版,第160、159、42 页。

　③④克里斯托弗:《日本精神》,见《丑陋的日本人:日本文化的明与暗》,山东画报出版社,2006 年 5 月版,第 132、145 页。

第二章 家族与同族

◎ 中国的宗法制度

宗法制度的本质——君权、族权、父权、夫权——家庭首先是血缘单位,其次是社会单位——一人得道,鸡犬升天;一人犯罪,家族株连

◎ 中国的亲属关系

各种称谓的实际意义——嫡庶、长幼、亲疏、等级——姓所以别婚姻,氏所以别贵贱——籍贯与出生地,户籍与身份证

◎ 日本的家制度与同族制度

家庭首先是社会单位,其次是血缘单位——"株"的意义——姓氏没有血缘的意义——家长到一定年龄必须隐居(退休)——血缘亲情永远低于等级规则——同族是血缘责任联合体——家制度是日本集团主义精神最深厚的根源

◎ **集体主义与集团主义**

中国:"君子不党",缺乏集团意识——计划经济时代单位(集团)没有自己的利益——共产主义思想与传统道德融合为集体主义——市场经济时代集团主义初露端倪

日本:每个人都必须归属于某个集团——纵向的服从而不是横向的团结构成了集团主义的万众一心——集团对背叛者与不遵守规则者的惩罚——集团成员追求的不是成功而是忠诚

甘肃兰州榆中青城的高家祠堂

中国的宗法制度

"宗法"简单地说就是宗子之法。宗法制度是把宗子之法与政治统治联为一体的既具有政治意义的管理制度,又具有血缘意义的家族制度。这种制度在夏商时代即已存在,但最终的系统化、理论化、政治化则是在周代。

宗法制的主要特征是以男性为主宰,以宗子为轴心,根据宗族内的血缘亲疏分配权与利,其本质是家族制度与宗族制度向政权的扩大和延伸。周王自称天子,管辖"天下"。王位由嫡长子继承,称为大宗,是同姓贵族的最高家长,也是国家的最高统治者。天子的庶子,封为诸侯,辖区称为"国"。对天子而言,称为小宗,在国中则称为大宗,也实行嫡长子继承制。诸侯的庶子为卿大夫,辖区称为"家"。在国为小宗,在家为大宗,也实行嫡长子继承制,其庶子则士。所有世袭的嫡长子都被称为"宗子"。他们共同构成了一个强大的、从上到下的、根据血缘亲疏而确定的统治网络,与周王室的血缘越亲的地位就越高。各等级之间,既有一种政治上的君臣关系,也有一种血缘上的亲属关系。这便是不可动摇的"君权"。在周初分封时也有个别周氏族之外的功臣成为诸侯,但这只是例外。

从中央到地方还有一部分"官吏",他们处于血缘宗亲之外,只是管理政务的人员。他们没有封地,其官职与采邑不能世袭,如要传给子孙,需经天子或诸侯重新册封。他们是为了维护统治而被启用的管理者,是宗法政权的"打工仔"。

普通的老百姓同样依据宗法制的原则组成众多的具有基层政

权性质的组织——宗族。宗族服从卿大夫管辖,在卿大夫管辖的"家"中生活。家族是一个与宗族基本相同的概念,大多数情况下是在等同的意义上使用。若要区别可以说家族要比宗族的范围小一点,一般来说家族的成员是在"五服"之内。家族从属于宗族,家庭从属于家族。这也正是中国人聚族而居的根本原因。宗族具有一定的行政权,它有权处理宗族内部的所有事务。我们在小说、戏剧中常可以看到宗族成员犯了族规后"家法伺候"的场面。在高唱"人命关天"的中国古代,地方官吏要处决犯人必须经过朝廷的批准,但宗族处决本族的成员,仍然是天经地义的事,不必请示官府。这种现象,一直到近代,在很多地方也还存在。这就是中国古代不可动摇的"族权"。

家庭首先是一个血缘单位,其次才是社会单位,即使是不能承担社会责任的血缘单位仍然是一个家庭,例如依附于豪门的家、流亡乞讨的家。每个中国人都有属于自己的姓,这是血缘的标志,无姓之人必是"野种"。这都与古代日本很不相同。家庭是中国人安身立命的基础,对家长的服从成为中国人最根本的责任。《周易·家人》:"家人有严君焉,父母之谓也:父父、子子、兄兄、弟弟、夫夫、妇妇而家道正,正家而天下定矣。"《荀子·致仕》:"父者家之隆也。隆一而治,二而乱。"父亲是家中的君王,儿女是家中的臣民。这就是不可动摇的"父权"。

维系宗族、团结宗族在于亲亲、尊尊。《礼记·大传》:"是故人道亲亲也。亲亲故尊祖,尊祖故敬宗,敬宗故收族。"亲亲就是亲近自己的亲人,首先就是孝父母,进而尊祖,进而敬宗,进而团结宗族,宗族也就能维系所有成员。祖先既给了自己生命,祖先又在保佑、庇护着家族与自我,在祖先的旗帜下宗族团结为一个整体,各宗族联结成一个国家。祖先至大、至尊矣。到今天我们还把自己的国家称为祖国——祖先之国。

在宗法社会中,社会就是宗族的集合体。一个人如果不孝,被排除出家族、家庭,他就只能孤身在社会中浮沉,无依无靠,最终被社会吞没,所以中国古代"认祖归宗"的思想极为浓厚。如果子女不孝,则会破坏家庭、家族的稳定,给社会留下隐患。因而孝与不孝已决非一家一户自己的事了,它受到严重的干涉。孝,这个伦理范畴内的概念,在中国古代已经被政治化了,而政治则因宗法的关系而被伦理化、道德化了。个人几乎没有什么独立性可言,完全被淹没在家族之中,家族的利益就是自己的利益,家族的地位就是自己的地位;家族也必须为每一个成员负责,不仅要负责每一个成员的吃穿用度,还要负责教育与管理,如果管理不善,家族还得承担相应的责任。这就是一人得道,鸡犬升天;一人犯法,家族株连。父债子还,天经地义;子债父还,理所当然。在 20 世纪 90 年代中期,中央电视台《焦点访谈》栏目曾报道:甘肃天水地区的一个农村有两户人家发生纠纷,一男子失手把对方媳妇打死。事件发生后,男子的父亲在村口上吊自杀,这就是杀人偿命。警方在得知此事后来拘捕该男子,村民不愿意,因为一命抵一命,女方家庭不能一命换二命。这当然是没有现代法制观念的表现,但根子还是家族制度的遗存。

女性则只能服从于男性,《仪礼·丧服》:"妇人有三从之义,无专用之道。故未嫁从父,既嫁从夫,夫死从子。故父者,子之天也;夫者,妻之天也。妇人不贰斩者,犹曰不贰天也。"女性只能无条件地服从男性的统治,而且必须从小就修养"四德",即"妇德、妇言、妇容、妇功"。"三从四德"正是不可动摇的"夫权"。但在以孝为人之根本的宗法制度中,从子与孝母之间,以孝母为根本。

在国家中统治者就是父母,百姓就是子女,一直到近代地方官还被称为"父母官",而百姓则为"子民"。诸侯将相之间则为兄弟,共同服从天子。正所谓"以天下为一家,以中国为一人"(《礼记·礼运》)。《周易·系辞下》:"圣人之大宝曰位。"只要大家都各居其位,则一切有序,天下太平矣。

中国的宗法制度是把家族制度扩展到了政治制度之中,政治制度因此具有了家族制度中的温情,"人道亲亲"的原则被放大到了整个社会。在这个基础上公平就成为极为重要的观念,实际上是要求平均。孔子说:"不患寡而患不均,不患贫而患不安。"(《论语·季氏》)就是要求统治者给每个人以一定程度的公平。只有这样百姓才能安心地服从领导,国家才能稳定。在这个基础上,人际关系也就成为一种双向的关系。依据汉代儒家的理论,天子代表上天来统治人间,他主要是管理大臣,大臣管理普通官吏,普通官吏管理百姓。而百姓又是上天最为关注的对象,当百姓不满于当权者的统治的时候,天子就应该及时调整自己的统治方略。否则上天就会为百姓另选一个自己的代言人——天子,也就是改朝换代。这个理论图式是天子管大臣,大臣管官吏,官吏管百姓,百姓又制约着天子。这个环节也可以倒着说,天子顺应百姓,大臣顺应天子,官吏顺应大臣,百姓顺应官吏。谁也不能做过分的事,每个人都有属于自己的权力。

从鸦片战争开始中国进入了动荡的年代,在 170 多年之中,除了改革开放后的几十年,中国几乎就没有获得过 20 年的稳定时期。这对于中国的家族制度产生了极大的冲击,这种冲击从城市向乡村蔓延,从沿海地区向内陆地区蔓延,从平原向山区蔓延。到了现在,原有的宗族几乎荡然无存,大家族也全面解体,小家庭大量出现。但是把家庭生活当作人生中最重要的生活,把家庭环境当作人生中最重要的环境,把家庭的声誉当作人生中最重要的声誉,仍然是中国百姓普遍的特点。

中国的亲属关系

在宗法制中血缘是最为重要的,"非我族类,其心必异"(《左传·成公四年》)。要确定血缘关系,亲属间的称谓至关重要。中国人的亲属称谓应该是世界上最为繁琐复杂的了。在亲属称谓中首先是对家族内部成员关系的确认。要说明这种种称谓,最好的办法就是把古代的规定照搬下来,一目了然。

《尔雅·释亲·宗族》:

父为考,母为妣。父之考为王父,父之妣为王母。王父之考为曾祖王父,王父之妣为曾祖王母。曾祖王父之考为高祖王父,曾祖王父之妣为高祖王母。

父之世父叔父为从祖祖父,父之世母叔母为从祖祖母。父之昆弟,先生为世父,后生为叔父。

男子先生为兄,后生为弟。男子谓女子先生为姊,后生为妹。

父之姊妹为姑。父之从父昆弟为从祖父,父之从祖昆弟为族父。族父之子相谓为族昆弟。族昆弟之子相谓为亲同姓。

兄之子、弟之子相谓为从父昆弟。

子之子为孙,孙之子为曾孙,曾孙之子为玄孙,玄孙之子为来孙,来孙之子为昆孙,昆孙之子为仍孙,仍孙之子为云孙。

王父之姊妹为王姑。曾祖王父之姊妹为曾祖王姑,高祖王父之姊妹为高祖王姑。父之从父姊妹为从祖姑,父之从祖姊妹为族祖姑。父之从父昆弟之母为从祖王母,父之从祖昆弟之母为族祖王母。

父之兄妻为世母,父之弟妻为叔母。父之从父昆弟之妻为从祖母,父之从祖昆弟之妻为族祖母。

父之从祖祖父为族曾王父,父之从祖祖母为族曾王母。

父之妾为庶母。祖王父也,昆兄也。

这才只是家族内部的称谓,已经非常复杂了,此外还有母党、妻党、婚姻等范围内的不同称谓。如果要把这些称谓与关系都罗列出来,不仅外国人看不明白,就是现在的中国人也觉得糊里糊涂了。

人类学有一个观点:一个民族越是关注于某一事物,或者说,一个事物对某一民族越是重要,那么在这个民族的语言中,关于这个事物的词汇就越多。称谓就是人的名分。名分既有社会名分也有血缘(家族)名分,血缘名分更为根本,因为宗法制度中血缘名分决定着政治与社会名分。孔子说:"必也,正名乎! 名不正则言不顺,言不顺则事不成。"(《论语·子路》)是什么名分就享受什么权利,承担什么责任,人人都来插一杠子,天下、社会、家族就乱了。

各种称谓的实际意义首先就表现在祭祀与丧葬上。祭祀具有严格的等级,是什么名分就站什么位置,就做什么事,决不能乱来。"按先秦宗法制度,诸侯不能以天子为祖,大夫不能以诸侯为祖。"[1]也就是只有作为"宗子"的周天子才能祭祀周文王、周武王。诸侯只能以诸侯宗子的身份祭祀自己诸侯国的第一位国君,虽然大家都是周天子的后代。卿大夫也一样,没有资格祭祀诸侯国的第一位国君,因为自己没有这个名分,他只能祭祀他所继承的爵位的第一位获得者。普通百姓因为生活在家族与宗族之中,也只能参与本族族长主持的对自己祖先的祭祀。

在丧葬上同一位父亲的孩子根据嫡庶与排行站列,嫡长子处在最重要的位置。其他人员根据与死者的亲属关系与辈分而行不同的礼，做不同的事。因为家产是死者留下的，所以对家产的处置权在嫡长子，也就是祭祀时跪在最前面的人，他也是家长的继承人。这是维护家族利益、保证家族团结、确定家族秩序的最为重要的环节。名分疏远的人因为没有利益，所以也没有责任。反过来说，因为没有责任，所以也没有利益。

区分亲属辈分是为了宗族内部的秩序与团结，联接亲戚则是为了扩大自己的势力，扩大势力最有效的办法就是联姻。婚姻是"合二姓之好"（《礼记·昏义》），是将两个家族联系在一起，所以中国古人的结婚决不是男女双方个人的事情，而是家族扩大自己的势力范围与社会基础的大事。中国古代刑法中的满门抄斩，株连三族，株连九族，都是因为家族利益的缘故。历来帝王的和亲政策也是因为此，但效果似乎并不理想，每次和亲都只能获得一个短暂的平静，因为战争并不是个人之间的事情，而且游牧民族的宗法观念也不强烈。

姓是血缘的标记，同姓必然同一血缘，所以周代有"同姓不婚"的规定。在大多数国家，女人结婚之后都要改随丈夫的姓，日本也是如此。中国则不改，这是宗法制的特征，因为血缘至关重要。氏的来源多种多样，最初是氏族的分支。氏者，支也。但在周代则成为贵族的特征，贵族有氏，平民无氏，所谓"姓所以别婚姻，氏所以别贵贱"。氏的来源主要是以官职与封地为氏，例如司马就是以官职为氏，而屈、蔡、项、郑、鲁等则是以封地为氏。不论以何为氏，姓是不会更改的，即人皆有姓，但未必有氏。从秦代开始，中国进入了封建主义时期，奴隶主贵族不复存在，氏也就失去了它的意义。司马迁著《史记》，有意识地将姓氏混淆，例如说项羽"姓项氏"，正是时代的要求。

周代人口稀少，交通不便，经济也不发达，绝大多数人都世世代代住在同一个地区，所以用姓来区分婚姻的做法非常有效地避免了近亲通婚，保证了"种"的健康延续。但从战国开始，不仅人口流动频繁，而且人口也在增加，即使是同姓也大都不再是近亲，"同姓不婚"的规定也就失去了意义。女人因为不参加社会活动，官府也不对其进行登记，也就没有"官名"（官府所登记的名字），因此就被称为"张王氏、赵李氏"等等。

　　姓直到今天依然是一个人最为重要的身份证明，姓说明着一个人生命的来源，所以中国人"行不更名，坐不改姓"，遇到同姓的人依然有一种亲切感。人们常说的"一笔难写两个张字"、"天下王家是一家"、"五百年前是一家"等等，都是缘于同姓必然同一血缘的传统。

　　聚族而居是中国古代农业文明的一个明显的特点，这从地名就可以看出来，如张家庄、王家村、李家河、郭店、刘家堡等等。又因为中国地域的广大与自然环境的巨大差异所造成的地域型的小农业生产方式的影响，地域特征也确实是中国人行为的明显特点。例如南方人细腻，北方人大气；南方人文雅，北方人豪爽；南方人吃饭讲究口感，北方人吃饭注重味觉……即使同为北方人，山西人因晋商的传统而精明，陕西人因古都之文化而大气，东北人因严寒而性情刚烈，西北人因大漠而不拘小节……

　　中国的行政区域划分并不是殖民主义兴起后的财产瓜分，拿着尺子划直线，而是根据小农业生产的特点，依据自然气候与地理环境在自然村落的基础上为了便于管理而确定的地界。在中国，不同的县乡之间农业生产的形式大都是不同的，河流、山脉、沟壑、交通状况、气候、植被、农作物都有明显的不同。在这种背景之下，不同的县乡之间生活习惯也有不同，所谓"五里一风，十里一俗"，在长期的封闭式的农业生活中,方言的差别也非常明显。这些都构成了中国人对籍贯的关注。

西方对国民的管理主要是身份管理,身份管理是对个人的管理,所以身份登记中重要的是人的出生地,所有的人在出生时都有严格的登记制度,便于查询。而中国一直是户籍管理,也就是以家为单位进行管理,个人并不重要,重要的是家庭,出生地并不重要,重要的是籍贯,这仍然是缘于对血缘与家族的重视。从上个世纪80年代开始,中国政府在人口管理中开始强调出生地,但对普通百姓而言,仍然习惯于询问个人的籍贯,而不是出生地。只要是同乡,就有一种亲切感。同乡会在中国非常普遍,没有同乡会的地方,同乡之间的交往仍然明显地多于与其他人的交往。所有这些都源于家族的传统——依靠血缘的力量来壮大自己。宗法制开始走向自己的反面——消解了政府的权威与行政的力量。家族运用血缘的力量团结为一个整体,运用亲属的力量扩大自己的利益。这种家族传统,一方面对于稳定社会的治安、教育家族的成员、发展地方的经济具有积极的意义,另一方面又具有顽强的排他性与保守性,尤其是在农村,异姓家庭在以某一个姓氏为主体的村落中生活会受到排斥或冷遇,这也是中国现代农村民主进程的一大障碍。

注释:
①赵逵夫:《屈骚探幽》,巴蜀书社2005年版,第247页。

日本的家制度与同族制度

日本的家制度是在国家体制已经成熟之后,根据统治者的要求把儒家所宣扬的等级制度家族化,把成熟的政治制度运用到对家的管理之中的结果。中国家族制度之优劣日本人看得非常清楚，因此对家族制度中的等级制度与忠孝的观念全面接收，而排斥了人道亲亲的原则，因为这个原则会销蚀家长的绝对权威。中国古代的宗法制度是把建立在原始氏族制度基础之上的家族制度引入到政治制度之中，政治制度因此而具有了家族制度中的温情；而日本则是把成熟的政治制度运用到家制度之中，家制度因此而充满了政治等级制度中的规则性与刚性，成为等级制度最基础的部分。

　　日本江户时代(1603—1867)的"家"并不等同于中国人所说的家庭。中国的家庭首先是一个血缘单位，其次才是社会单位。而日本的家首先是一个社会单位，其次才是血缘单位，社会责任第一，家庭亲情第二。只有拥有一定的政治权力与经济实力，能够履行相应的社会责任与义务并被村落与政府所承认的"家"才能被称为家。这种"家"同时也就是"株"。日本社会学者藤井胜在他的《家和同族的历史社会学》中说："日本社会中的株意味着在一个集团(或社会单位)里人(或户)的地位。即集团一般是由各个成员构成的，而在日本社会，其成员资格往往是被限制或被规定的，对外往往是以封闭的原理构成的。这样的成员地位成为株，而且其成员根据所保有的株被要求承担各种权力及义务。在日本的村落中，家是村落的构成单位，这一点连教科书也提到过，而这种家成为村落的构成单位最终意味着家是株，而株构成村落。并且在近世(江户时代——引者注)社会，村落在统治结构中被定位为公的，村落的构成单位家也直接与百姓(具有一定社会地位的农民，类似于中国的"地主"——引者注)身份的地位相关联。"[①]株是家的"公"的性质的定义，具有"株"的资格的家才是真正的"家"，才具有真正的社会单位资格，家的代表才能成为村里的役人——在村落中担任职务的人。所谓"户绝",主要是因为"家"不能完成相应的责任与义务,失去了"家"的资格,并不是一般意义上的家庭的消灭。没有株的资格不能被称为"家",不能称为"家"的血缘单位(一般意义上的家庭)只能作为依附阶层,被政府登记在具有株的资格的主家之下,类似一个准家庭。他们被赋予不同的依附性的名称,如"名子"、"抱"、"门屋"、"添屋"等,在村落中没有任何权力。但他们也必须在主家名下承担相应的公的责任,他们不一定都是贫农,有些人也拥有一定的经济实力。

日本的村落在管理上具有很强的自治性,是地方的基层政权。村落中的共有地及水源、山林的使用,农业生产中的合作,对村落中的婚丧嫁娶等事物的管理,以及对神祇的祭祀等等,只有"家"才能够享有,因为只有家才是村落中的正式成员。家也因此必须承担村落的各种责任与义务,如维护山林、养护水渠、维修道路与桥梁、维修神社与寺庙等等。

家的这种性质源于日本的中世(10—16 世纪)。在由中世向近世(江户时期)过渡时期,家的数量明显增加,并由此引发了利益与权力的再分配问题。于是在村落内部出现了身份制,也可以称之为阶层制。原则上原有的家保持着较高的门第,而新建立的家只能获得较低的门第,高门第的家在村落中具有优先权与特权。此外,在房屋的建筑形式上、在日常衣服的穿着上,都有明显的等级区分。婚姻关系上也是役人阶层与役人阶层通婚,非役人阶层与非役人阶层通婚。

是否有姓的问题在日本古代同样是一个"公"的问题。有家的人才能拥有自己的姓,无家的人不能拥有姓,即使自己的父辈有姓,到了自己因为失去了家的资格,姓在"公"的层面上也不被承认——在社会活动中失去了属于自己的姓。有姓的家才是真正的家,才具有家的特权。在世界各国,姓都是作为人的血缘象征而存在的,在日本,氏姓并没有血缘的意义,日本古代的"氏姓制度"本身就是等级制度,这是日本古代以大和朝廷为中心的国家组织形式。给贵族、豪族以氏,给拥有"家"的农民以姓。氏姓可以继承,也可能丧失,其分支也可以获得新的姓,被称为"苗字",下层武士也可以有姓或苗字。只有到了明治时代,明治政府为了实行近代化的管理,下令所有的人都必须有姓,日本的百姓才开始慌慌张张给自己取个姓,所以日本的姓非常之多,而且有很多姓也很古怪。

因为家首先是一个社会责任单位,所以社会等级的特征在家中表现得也很分明。家长在家中的权威很大,否则不足以带领家中的所有成员完成家的社会任务,但他也必须受到严格的限制,否则履行社会责任将会受到削弱。"家长也被要求按家法或家训的精神进行统治。即使在不采用家法或家训的形式时,各个家中都有和先祖连接的传统或从其中传下来的不成文法,家的家长必须尊重它而行动,这是一种默契。而万一不遵守,并因此而危及家的稳定或继续的话,那么,虽然是家长也会被从其位子上赶下来。已经说过隐居的亲(父亲——引者注)的废黜权,即根据亲权废黜儿子的家长权限本来也应该是为此目的而行使的。"②就凭家长到了一定年龄就必须隐居(退休),不称职的家长"会被从其位子上赶下来"来看,就足以证明家是一个公的单位。家庭中的所有成员也是首先服从家长(政治关系),然后服从亲情(父子关系)。家长到了一定的年龄就应该让位,让儿子当家长,自己则去"隐居",但他仍然有废黜不按家的原则行事的继任者的权力。同时,严格实行男尊女卑的传统,女性在家中无政治、经济权力可言。

家长在处理家内部的事务时,对于重大的事件或者与家中成员变动有关的事情,他还必须向村落甚至地方政府提出报告,只有在获得批准之后,行为才是有效的。例如要分家,与不听话的子女断绝亲属关系,子女要搬到其他的地方去,要娶媳妇,收领或解除养子关系等等。另外,家中遇到重大事件时也必须由家庭会议来决定,这一点在前文已有过表述。

家的成员比尊重家长本人更尊重传统与家规,社会责任高于亲情。这是日本人集团精神、集团意识的最为深厚、最为顽强的根基。不仅仅是普通百姓,就是身为诸侯的"大名",如果不能按规则行事,也会被他的家臣拉下马来。"在武士阶层中主从制的确是基本的,但是,与其说是和作为主君的大名个人结成主从关系,不如说最重要的是对大名的家尽忠。而且,这样的家臣和大名家的关系构成了作为大名家中团结的根源。为此,对大名家的维持、存续不适合的大名个人,可以根据家臣的意志让他采取隐居等形式,对其进行'强制',甚至可以使其丧失大名的地位。即大名的家或家中按超越了大名个人意志支配的逻辑来进行运营,甚至形成了家中或藩是公共的这一意识。"③家的这种"公"的特征被日本学者们评价为"建立日本近代国家的根基"。这也是"同族"(家族)构成的原则,"而所谓'同族的结构'和家内部的父系家长制的亲子关系是同质的。因此,日本的'社会及国家'是由下级到上级的这种同质结合体阶段性积累构成的。正是因为如此,才是'家庭国家',所以同质的结构才从'家庭'到达'国家'。"④

可以看出,在家制度中规则是最高的法则,家是最基本也是最坚实的"社会集团"。家长首先是这个社会集团的领袖,其次才是这个血缘家庭的家长,纵向的服从高于横向的亲情。这个事实还可以在"招女婿"上看出来。"在封建时代的日本,在战斗中他(招女婿——引者注)必须站在岳父一边,即使这意味着要杀死自己的父亲也得这么干,以此证明他是其新家庭中的一员。在近代日本,涉及招女婿的'政治婚姻'运用'义理'这种沉重的制约力,以日本人所能提供的最强大的纽带把这个年轻男子与其岳父的事业或家庭的命运拴在一起。"⑤血缘亲情永远无法与等级规则抗衡,这才是日本最基本的特征。

对公的强调与绝对化的必然结果就是家庭成员之间横向关系的淡薄。"就像一位日本作家所说的那样:'日本人非常尊重家庭,正因为如此,不太尊重家族的个别成员或成员相互间的家族纽带。'……家庭成员之间存在明显的怨恨,这是日本孝道的显著特点……因为父亲在家庭里并不是一位'备受尊敬的'人物,尽管要向他尽所有的义务。"⑥

同族制度源于江户时期,但在江户的初、中、后期,内容并不完全一致。总的来说,在中、后期,长子继承得以确定。长子结婚后仍在原来的家中生活,称为本家,其他兄弟结婚后就应该分家独立了。这种分家之后的"分家"与原有的"本家",以及同一祖父、同一曾祖父的后代所独立出来的家之间就构成了同族关系,即同一血缘的家的联合体。

这个联合体虽然以血缘为纽带,但在株的原则下,同样首先是一个"公"的单位,具有社会基层组织的性质。家必须具有自己的宅基地,分家首先也是宅基地的划分。"从近世初期到中期的同族结合的形成是由宅基地的细分或向周边扩大,成为半是近邻的关系而发展的。而几个同族结合通过各自的半近邻关系的成长,形成一个集居的近世村落,领主将这种村落定位成统治的基层单位。即同族的结合不单是族缘性的,而且也具有地缘结合的性质。这一事实也影响了立足于编成(五人组)的村落运营。"⑦所谓的五人组是由五个家的家长组成的基层单位,有点像中国过去的保甲制。只要有可能同族会尽可能地被编在一起。在江户时代的中、后期,五人组的组长,也就是"组头",基本上都由本家的家长世袭,也就是在同族内部仍然有一定的上下级之分。"同族并非村落内单纯的私的生活集团,而是具有相当的公的性质的集团。即村落以组为基层单位组成,而同时具有以同族为单位组织起来的侧面,即两重性或两面性。"⑧也就是说,同族既是血缘联合体,更是公的责任体。没有家的资格的依附性的家(血缘单位),都被划归于主家之下,不论与主家有没有血缘关系,在社会责任上都属于一个整体,都必须与主家一起完成社会责任与家庭责任。

在公的方面,同族的运行原则与家的运行原则完全相同。"家与株(权利、义务的单位)相对,而同族是株的分有体(或共有体),根据这样的同族存在方式,构成户超越本家分家的立场,形成对同族强烈的顺从或一体性,建立起同族结合的根基。这是和在家里的家成员超越其立场,和家具有一体性,强烈地顺从家的传统相对应的事实。靠着对同族的这种顺从或一体性,建立起同族的'共同关系'或'我们意识'。"⑨这里说的"我们意识"是藤氏的提法,指的就是"共同心理",所谓共同心理是指集团的全体成员对一个更高的原则的心理认同。这种精神被认为是日本式集团主义最深厚的思想根源。在同族的历史中,亲情虽然要服从社会规则,但在社会规则之外仍然是同族内的重要内容。不论哪一家出了大事,同族还是会在可能的范围内给予关心与帮助,以共克难关。

明治维新之后,明治政府充分利用了家制度的力量以加强其统治。《明治民法》规定所有的日本国民,不论其身处何地,都必须归属于某一个"家"中,由户主所统辖。长子为家督继承人,仅次于家长,家长去世后,家督继承人继承家长职位。这一职位包括对家系(本家、分家、同族)、家产、家庭的管理权(公权、行政权)与亲权(私权、血缘权)。母亲则无任何权力,甚至没有亲权。例如,丈夫不忠,妻子不能以此为由提出离婚;夫妻离婚,妻子不能带走儿女等等。这种制度又被军国主义分子解释为"家庭国家"的思想,即皇室为总本家、天皇为全体国民的总家长的思想,并成功地使日本由家庭国家进入到军国主义国家。

与此相应,村落的作用也更为强大。村公所除了管理所有的行政事务之外,还必须保留每个人的档案。"凡在本村有户籍的每个人,村公所都必须保存有关其居住、婚姻状况、生儿育女、收养养子、任何违法行为以及其它事实的最新记录,此外村公所还必须保管反映上述同样内容的各家庭的记录。有关上述各点的任何变化,不管发生在日本的什么地方,都会被转告当事人的户籍所在地,并被记录在他的档案中。当一个人申请职位,或在一位法官面前接受审判,或在其它任何需要证明身份的场合,他就向户籍所在地写信,或自己去索取一份副本,交给有关方面。一个人是不会轻率行事而使其不光彩的记录载入自己或家族的档案中的。因此,市、町、村负有相当大的责任。这是一种对社会共同体的责任。"[10]社会评价会因为自我而影响到家庭,也会因为家庭而影响到自我,甚至远走他乡也不能躲避这种社会与他人对自我的评价。这是家制度得以稳固的政治基础,也是耻辱型文化的最深厚的社会根源。

在近世时期成熟,在明治时期进一步完善的这种家制度对日本国民的心理影响之重大难以想象。在二战之后,美军为防止日本军国主义的复活而在日本推行的五大改革中,对家制度的改革成为关键的一环。五大改革为:赋予妇女以参政权(家制度的改革与女性地位的提高);保障工人的团结权(建立工会);教育制度的自由主义化(废除军国主义教育);废除专制政权(实行民主政治制度);促进经济民主化(废除日本特有的财阀制度)。其中赋予妇女参政权、废除专制政权、促进经济民主化都与家制度的改革密切相关，仅凭这一点就足以证明家制度对日本民族心理的影响。而在这些改革中唯有家制度的改革无法通过行政手段来真正完成，所以家制度虽然在形式上已经消失，但在家制度中形成的生活方式与行为方式作为一种文化现象仍被顽强地保留了下来，仍然在影响着今天的日本。

注释：

①②③④⑦⑧⑨藤井胜著、王仲涛译：《家和同族的历史社会学》，商务印书馆，2005年7月版，第61、192、58、46、227、289、210页。

⑤⑥⑩鲁思·本尼迪特克：《菊花与刀》，九州出版社，2005年1月版，第104、97、69页。

集体主义与集团主义

中国古代的宗法制是家族制度的政治化，是由家（私）向天下（公）的扩展，在这个过程中，家族、宗族的利益得到了有效的保护。建立在家族利益之上的以孝为核心的道德被政治化，成为人的第一属性。日本的家制度则是由国家制度（公）向同族、家庭（私）的深入，社会的等级制度对家庭与同族内部的人际关系具有决定性的力量，遵守等级与规则成为人生的第一原则。家族制度与家制度对今天的中国和日本仍然具有非常重要，甚至是根本性的影响。"人道亲亲"可以说是中国古代文化的核心，"集团意识"可以说是日本古代文化的核心。随着时代的发展与变化，两国文化中有很多内容都已经改变或者消失了，但"人道亲亲"与"集团意识"仍然是两国最为鲜明的特征。

《现代汉语词典》（中国社会科学院语言研究所主编，商务印书馆出版)对集团的解释是:"为了一定的目的组织起来共同行动的团体。"根据这个定义,政府、军队、企事业单位都可以称为集团。但在中国的传统中只有一些特殊的集体才被称为集团,如军事集团、利益集团、犯罪集团等等。所谓"小集团"决不是什么好听的字眼。《现代汉语词典》对集体主义的解释是:"一切从集体出发,把集体利益放在个人利益之上的思想,是社会主义、共产主义的基本精神。"这种思想与中国传统的"天下为公"、"大济苍生"、"先天下之忧而忧,后天下之乐而乐"的精神有着本质的一致性。因为《现代汉语词典》是当代中国的产物,所以没有"集团主义"的词条,对集体主义的解释可以说是具有现代中国特征的表述。在此完全按词典的解释来使用。

"集体主义"与"集团主义"都是与利益型的个人主义相对立的思想意识,都在强调每个成员对集体或集团的责任。"集体主义"更注重人的道德品行与思想意识,具有更为开放的特征,没有排他性。单位、行业、社区、地区、国家都可以称为集体,个人服从集体,小集体服从大集体。对集体的责任主要表现在牺牲个人与小集体的利益而服从、维护更大集体的利益。从本质上讲,在计划经济的时代,国营单位(集体)就没有自身的利益。集体主义与中国传统的"修身、齐家、治国、平天下"具有相同的路径与思想基础。因为这种集体主义更本质地源于道德精神,所以非常关注、提倡内部成员之间的"团结"。只有具有人格魅力的人才能最有效地团结、带动其他成员共同奋斗。

"集团主义"具有更强的封闭性,更强调集团中个人对集团规则的服从,最重要的是集团不论大小都具有自身的利益。单位、部门、社区、地区、国家也都可以称为集团,个人服从集团、小集团服从大集团。对集团的服从主要体现在不计个人的得失而无条件地执行集团的各种规定,维护集团的利益。日本的集团主义并不关心个人的动机与道德精神,而是非常突出地强调集团的凝聚力与纪律性,传统的家制度正是其思想基础与组织基础。这种集团主义更本质地是一种服从,所以并不关注,甚至反对成员间存在中国式的"团结",每个成员都在纵向的服从中向着同一个目标努力,所谓"团结"是指在纵向服从中的一致性与协同性,唯有如此才能获得最大的成功与凝聚力。在日本"只有服从领导的人才能当领导",而不是"具有群众基础的人才能当领导"。

"人道亲亲"是宗法制社会中最为理想的人际关系,亲情是人道的基础。社会中的人际关系依此而展开,依此而放大,以家族式的亲情关系来处理社会中的人际关系。"老吾老以及人之老,幼吾幼以及人之幼"(《孟子·梁惠王上》),它要求把"父慈子孝,兄友弟恭"的道德情感扩大至天下所有的人,这对于社会的稳定与和谐具有极为重大的意义。因为中国古代是一个农业社会,聚族而居使得人们被束缚在一个狭小的空间,社会结构单一,处在一种松散的状态,没有必要建立"为了一定的目的组织起来共同行动的团体"。《水浒传》中的梁山好汉纯粹是一个军事集团,军事斗争因为特殊的利益与需要而使人们结成一个明显的集团正是必然,但那不是常态,不足以显示中国古代人际关系的本质。而以宗族、家族为组织形式结合在一起的血缘群体更难算得上是一般意义上的集团,虽然家族也有自己的利益,但它的组织基础是血缘而不是"为了一定的目的"。

家族关系放大就是亲戚,在亲戚圈子中仍然是血缘越近的越亲,所谓"姑表亲,姑表亲,砸断骨头连着筋"。中国古代的株连就是因为此。出了亲戚圈子就是同乡,"亲不亲故乡人","老乡见老乡,两眼泪汪汪"。在一定意义上老乡其实都是远亲,因为聚族而居,在长期的生活中男婚女嫁,彼此早就成了亲戚。但这种太多的"亲戚"并不相识,所以对天下百姓皆可以此待之。此后就是各种人生经历中的关系网了,如邻居、同学、战友、同事等等。这种种关系构成了中国人多种的关系圈子,但还是难以被称为"集团"。因为这些圈子并没有什么特殊的共同行动的纪律或纲领。

这并不是说中国不需要划分不同的群体,只是在道德至上的国家,天下为公,除了血缘之外,划分人的类型的标准就只有道德,而不是他所属的集团。胸怀天下是一种品德,大济苍生是一份责任,分属于哪一个集团并不重要,重要的是自己是否具有道德品行,是否尽到了自己的责任。自古以来的君子、小人、忠良、奸臣,都是道德的划分和类型的划分,而不是集团属性的划分。"物以类聚,人以群分"、"近朱者赤,近墨者黑"皆以道德为基础。

中国古代除了军事集团之外,还有官僚集团、文人集团等等称呼。但一是因为大多数官僚集团并不是统一行动的团体,更多的还是依据道德或政治见解进行的类型划分。文人集团更是单纯地以兴趣、爱好相结合起来的群体。二是因为道德的划分是首要的划分。"普天之下,莫非王土;率土之滨,莫非王臣。"(《诗经·小雅·北山》)大家都在为国家、为朝廷、为百姓而效力,原本就是个大集团。进一步说,道德高尚的人是不结成集团的——"君子不党"(《论语·述而》)。天下原本就是一家,有道德的人自然是胸怀天下的人,而胸怀天下的人必然是超越了集团利益的人。四海之内皆兄弟,天下为公,为什么要结成集团? 在地域型的小农业经济与宗法制的、道德型的古代中国,集团主义精神难以形成,中国古人推崇的也只是道德主义精神与爱国主义精神。

只有谋取私利的人才会结成各种各样的小集团,这就是结党营私。而这种集团与集团主义毫无关系。"君子周而不比,小人比而不周"(《论语·为政》),对这些小人来说,个人的私利高于集团的利益,因此不可能产生集团主义。至于说商会、同乡会等等也难以归入真正意义上的集团中去,因为这也是缺乏严格的纪律的群体。

进入近代之后,社会结构发生了根本性的变化,资本主义大工业生产与工人阶级出现,以企业为形式组成的各种集体才开始具有现代意义上的集团性质。但中国近代工业是在西方列强的打击之下出现的,从一开始就具有救亡图存的目的,仍然是以天下为己任,以道德来定义人。在帝国主义与封建主义的双重打击下,民族资本主义举步维艰,中国依然是一个农业社会,是一个半封建、半殖民地的国家,以企业为基础的集团主义难以壮大。

新中国建立之后,现代意义上的集团开始全面组建,不仅是机关、学校、企业、商业、事业等机构与部门成为一个个国营的"单位",农村的自然村落也被组建为生产队。单位,从形式与组织上都可以说是一个集团。自上个世纪50年代以来,各单位的领导人都在号召人们团结起来,向着同一个目标奋斗。"以厂为家"、"以校为家"、"爱社如家"都曾是使用得最为普遍的口号。这个口号的背景仍然是"人道亲亲"、"天下为公",是把家族间的人际关系扩展为单位中的人际关系,用对待家庭财产的态度来对待公共财物。因为单位是国家的单位,奋斗的目标也就必然是国家的目标。在计划经济的时代,一切都按国家计划执行,单位没有自己的利益,人们也就难以建立起具有单位意义上的"共同心理",以单位为中心的集团主义也就无法形成。

在阶级斗争的学说占主流的时代,人的第一属性成为阶级属性,不仅在单位、街道、村落中,而且也在家族、家庭中,人都被划分为不同的阶级,被区分为左中右。虽然阶级的划分代替了道德的划分,但依然是依据类型(社会属性)的划分而不是依据集团(工作单位)的划分。面对全民所有制的生产关系与计划经济的管理体制,一切都是为了国家的利益,在本质上单位没有自己的利益;在阶级斗争学说中革命是为了阶级的解放,是为了全人类的解放,同样没有单位自己的利益。这种观念因为在一定程度上与中国传统的"大济苍生"、"胸怀天下"的精神相一致而拥有格外的影响力。

因为单位没有自己的利益,所以单位与单位之间也就没有市场经济下的竞争与利益冲突,在单位中团结起来,单位与单位之间互相协作,地区与地区之间互相支援,为了一个更高的目标而共同奋斗也就被恰当地称为集体主义。集体主义精神可以说是社会主义核心价值观与传统道德核心价值观的结合体,因此在当今中国仍然具有极为深远的意义。

中国的集体主义精神源于中国古代的文化传统,源于以天下为己任的精神。正是在这种精神的引导下,新中国建立之后的生产资料的国有化与社会主义学说获得了大多数中国人的支持,并建立起了新型的集体主义精神。这种集体主义精神在2008年"5·12"大地震的救灾行动中得到了最为充分的现代展现,世界为之震惊。

改革开放之后,单位的利益渐渐凸显起来,并与职工的利益联系在了一起,建立在单位基础之上的集团主义精神也开始出现。建立在社会主义精神与传统道德精神之上的集体主义精神并没有消失。首先是因为国有单位仍然占据着最为重要的地位。其次是在中国的文化传统中,"国有"即"公有",公有意味着道德的水平。"私有"则意味着"私"的利益,是与个人连在一起的。目前,私营企业在中国的经济比重中所占的份额越来越大,就业人数也越来越多,但在传统的观念中,它既不属于职工自己的家族,也不属于天下百姓共有,所以职工的共同心理与集体主义精神也就比国有单位中的职工弱小。

新出现的集团主义精神是在改革开放的大环境中为了提高单位的竞争力而建立起来的符合单位利益与职工利益的新型的共同心理。但来自外部的竞争必然地要引起内部的竞争,而内部的竞争又必然会引起利益的再分配,进而侵蚀单位内部的集团主义,这成为典型的二律背反。随着改革开放的深入与企业的发展,职工的思想与利益在近20年中也有了很大的变化。吃"大锅饭"已经没有了市场,经济的发展也使普通职工的工资得到了很大提升,职工内部的矛盾明显减弱,但集团主义精神的定型与稳固也还需要一定的时间。只有企业的集团主义精神真正建立起来,集团主义精神成为每个职工自觉的意识,企业的竞争力才会得到最为充分的发挥与展现。集体主义精神体现的是道德的崇高,是为了社会的和谐;集团主义精神体现的是竞争力与凝聚力,是为了市场化中企业的生存与发展,二者的结合应该是中国精神的理想境界。

在日本,没有中国式的集体主义,因为日本百姓没有大济苍生的理想,拥有的只是集团主义精神。在日本的集团主义精神中首先表现出来的是以成为某一个集团的成员而自豪的思想,在集团中获得自己的利益则位居第二。这是因为在日本的历史与现实中归属于某一个集团是每个人的宿命,一个背叛了自己的集团的人是没有什么好结果的。日本人以自己归属于其中的集团而自豪,正与中国人以自己出生于其中的家庭而自豪、以家族的血缘而自豪是一样的,即使到了现在也还是如此。

集团主义的核心是集团的凝聚力,增大凝聚力必然要强化封闭性。日本集团主义的凝聚力就是在纵向服从中获得的一致性,正是这种一致性最大限度地避免了集团内部因各种人际关系而形成的"内耗"。一般来说，集团不欣赏成员个人之间建立在横向基础上的"团结"或"不团结"，因为不论是"拉帮结派"还是"闹矛盾"，都有可能破坏或减弱这种在纵向服从中获得的一致性。正是这种纵向的服从而不是横向的团结，构成了日本集团主义的凝聚力。

为了避免职工中的"团结"或"不团结"，大型公司每年9月都会有一次人事调整，部分人会"转勤"，也就是被调到公司的其他部门或单位去，这种调整往往伴随着工作性质与任务的变化。这是每个人在工作中都会遇到的问题，有些人还会被调到很远的地方去，家还留在原来的地方，单身出去工作，被称为"单身赴任"。日本人很少出现中国式的离开原来的工作单位，到另一个单位去工作的情形，却会因为公司内部的"转勤"而被调到天南海北，甚至是到国外的分公司去。小公司无法采用这种调动的办法来避免职工之间的"团结"或"不团结"，有些公司的领导会时不时地批评一些人或事，甚至是有意识地制造一点麻烦，让每一个人都始终保持一种危机感，始终把注意力集中在自己的工作上，始终有一种工作没有干好会受到领导批评的担忧，而不是去关注自己的"群众基础"。凡是受到领导批评的人都会在集团内部被耻笑。如果一个公司中失败者居多，这个公司的失败也就是必然的，因此这种人为地制造麻烦的事并不经常发生。只要每个职工都在努力工作，都在为了企业的利益而认真地执行公司的制度，公司的成功也就是必然的。公司需要的是企业对外的竞争，而不是职工之间的竞争。

只有在领导的影响与掌控之下的团结才是日本集团内部需要的团结。集团内部经常举行一些宴会与活动，这是日本人最为舒心的时候，领导也格外亲切。大家在一起又吃又喝，非常放松，充分地感受着同在一个集团里的愉快与共同心理。旅游、观光、登山、唱卡拉 OK 等等也是同样。这种在对领导的纵向服从的基础上并在领导的掌控下进行的内部团结,对解除紧张的工作压力与严厉的等级压抑之下的心理阴影有一定成效,同时也能使职工之间保持一种和谐的状态。

集团中的强者就是能为集团而牺牲个人利益的人,所以首要的不是个人的能力而是对集团的忠诚。做不到这一点就会被耻笑,甚至被凌辱。因此日本人在集团内部并不赞成竞争,原因很简单,有竞争就有失败者,而且失败者必然居多。失败就是耻辱,为了保证大多数人不失败,最好的办法就是避免竞争。有日本学者曾巧妙地指出日本集团内部的竞争是忠诚的竞争[①],堪为经典。

为了有效地保证严格的纵向服从,让人敬畏就成为当领导的先决条件。"只有让人畏惧的人才能当领导",重要的是能让人服从自己,如果没有使人敬畏的基础,纵向服从就缺乏必要的保证。这种观念从家庭就已经开始,父亲与兄长就是领导,就必须保证自己的权威。与此相应的则是"只有服从领导的人才能当领导",面对森严的等级制度,个人必须无条件服从。只有能够无条件服从领导的人,才是集团需要的人,才能带领他人服从更高的领导。

集团是一个封闭的集体,对内与对外完全是两种不同的行为方式。集团非常重视外部对集团的评价,正如个人非常重视他人对自己的评价一样。戈雷尔·杰弗里曾说过:"人们只有在得到其它集团赞同时,才能确信会得到本集团的支持;如果局外人反对或指责他,本集团也会背弃并惩罚他,直至本人能使其它集团收回指责。由于这样一种机制,'外部世界'的赞同在日本具有在其它任何社会中无与伦比的重要性。"[②]如果集团内部有人做出了给集团带来不良影响的事,或者自己的行为受到了外界的指责而给集团带来了负面的影响,那这个人在集团内部就会受到强烈的谴责,他就必须去挽回自己所造成的不良影响。

"确立一个日本人社会地位的最重要因素,也正是他所在组织的声望。"③集团的地位与名声决定着集团内部所有人的地位与名声,而集团对个人最有效也是最现实的报答就是对他在集团中地位的肯定,"在日本人看来,如果在自己所属的圈子里得到尊敬,那就是充分的报答"④。在讲规则的日本,对大多数人来说要想"在自己所属的圈子里得到尊敬"并不是很难,只要忠诚、努力就行。除非没有能力完成自己的责任,而这完全是因为"不自重",也就是承担了自己不能承担的责任。

日本的工业技术虽然非常发达,但普通职工的工作并不复杂。这首先是因为日本的各种规则都极为精细,职工并不需要"创造性地开展工作"。实际上在严格的规则中已经包含了限制"创造性地开展工作"的因素。只要熟悉规则,严格按规则操作,就能顺利地完成任务。其次是劳动工具极为优秀,只要善于使用工具,就会成为一个合格的职工。"工欲善其事,必先利其器。"(《论语·卫灵公》)孔子的这一教导在日本获得了最为充分的体现。日本的各种工具制作之精湛令人赞叹。几乎每一道工序、每一项细小的工作都有专门的工具,以至于使人怀疑没有这些工具日本人还会不会干活。逛日本的工具商店甚至成为很多中国人的"业余爱好"。各类工具制作之精湛、思路之巧妙、材质之优良往往出人意料。在中国人看来一把螺丝刀能解决的问题,在日本可以有十几种专门工具。正是这些精良的工具、精细的规则,以及对规则的严格遵守保证了日本产品的上乘。就连普通家庭日常使用的菜刀也式样众多,家庭主妇也是严格地遵照刀具的说明书,用不同的刀来切不同的食品。而不是像中国的大厨,不管有多少把刀,只用自己最喜爱的那把，驾轻就熟，运用自如，就像《庖丁解牛》中的庖丁一样。只要按规程操作，只要认真努力，一丝不苟，就会成为一个"在自己所属的圈子里得到尊敬"的人。

集团的运行也是封闭的。企业各有各的产品，自成体系。例如：手机生产企业同时也就是电话网络公司。一种型号的手机只有一个厂家生产，也只能使用同一个网络，离开这个网络，手机就不能使用。只有拥有最先进的手机与最优秀的网络服务的企业才能在竞争中胜出。建筑公司则是在所有的部件上都只采用自己的产品，如门窗、锁钥、龙头、水道、隔板、开关等等都是自家独有的。这些配件都保存在库房里，维修公司也只能到建筑公司去购买，其他地方没有。只要建筑物还存在，这些材料就存在。

日本人对新技术与新产品的爱好近乎疯狂。十多年前，日本人有一个津津乐道的故事，据说美国在发明了互联网技术后，曾长时间地讨论与论证互联网是否有实用的价值。就在他们争论得不可开交的时候，忽然听说日本已经在全国建立了互联网。于是赶紧派出一个考察团来日本进行考察，结果当然不言而喻，回去后马上在国内推行互联网技术。

日本人从古代开始就善于向其他国家学习，早已成为人们熟知的故事，但对新技术的敏感仍然是非常值得重视的现象。因为这种现象说明日本已经超越了创造这种技术的国家对这门技术的理解，不仅仅是理解更准确，而且推行起来更有决心，更为果断。这都源于日本人对新技术、新产品的爱好。在日本国内，新产品一上市，原有的商品立马大掉价。开发新产品是日本企业的生命线，如果一个企业不能及时推出新产品，就很难在日本立足。如果把生产线上生产的产品称为第一代产品的话，那么在企业的研究所里正在研究的就应该是第三代，甚至是第四代产品了。第二代产品早已准备停当,就等着合适的时机进入流水线。当然,在这样的速度之下,代与代之间的界线也不可能很分明,尤其是电子产业。但是用不了多久,界线分明的换代产品肯定会出现。因为产品更新的速度很快,所以掉价的商品并不过时,但为了保证企业的技术优势,这些还没有卖掉的产品都会被企业收回,送入流水线拆卸,重新组装成新一代的产品,而不是出口到其他国家。只有与最新的产品拉开一定的距离的产品才会向欧美、亚洲等地出口。企业虽然失去了很大的利润,但没有人提出异议。原因很简单,除了不断更新的技术,日本没有其他优势。集团要想在竞争中获胜就只能依靠不断更新的技术,只能保证技术的领先。

集团对内极为严格地要求每一个人对集团的忠诚,背叛集团的人将无生存之地。《菊花与刀》中谈到在太平洋战争中日本军人被俘者极少。"面临绝境时,日本军人应该用最后一颗手榴弹自杀,或者赤手空拳冲向敌阵,实行任何自杀,他绝不会投降。万一因受伤和失去知觉成了俘虏,那么他'在日本就再也抬不起头来',他就会名誉扫地。他再也无法同过去一样生活,他是一个'死去的人'。"⑤二战时日本军人"勇敢顽强"的最深厚的根源就在于此。可以说二战时日本军人的"勇敢顽强"在很大程度上是因为他"不敢投降",不敢背弃自己的集团。集团对不遵守集团规则、背叛集团、给集团带来耻辱的成员最为严厉的惩罚就是抛弃他。在日本,一个被自己所属的集团抛弃的人就是一个根本没有任何价值的人,没有人会接受他,不论他多么有才,他将在耻辱中渡过他的余生。即使集团没有抛弃他,他也会在集团内部受尽各种凌辱,这比死亡更加可怕。

日本人缺乏创造精神并不是日本人不聪明,而是日本人太拘谨。在强大的等级制度与耻辱感文化的压力之下,普通的日本人在工作与生活中追求的并不是成功,而是不出错,并不是创造,而是忠诚。一个人如果太拘谨就会限制他的创造精神,当他太自由的时候,他又必然地会缺乏服从的精神。日本人选择了服从。

日本政府为保证每一个职工都能忠于自己的集团(单位),始终在关注着各集团职工的利益,即使是最不景气的集团也必须保证职工的基本利益。在集团内部,"年功序列",也就是工龄工资,占据着很大比重,它有效地缩小了各个阶层工资的距离。据说日本人的工资差异在世界各国中是最小的,所以有日本人开玩笑说日本才是真正的社会主义国家,因为没有两极分化。但这些都不是工会争取的结果,而是企业根据政府颁布的"护送船团方式"的规定自觉确定的,这是为了保证职工对企业、对集团的忠诚。各级领导也会从不同的角度给职工以各种照顾,以缓和刚性的规则与绝对的服从造成的心理紧张与精神压抑。这种"照顾"一般来说,只能由领导给予而不能由职工争取,否则就会破坏规则。

为了保证职工与领导之间的和谐,也为了使任务能更为顺利地执行并尽可能地避免失误,各级领导也会非常认真地倾听下级的意见。"在日本,所有的总经理在做出重要决定之前,都要事先征得中层以上管理人员的同意。这一过程一般需要两三年时间,任何想要阻挠这一过程的企图都是徒劳的。"⑥

集团主义一方面保证了职工对企业的绝对忠诚——正是这个原因创造了上世纪 60 年代经济起飞的"神话",另一方面也使企业背上了沉重的人员包袱。因为一个人一旦成为正式职工,为了保证他的忠诚,企业就只能包养终生。即使他不再适合企业的需要,只要他还保持着对企业的忠诚就无法辞退他,因此人员无法进行合理与必要的流动,这就是最具日本特色的"大锅饭"。如果为了引进新型的人才,只能扩大职工队伍。在科学技术日益成为企业生命决定因素的今天,这种现象已经开始明显地影响到了企业的活力与创造力。为了进一步的发展,近年来日本政府又提出成果主义——引入竞争机制,根据职工对集团的贡献决定职工的收入。实际上这个制度对传统的冲击并不大,日本的工资制度与中国现行的工资制度很相像,分为几块,成果主义只是在工资总额的30%之内进行调整,而且幅度有限。即使如此,成果主义在日本也还是被称为西方式的"个人主义"的竞争模式。从日本的传统看,这种模式在近期内不会有太大的发展。

随着社会的发展与生活方式的变化,现在日本人对集团(企业)的认同感也开始出现一些变化。现在有一批被称为"自由打工者"的人,据估计约为400万人。他们的年收入平均不足300万日元,是日本工资最低的群体,而且没有失业、医疗、养老等保险,银行也不为其贷款。这些人在一个公司干一段时间,挣够了钱就离开公司去旅游,回来后再继续打工。据有关方面估计,这个群体的人数大概只会增加,不会减少⑦。这些人主要是不愿接受集团过多的约束,不急于成为正式职工。因为一旦成为正式职工,他们也必须像其他职工一样为企业而献身了。

源于日本古代的家制度的集团意识因为符合现代化工业中对劳动纪律与协作组合的规律性要求,所以日本从明治维新开始其变革的速度就非常快,而且非常顺利。很多研究日本的外国学者在论及日本之所以成功的原因时并没有注意到家制度这个因素,或语焉不详。但大多数学者都明显地注意到了日本在现代化的进程中,日本原有的文化传统并没有如美国人在二战结束时所希望的那样发生重大变化,而是顽强地保持着自己的生命力。只有日本的学者对家制度进行着深入的研究,并认为家制度是日本近代国家建立的基础。

德川幕府的开创者德川家康的铜像

赏樱花的日本人

注释：

①参见石田雄：《日本的政治文化》，吉林人民出版社，1990年版。

②④⑤鲁思·本尼迪特克：《菊花与刀》，九州出版社，2005年1月版，第194、129、31页。

③⑥克里斯托弗：《日本精神》，见《丑陋的日本人：日本文化的明与暗》，山东画报出版社，2006年5月版，第118、87页。

⑦资料来源：日本社团法人科学技术国际交流中心2006年11月30日中国政府派遣研究员培训会议。

第三章
宗教与哲学

◎ 中国的宗教

汉民族宗教信仰中的泛文化特征——汉传佛教的哲学精神——公案与济公和尚的意义——沙门不敬王者——祖先崇拜与宗教精神——道教的特征

◎ 中国的哲学

农业文明与"天人合一"——以形象论道与摆脱形象的束缚——九方皋之相马——哲学的道德化导致了对自然科学的忽视——马克思主义哲学的中国化

◎ 日本的宗教

和民族宗教信仰中的泛文化特征——灵魂转世的观念——原始宗教的改革,天皇成为现世神——垂加神道与复古神道——神道的国教化与氏子制度——神道教的现状

"神佛习合",佛教垄断丧葬权——檀家制度与寺请状,寺院的基层政权性质——和尚继承以世袭为主——世俗化与"利、善、美"——情绪化的宗教精神

◎ 日本的哲学

利用儒家思想确立了等级秩序与日本中心主义,并使神道成为武士的精神支柱——利用《周易》、《老子》完成了对原始神话的整合,成为天皇神话的基础——禅宗思想成为武士的精神武器——哲学精神转化为对手段的控制原则——单眼与复眼

北京天坛祈年殿

京都下鸭神社

中国的宗教

　　西方哲学意义上的成熟的宗教是指拥有自己的哲学体系与神职人员的组织系统,拥有一套完整的宗教行为方式与严格的宗教戒律,追求精神的解脱与灵魂的归宿,解决今生与来世问题的一种信仰。对宗教来说,彼岸的世界才是真正的世界,灵魂的解脱才是真正的解脱。如果根据这一定义,可以说中日两国自身产生的道教、神道教都不是完全意义上的宗教。但西方哲学的定义并不能涵盖所有的宗教形式与内容,实际上在世界各国仍然有大量的带有原始特征的,或带有本国、本民族特征的宗教存在。中国的道教、日本的神道教都属于这个范畴。因为本书的目的是对中日文化进行对比,所以重点在汉民族与和民族对佛教、道教与神道教的信仰的对比,而不涉及其他宗教问题。

　　在汉民族与和民族的宗教信仰中具有很明显的泛文化的成分,掺杂着很多现实的与世俗的内容。中日两国共同信仰的宗教是佛教,大多数汉族人与日本人求神拜佛的心理非常相似,求神拜佛就是寻求一种保佑与庇护,寻求一种安慰与解脱。想要升官、发财,想要找工作、谈恋爱,想要冒险、碰运气、考大学,就去烧香拜佛;生病、有难、无助、求平安,就去烧香拜佛;甚至做了坏事、犯了罪,也去烧香拜佛。因为烧香拜佛是为了求福消灾,所以香火很盛。释迦牟尼当初创建佛教时的宗教理念与哲学精神也就只能是高僧与学者们研究的对象,而不再是传播佛教时向善男信女们宣讲的教义了。实际上一般百姓也无法理解佛教的哲学精神,于是大慈大悲、普度众生、悲天悯人、慈悲为怀、祈福消灾、因果报应等观念在百姓心中就成为佛教精神的全部含义了。

但佛教的哲学精神并没有完全在世俗的世界消失，而是以另一种形态得到了表现。根据汉传佛教的哲学精神，佛不是一种现实的存在，而是一种精神境界。只要达到这种境界就可以成为佛，或者说只要达到这种境界就是佛。这种境界是可以通过修炼或心灵的感悟而获得的，所以只要心诚，人人皆可成佛，因为本来就是"人皆有佛性"。即使是作恶多端的人，只要能够改悔，也可以成佛——"放下屠刀，立地成佛"。

因为成佛是一种境界，所以修炼也主要是"心"的提升，而不是一般俗人所理解的吃斋念佛、担水劈柴。"心"的提升需要一种"灵性"，一种"灵气"，是一种瞬间的"感悟"，所谓"顿悟"者也。为了说明这个问题，就出现了大量的"公案"，这些公案在日本也获得了广泛的流传。可是这些公案还是不容易理解，于是又出现了一个"酒肉穿肠过，佛祖心中留"的酒肉和尚济公。

济公的意义在于说明只有追求事物的本真，才能够达到真正的高度，只有不受现象干扰的本质才是真正的本质。这正是老庄哲学与魏晋玄学的哲学精神，正是这种精神改造了印度佛教，使之成为汉传佛教，并传到了日本。《水浒传》中写到鲁智深进入五台山之后不守寺规，喝酒吃肉，打架闹事，引起众僧不满，告到方丈跟前。方丈说"虽是如今眼下有些啰唣，后来却成正果"，也是这个意思。至于吃斋念佛、担水劈柴之类的修行，不过是"俗人"为了获得对佛性的理解而必须经过的一个过程。因为一般的俗人对佛的精神境界认识不深，也就只能通过外在的行为来渐渐理解内在的本质，也就是"渐悟"，但渐悟不可能真正达到佛的最高境界。

既然佛是一种境界，为什么还要广修寺庙、泥塑金身呢？这也正是因为佛是一种境界，普通百姓无法理解，而佛教又不能离开普通百姓的支持,所以才修寺庙、塑金身。也就是说,烧香、念佛都是为了给善男信女们一个顶礼膜拜的对象,给善男信女们一个一心向善的机缘。佛教中的各种善恶报应的故事也是因此而编写的。正是因为有了普通百姓的支持,佛教才得以在中国的土地上盛行。

在佛教传入中原的时候,中国的封建王权已经非常成熟,中原的百姓也在经过了春秋战国与秦汉帝国的统治之后理性精神全面成熟。人们需要的只是一种精神的寄托与安慰,而不是对另一个世界的渴望。统治者一开始也曾想把佛教放在自己的统治范围之内,让神佛从属于政治,为政治服务。但成熟的佛教并不顺从,东晋时的高僧慧远就提出了著名的"沙门不敬王者"的主张,并最终保证了佛教的独立。佛教也以极为宽容的态度对待百姓的信仰,拜不拜佛是百姓自己的事情,有需要则拜,没需要则不拜。百姓与寺庙,百姓与佛教,百姓与佛祖始终处于一种非常友善的关系之中。对于僧侣,百姓的态度也非常随和,甚至有很多调侃之词,例如:"远路的和尚会念经。""三个和尚没水吃。""当一天和尚撞一天钟。""和尚打伞,无法无天。""跑得了和尚跑不了庙。"

中国的文化传统中本来就充满着阴柔的特征,佛教的基本精神中也没有排他与复仇的色彩,经过魏晋玄学改造后的佛教(禅宗),自然以阴柔为基本特征了。既然佛与菩萨是保佑人、帮助人的,信徒们与佛的关系也就极为亲近。自古以来的佛的塑像都是悲天悯人的,大慈大悲的观世音也由留着两撇小胡子的美男子变为慈眉善目的女性了。

根据宗教学的观点,宗教产生的前提是至上神的出现。人类在其早期必然要经过万物有灵与灵鬼论的阶段。万物有灵是最原始的信仰,原始的初民相信万物与人一样都有属于自己的生命与灵魂,而这些灵魂又都具有某种不可知的神秘的力量。它们既可以给人带来灾难,也可以庇护无助的人类,因此而成为原始人崇拜的对象。随着人对世界与自我的认识的提高,人们开始对各种神灵进行区分。当神灵被区分为善恶两大阵营的时候就是灵鬼论的阶段。在进入阶级社会之后,国家开始形成,最高统治者开始出现,并且具有了无上的权威,统治机器也渐渐成熟。这时候,人间的政治结构、统治秩序也就开始渗入到了鬼神的世界,出现了至高无上的尊神,伴随着至上神出现的是神谱的修订。鬼神开始具有了各自独特的身份与特征,神灵的世界也变得秩序井然,人间也就进入到一神教的阶段。西方哲学意义上的宗教便应运而生。

中国上古时代的政治基础是宗法制,宗法制的基础是家族制,家族制的精神基础则是祖先崇拜。祖先崇拜的对象是与各氏族自身有着血缘关系的已经死去了的远祖。它源于人们对图腾祖先的信仰和对灵魂的崇拜。原始时代的氏族群体,既是社会的组织形态,又是社会的生产单位,血缘关系是人与人之间的最根本的关系。在血缘基础上产生的氏族首领具有至高无上的权威。他们活着的时候,使人敬畏;他们去世以后,人们在鬼魂观念与图腾信仰的驱使下,又很自然地认为他们的强有力的灵魂仍然能够保佑自己的子孙,而且他们也只保佑自己的子孙。每个氏族都只祭祀自己的祖先,所谓“神不歆非类,民不祀非族”(《左传·僖公十年》)。随着社会的进步与发展,世界上的许多民族渐渐摆脱了血缘关系的束缚,祖先崇拜也渐渐演化为人格神崇拜并进而形成了完全意义上的宗教与宗教信仰。而汉民族则在自己漫长的历史生成过程中,使血缘关系与政治权力结盟,从而使祖先崇拜长期保留下来,具有了政治的内容与功能,并逐渐形成了一整套极为繁琐、复杂、细致的操作系统与认识系统。同时把这种崇拜由原始时代对氏族共同祖先的崇拜转向了对同姓家族祖先的崇拜。

祖先崇拜当然算不上是宗教，但其中有着明显的宗教的因素——对神灵的信仰。鬼神思想不仅没有消失，反而随着祖先崇拜的思想获得了更为顽强的生命力。到了现在，汉族人在清明节祭祀祖先的时候，其虔诚足以使每一个具有宗教信仰的民族感到吃惊。这正是汉民族信仰宗教的思想基础。祖先就是神，他会保佑自己的后代，然而祖先毕竟力量太小，后代也会遇到各种各样的困难与麻烦，在这种时候还是更大的神灵有能耐。最大的神当然就是宗教中的尊神了。于是从多灾多难的东汉后期开始，汉民族便开始接受佛教，并祈求佛祖与菩萨保佑自己，帮助自己。越是弱小者，越是有困难者，越是虔诚。"心诚则灵"，"精诚所至，金石为开"，何况大慈大悲的佛祖与菩萨？

　　汉民族的这种信仰具有明显的泛文化的特征，信鬼神而不畏惧，信宗教而不迷狂，始终保持着一种理性的态度。这种态度一方面源于儒家的理性精神，另一方面也是因为在汉民族的原始信仰中虽然也有灵魂的观念，却没有轮回的思想。生命轮回的思想源于佛教，轮回的基础则是天堂与地狱的存在。虽然人们也在说"下一辈子如何如何"，但并没有多少人真正相信这一点。自己的生命源于父母的血脉，源于祖先的血脉，而不是某个不可知的灵魂的再生；自己的生命又转化为儿孙的血脉，传宗接代不仅是在延续祖先的香火，也是在延续自己的生命，所以断子绝孙是最为可怕的诅咒。可以说汉民族对宗教的信仰更多的是生活中的一种补偿或安慰，是在有了困难与麻烦的时候能给予自己以某种救助的力量。这种力量并不虚幻，而是非常现实的。

　　在中国本土产生的宗教是道教。虽然它不大符合西方哲学对宗教的解释，但确确实实是符合中国信仰特征的宗教。道教产生的时代与佛教传入东土的时代大致相当，都是东汉时期。道教关心的并不是灵魂的问题，不是今生与来世的问题，而是长生不老、羽化登仙、祛病消灾、修身养性、与人为善等现实问题。一方面在强烈地渴望延长在现实中的生命，另一方面在切实地为善男信女们提供着各种各样的精神性帮助。几乎所有的道观都有算命的功能，都可以抽取关于命运的神签。

道教所推崇的鼻祖是老子，所推崇的经典是老子的《道德经》。《道德经》可以说是一部关注现实人生的哲学著作，其中有宇宙生成的理论，有对自然规律与社会规律的认识，但更多的还是统治者与被统治者的关系以及现实人生的技巧。所谓"顺应自然"、"无为而治"完全是在那个动荡的时代为保护小私有者的利益而提出的政治主张，在这部哲学著作中充满着现实人生的内容，后代的术士们只是在其中加上了方术与人生的需求。可以说道教的世俗内容明显地多于佛教。

中国的哲学

中国在进入农业文明之后，神话开始衰退，理性精神开始兴起。农业文明需要历法，需要天文与地理知识，需要社会的稳定与规则。仰观天文、俯察地理是为了探索自然的规律，并以此来"敬授农时"——确立农业耕种的时间。因此对日月星辰、春夏秋冬等自然现象的解释就成为最高的智慧，这种解释就是中国哲学的逻辑起点。而中国哲学的终点则是人与自然的和谐与人与人的和谐，最高境界就是"天人合一"。天人合一的核心一是以"天理"来解释、统辖、印证、指导人间的政治、生产、生活与人生，日月星辰的运行、春夏秋冬的交替、风霜雨雪的变幻，都成为中国人理解人生、认识社会的手段。二是人间的一切都应像宇宙万物一样顺应天性、心怀恻隐、民胞物与、和谐而自然。"天行健，君子以自强不息。""地势坤，君子以厚德载物。"(《周易·象传》)人应该像自然界的各种事物一样和谐相处，各居其位，各司其职，积极完成自己的使命。

正是在这个基础上，"以形象论道"成为中国古代哲学方法论与认识论的明显特征。因为在农业社会中，发现自然规律，依据自然规律，保持人与自然的和谐是最高的智慧，而这一切都源自于经验的积累。依据自然的规律来解释、印证社会的规律，依据人与自然的关系来解释、印证人与社会的关系，并把和谐作为最高的社会理想也就顺理成章，这同样是经验的积累。中国古代哲学也因此成为经验的解释学。史学则成为对经验的总结，并通过经验的总结来指导人生，所谓"以史为镜"、"以史为鉴"。当经验上升为哲学与史学的内容的时候，经验也就具有了哲学与史学的内涵。

从春秋到秦汉几百年的时间里，中国哲学发展之迅速举世罕见。它从一开始就是为政治、社会与人生服务的，而它的来源又决定了它只能是一种充满了经验性与实用理性的哲学。通过形象来解释自然、社会、人生正是一种必然。《吕氏春秋》是先秦哲学的集大成者，《春秋繁露》则是利用阴阳学、五行学对先秦哲学，尤其是儒学，进行最全面的解释者。按理说，以天理统辖、印证、指导人事，最有可能产生的就是严格的法律制度与自然科学体系，可是中国人偏偏没有走这条路，而是以祖先崇拜为先导，以宗法制度为圭臬，走上了家族主义的伦理道德之路。

在春秋与战国的五百年间，虽然诸子百家在争鸣中建立起了众多的哲学流派，但对中国文化产生重大影响的还是儒道二家。儒道二家都力图给现实人生以一种合理的答案，但面对大道沦丧的现实，它们却开出了完全相反的药方。

以孔子为代表的儒家学派，追求的是人与社会的和谐。儒家顺应着宗法制的需要，把君君、臣臣、父父、子子的等级制度理论化、绝对化，而以道德与仁政来缓和严格的等级制度对人性的异化，目的是在创造一个和谐的理想社会。这种观念在汉代被系统化、神秘化。董仲舒结合着阴阳五行的思想，制造出了一个神圣的、万世不变的、天人合一的宇宙系统论的人生模式，"天不变，道亦不变"（董仲舒《贤良对策》）。

以老庄为代表的道家追求的则是人与自然的和谐。道家认为罪恶源于私欲的无限膨胀，而智慧又在助长着私欲的实现。"民之难治，以其智多"（《道德经》），"智也者，争之器也"（《庄子·人间世》），"圣人不死，大盗不止"（《庄子·胠箧》）。只有彻底地毁灭文明、抛弃智慧，才能真正消除罪恶之源。这就是"绝圣弃智"（《道德经》），抛弃仁义道德，抛弃社会文明，退回到原始的状态中去。在这一点上，庄子比老子更为彻底。庄子认为违背自然，就是丧失自我。儒家的积极进取精神是"丧己于物"，只有顺应自然，"不以好恶内伤其身"（《庄子·德充符》），做逍遥游，才是人生的最高境界。

简言之，儒家注重现实人生，把人们引进世俗的社会规范之中，要求人们积极进取，"君子疾没世而名不称焉"（《论语·卫灵公》），甚至"知其不可而为之"（《论语·宪问》），其目的在于实现人与社会的和谐。道家则提倡顺应自然，与世无争，"知其不可奈何而安之若命"（《庄子·人间世》），远离人间，把人们引入一个精神的自由王国之中，追求的是人与自然的和谐。

人与外在对象世界的关系主要表现为人与社会、人与自然的双重关系。儒道两家在哲学上将这两种关系分别推向极端而无法单独实现和谐的人生,只有将二者结合起来,才能取得起码的社会地位并同时获得相对独立的人格。儒道二家在魏晋之前水火不容,但在魏晋玄学的影响下开始互补,成为中国人最为有效的人生原则与人生方式,成为封建官吏与知识分子的基本人格模式。

儒道之外,影响大的就是法家了。法家思想在先秦原本分为两派:一派以齐国的管仲为代表,在追求法制的同时要求达到中和的境界;一派以韩国的韩非为代表追求彻底的法制,反对儒家的中和思想。秦国接受了韩非的思想,执行的是彻底的功利主义,排斥亲情,赏罚鲜明。因为这种思想有悖于宗法制的精神,所以除了在动乱的年代,从未成为统治者的指导思想,也不可能在民间获得赞同。但这种思想在日本却获得了最为充分的认可,并在儒家思想的帮助下成为日本的基本精神。

中国古人的智慧是从现实生活中获得经验,再由经验指导现实。为了使指导具有普遍的意义,便对经验进行总结与抽象,最终达到哲学的境界。为了超越经验的有限性,这种哲学走上了与"自然"结合的道路,形成了形而上学与辩证思想合一的哲学特征。

西方哲学则是在"逻各斯"的指引下,主动地抛弃形象与经验,从一开始就以理性与思辨进行推演,并最终建立哲学的命题与获得哲学的结论。中国哲学中所蕴涵的经验性使得中国哲学从未进入到绝对精神与绝对理念之中,也从未进入到宗教或形式逻辑的领域。它始终以现实人生的痛苦以及对痛苦的现实性解脱为目的,它始终关注着现实的人生,而不是人生的来世或宇宙的意义。因此自然的运行规律成为道的核心内容,违背自然规律就会走向失败。这个自然既包括自然界也包括人类社会,违背大自然的规律会失败,违背社会的规律也会失败,二者的一致性构成了以形象论道的不可动摇性。

阴阳构精,化育万物,所以男女结合,繁衍子孙。万物顺从于阴阳,所以子女顺从于父母。万物有大小强弱,所以人间有贫富贵贱。天无二日,国无二君,家无二主。天高地低,男尊女卑。群星有秩序,人间有等级。五行相生相克,五脏相辅相成。……先秦诸子的著作中充满了寓言与历史故事,中国的成语更是以故事、以形象论道的典型。

　　从形象到本质的中间环节是经验。经验既是中间环节,更是思辨的基础。“九方皋之相马,略其玄黄”,就是一个典型。《列子·说符》中说,秦穆公见伯乐年纪已大,要求伯乐在自己的儿子中推选一个识马的人。伯乐说自己的儿子只能识良马,不能识天下之马。于是推荐九方皋为秦穆公选马。九方皋在寻找了三个月之后,回来报告说找到了一匹千里马。秦穆公问是一匹什么样的马,九方皋说是一匹黄色的公马。待侍卫把马牵上来时,却是一匹黑色的母马。秦穆公很不高兴,连马的玄黄牝牡都分不清的人怎么能识别千里马呢? 伯乐却说:“皋之所观,天机也。得其精而忘其粗,在其内而忘其外。见其所见,不见其所不见。视其所视,而遗其所不视。若皋之相马,乃有贵乎马者也。”一经测试,果然是一匹绝世宝马。

　　这个道理很明显:马的优劣并不在于色彩与公母等外在形式,而在于马的脏器、骨骼、神经、性格等内在因素。如果拘泥于外在形式,必然会影响到对本质的认识。这种中国式的智慧在庄子那里就有体现——“得鱼忘筌,得兔忘蹄”,“得意而忘言”(《庄子·外物》),在魏晋时期的玄学家那里得到了更为简明、更为精确的表述——“得意忘象,得象忘言”(王弼《周易略例·明象》)。

　　中国古代的哲学家们非常清醒地认识到了“以形象论道”的有效性与局限性,因此在认识论与方法论上不仅以形象论道,而且以思辨见长,二者并行而不悖。人对世界的认识固然是"透过现象看本质",但现象毕竟不是本质。包含了现象的本质不是真正的本质,或者说不是纯正的本质。认识了本质之后,就应该抛弃现象。只有抛弃现象才能把握本质,只有"得其精而忘其粗,在其内而忘其外。见其所见,不见其所不见。视其所视,而遗其所不视",才能不被马的外在形式所干扰,才能把握马的本质。现象抛弃得越彻底,获得的本质就越深刻。这是经验的飞跃,更是思辨的结果。"庖丁解牛"的故事讲的也是这个道理,只有不受形象的束缚,不受方法与规则的束缚,才能进入自由王国。

中国哲学的智慧即在形象的基础上认识事物,在认识事物后又抛弃形象的束缚,通过抽象与思辨而把握真正的本质。不论是哲学的基础还是哲学的升华都离不开经验与对经验的抽象与思辨,因为中国哲学本身就是实用理性的产物,其目的也在于实用,在于解释人生、指导人生。

因为古代哲学是以实用为目的的,其实用性体现在对宗法制社会的解释与维护上,所以宗法制的稳定也就从根本上限制了哲学的发展,当社会发生重大变化后,其理论与现实就有了较大的距离。在自然科学与自然哲学方面,中国古代哲学更是显出了明显的劣势:对自然的理解并不是为了解释自然,改造自然,以自然科学为人类服务,而是通过对自然的理性认识来解释社会,为社会的等级制度与生活方式提供理论根据。在汉代,中国的天文、地理、水利、医学、数学、冶金、纺织、农业等方面的自然科学知识已经非常发达,但在中国除了用哲学来解释人间社会的伦理道德与等级制度之外,就只剩下了对中医理论的说明。而对中医理论的说明也是云天雾地,神龙见首不见尾,依然是从金木水火土的特征(天)来印证人体(人)的构造与功能,并没有从自然科学与实证科学的角度对其进行进一步的探索。这极大地影响到了中国自然科学的发展与自然哲学的形成。

因为宗法观念与祖先崇拜思想的影响,中国人亦极为推崇先圣、先贤。中国的智慧也多在对前人经典的解释中展开,所谓"我注六经,六经注我"便是一例。中国哲学并不注重对新的哲学体系的建立,甚至可以说是在有意地回避建立新的哲学体系,更多地还是通过对经典的解释来宣扬自己的主张,或者是用自己的主张来解释过去的经典,这可以说是中国古代哲学未能获得更大成就的重要原因之一。最典型的例子应该说是对《周易》的解释,在诸种解释中我们可以明显地感受到智慧的光芒与各种有意的曲解、附会。

进入 20 世纪,西方哲学涌入中国,对中国的哲学思想产生了巨大影响,甚至可以说 20 世纪是西方哲学中国化的世纪。当西方哲学刚刚涌入中国的时候,引起了中国哲人的极大兴趣,但以德国古典哲学为代表的本体论哲学虽然给人以全新的感受,然而终究不能解决当时中国面临的具体问题,也就只能在书斋案头供知识阶层欣赏品味。只有具有方法论与认识论意义的马克思主义哲学,因其具有实践的功能而被要求改变中国旧面貌的革命者所接受,并用于指导实践,最终取得成功。正如镌刻在马克思墓碑上的他的名言:"哲学家们只是用不同的方式解释世界,而问题在于改变世界。"这对于具有实用理性精神的中国哲学来说既具有一种先天的亲和力,又具有一种实践的推动力,而对于要求改造中国的革命党人来说更具有实践的指导意义。毛泽东思想正是马克思列宁主义普遍原理和中国革命具体实践相结合的产物。

日本的宗教

　　日本的神道教没有自己的经典,日本古代的佛教也不大重视对佛教经典的研修。"所谓的日本的宗教,与其说它是一种概念,不如说它已变成一种习俗。"①在日常生活中宗教戒律与人生准则融为一体,与中国一样,同样具有明显的泛文化的特征。但日本人对宗教的感情与热情明显地超过中国,几乎人人都是佛教与神道教的信徒。信仰各种宗教的信徒总和为2.1亿,几乎是日本人口总数1.2亿的两倍。因为在日本,神道教与佛教之间并不排斥,而且各有分工,神道教负责阳间的事务,佛教负责阴间的事务,再加上日本古代的"檀家制度"与"氏子制度"的影响,基本上每个人都在信仰佛教与神道教。另外,基督教与天主教在日本也有一定的信徒。也有日本人说,日本文化厅的报告所依据的数字源于日本的宗教组织,不排除其中有夸大的成分。但不管怎么说,在宗教性的节日中,烧香拜佛、朝拜神社的日本人难以数计,可以说是全民参与,这一点远比中国人强烈。从现实的国民热情来说,日本是一个宗教精神很强的国家。

　　在日本的原始信仰中灵魂不死的观念占据着非常重要的位置。这种信仰认为人死了以后,不管是好人还是恶人,他的灵魂都会去往"彼世",只是好人去得快一点,恶人去得慢一点。只有死于非命或找不到尸首的灵魂才无法去往彼世,他们的灵魂只能在世间游荡。所有的灵魂去往彼世后都能与家人团聚,过着与"现世"同样的生活。彼世与现世没有什么本质的不同,也不存在天堂与地狱。虽然也有黄泉国的神话,但那也只是彼世而不是地狱。所以日本人对作恶并没有多少灵魂的恐惧,限制作恶主要依靠的还是现世中规则的惩罚。

那些待在彼世的灵魂过一段时间之后又会以家庭的子孙"转世"的形式回到自己的家庭,来给自己以前的子孙当子孙,同样是好人回来得快一点,恶人回来得慢一点。据说家中的媳妇怀了孕,在彼世的男方家庭与女方家庭就会开一个会,商定应该派哪个灵魂回到人间来。"由此看来,一切生都是再生,而不是诞生崭新的生命。生出来的生命是某个先祖的复活。复活就是从黄泉国、彼世回到现世。先祖的灵魂复活后,回到孕妇的腹中,十月期满就呱呱坠地。于是人们说:啊,这个孩子跟五年前去世的爷爷一模一样,是他爷爷来托生,于是给他起了个爷爷的名字(日本人的名字中大都有一个字与爷爷的名字中的某个字相同——引者注)。生下来的孩子如果和记忆中的近祖完全不像,则被认为可能是某个远祖来托生,给他起个相应的名字。这时候大概有专人来识别是谁来托生,由他来决定这个孩子是谁来托生,那个孩子是谁来托生。"②

"只有一点不一样。那就是现世和彼世的任何事物都是颠倒的。现世的人是脚朝下、头朝上走路,而彼世的人是脚朝上、头朝下走路;彼世的白天是现世的黑夜,彼世的黑夜是现世的白天;彼世的早晨是现世的黄昏,彼世的黄昏是现世的早晨。同样,彼世的夏天是现世的冬天,彼世的冬天是现世的夏天;彼世的春天是现世的秋天,彼世的秋天是现世的春天;现世的人穿衣服大襟向右扣,彼世的人穿衣服大襟向左扣。同样,现世的人往茶叶里冲开水喝,彼世的人向开水里放茶叶喝。"③但在这种种说法中却没有现世的恶人到了彼世成为好人,现世的好人到彼世成为恶人的说法。

日本人关于先祖的观念远远淡于中国人。因为在彼世的观念中,祖先的灵魂还会借着子孙的形体来到现世,所以家族的灵魂数目一定不会很大。在这种灵魂不停的转换中,谁是谁的祖先还说不清楚呢,所以日本人不像中国人那样重视血缘的承传。对亲情也没有中国人那么敏感,姓氏也就不那么重要,反正就是这些人。"日本人则仅仅拜祭最近的祖先。墓碑必须年年重写,以便使人知道这是谁的墓,但当活的人不再记得某位祖先时,他的坟墓就无人过问了。而且这些祖先的灵位也不再安置在神龛里了。除了那些还被活着的人记着的人以外,日本人并不重视孝行,他们专注于此时和此地。"④虽然日本人在说,世界各国的研究者也在说日本是一个祖先崇拜的国家,但与中国人相比,小巫见大巫。

因为灵魂永远在现世与彼世中来回往返的原因,所以日本人非常重视葬仪。葬仪的目的是把祖先的灵魂尽快而平安地送往彼世,而不是对肉体的安葬的重视。在日本古代虽然有过一个重视肉体安葬的古坟时代(大约在公元300—600年),但时间并不长,范围也不很大。总体来说日本人并不像中国人那样重视尸体的保存,因为肉体不过是灵魂的载体,犹如灵魂的外套,外套旧了、破了,灵魂就扔下外套走了。重要的是对灵魂的祭奠,所以祭祀先祖与埋葬尸体往往并不在同一个地方,在古代有些地方还有弃尸的习俗。轻视肉体与灵魂在现世与彼世不断转换的观念,大概是日本人"不怕死",或者是"喜爱"自杀的文化原因。

日本的原始信仰可以说是源远流长,自古就有自己的创世神话与人类诞生的神话。在神话中神灵众多,有"八百万神"之称。在佛教进入日本之前,日本本土的宗教还处于很原始的阶段。公元6世纪汉传佛教进入日本,促使日本的原始信仰开始了自己的改革,向宗教化的方向发展。

佛教文化可以说是一种柔性的文化,它的思想与主张,尤其是与世无争的思想和在佛的面前人人平等的思想对于公元 6 世纪日本的政治与统治来说具有非常重要的意义。圣德太子(574—622)正是依据佛教的平等思想,仿效中国隋朝的制度把日本变成了一个律令制的国家(律就是刑法,令就是行政法),彻底摧毁了日本古代的氏族制度。这成为日本 1500 多年间国家统治的基本模式。

在宣扬佛教思想的同时,皇室也开始了对本土原始信仰的改革与完善。首先就是把日本神话中的天照大神奉为天皇的祖先神与国家神,使其具有了独一无二的地位。同时还加强了祭祀的制度与规定,建立起了巨大的祭祀天照大神的伊势神宫,以突显皇室的尊贵。神道教开始形成。

公元 645 年 6 月,孝德天皇与大中兄皇子推行大化改新运动,受到中国古代"君权神授"思想的影响并充分利用了本土的原始信仰,突出强调了皇权神授的思想。天武天皇在 672 年登基后首先就是任命大来皇女为伊势斋宫的斋王。在 681 年下令:"畿内及诸国,修理天社、地社、神宫。"682 年颁布《飞鸟净御原朝廷令》,设立神祇官,并将其摆在诸官之首。天皇被称为"明神御宇"、"明神御",也就是现世神。从此,天皇真正成为降临到凡世的神灵,神圣不可侵犯。

在国家对神道进行理性的重新解释的同时,日本民间的祖先神与地方神也开始逐步混合为"氏神"——既保护地方又保护每一个家族的神。佛教为了自身的发展也自觉地与神道融合,而神道也非常需要佛教的支持,于是产生了"神佛习合"的主张。但到了镰仓时期(1192—1333),佛教渐渐开始排斥神道教,神佛产生了距离。

到了江户时代(1603—1867),内战结束,统治者开始对国家的政治与文化进行全面重建,儒学受到了空前的重视,被称为"儒教"。江户前期的学者藤原惺窝、林罗山等人提出"神儒习合"的主张，倡导"儒主神随"，力图使儒学与神道统一起来。山崎闇斋（1618—1682）更认为朱熹是深得儒学真传的学者，强调朱熹的理学主张，并在儒神习合的基础上创建了垂加神道。通过对朱子理学的重新解释，极端强调君臣之义与等级序列之重要。认为遵从天理的儒学与崇敬神灵的神道具有本质的一致，宣扬忠君爱国、绝对服从。虽然此时垂加神道没有受到格外的重视，但它强调的忠君爱国与绝对服从的思想对武士阶层的影响非常巨大，成为武士道的思想基础。

与此同时，度会延佳（1615—1690）又提出儒学与佛教都是外来的东西，只有神道是日本的精髓，日本存在的意义就在神道之中。受儒家"尊华攘夷"思想的影响，提出日本中心主义，并认为日本社会的"根叶花实"皆源于神道，应该排斥佛教、重视传统、修订天皇谱系等等。幕府后期的平田笃胤（1776—1843）继本居宣长之后，以复古神道相号召，提出日本传统文化是最优秀的文化，日本文化要从中国文化的影响中挣脱出来，恢复日本古代的传统。提出天御中主神（天照大神）是唯一的至上神，天皇是其子孙，必须绝对服从。复古神道因此具有了国家神道的色彩，并对明治时期的国家神道产生了重大影响。

复古神道还提出人死之后灵魂并不如以前的神道思想所表述的那样存在于另一个世界（彼世），而是存在于现世之中，不过现世中的人看不见而已。死去的人的灵魂就存在于神社、寺庙或墓地之中，他们都是神，与古代传说中的各种神灵并没有什么不同。这一说法对日本人的影响极为巨大，祖先崇拜具有了更加现实的意义。

1853 年美国的佩里将军率领东印度舰队敲开了日本的大门，

第二年幕府政权就不得不与美国签订第一个不平等条约——《日美亲善条约》,紧随其后的英、法、俄、荷等国也相继与日本签订了不平等条约。不平等条约加深了日本内部的经济困境,下层武士已经难以生存,其他百姓更可想而知。加上鸦片战争之后的中国在迅速地衰落,更使日本感到亡国的威胁。在内外压力之下,有志之士提出"尊王攘夷"的口号,要求推翻腐朽的幕府统治。尊王攘夷的思想基础就是复古神道与垂加神道。

1867 年明治天皇即位,颁布了"王政复古"的号令。1869 年"废藩置县",尊王的目的得以实现。"倒幕"的先锋是下层武士,他们深受垂加神道与复古神道的影响。在明治维新的整个过程中,复古神道与垂加神道所宣扬的忠君爱国与对天皇的绝对服从起到了至关重要的作用。明治维新前夕,五松操提出"神武复古",福田美静、平田铁胤提出"祭政一致"等口号,并要求恢复神祇官。明治天皇在登基的当月便设立神祇官,建立神祇事务科(后改为神祇省),专门管理神道事务,天皇亲自祭祀天神作为制度被确定下来,神道被国教化。为了保证神道的纯正性,又推行"神佛分离",颁布"神佛判离"的法令,禁止僧侣参加神道仪式。因为佛教在幕府后期已经非常腐败,所以人们借着神佛判离的法令,在全国各地开始了"废佛毁释"的行动,僧侣还俗,寺庙被毁,法器与经卷荡然无存。明治政府还规定神社归国家所有,摧毁"檀家制度",建立起了"氏子制度",氏子制度要求每一个百姓都成为氏子——神道教的信徒。

为保证对日本军人的精神控制与安慰,明治天皇在倒幕战争之后,为在战争中献身的日本军人建立了专门的祭祀场所,这就是后来的靖国神社。日本各地也都纷纷建立起了祭奠出生于本地的战死的军人的神社。1882 年明治天皇颁布《军人敕谕》,提出:"皇权军国,精忠效命。军纪即圣谕,战死光荣。"根据复古神道的观念,人死后其灵魂就会成为神,并且仍在人间生活。而"为国捐躯"的将士将成为靖国神社的神,并接受天皇的祭奠,这成为日本军人重死轻生的思想支柱,也成为军国主义最有力的精神武器。

1945 年 12 月 15 日,盟军司令部在进入日本几个月之后发布了《神道指令》,要求日本实行信教自由,政教分离。日本取消了带有强烈的国家宗教色彩的《宗教团体法》,公布《宗教法人令》,政教开始分离,神道教的国家色彩开始减退。

现在日本的神社仍然非常多,据说有 79000 多座,最大的就是位于三重县伊势市的皇室宗庙伊势神宫。从江户时代开始,就有一种说法,每个日本人在一生中至少要去这座神宫朝拜一次。神社分为很多种,据《朝日新闻》2007 年 2 月 22 日《神社分类》一文报道,共有 25 大类。其中祭祀幕府的守护神与武士、军人的八幡神宫共 7817 座,祭祀天皇的祖先日照大神与丰受大神的伊势神宫4425 座(其中又可分出神明社、皇大神社、天祖神社、大神宫等),祭祀各种天神的天神神宫 3953 座(其中又分为天满神社、天神社、菅原神社、北野神社等),祭祀各种产业的守护神的稻荷神宫 2970座。以上神社占总数的四分之一。其他占总数的四分之三的神社都是祭祀各种地方守护神与行业守护神的,这种小神社最多,可以说遍地都是。

日本虽然受西方的影响很深,但日本人的等级思想却从未受到过冲击。在神道教中日照大神是至尊神,她的后裔就是天皇。与其他宗教不同的是,在神道教中还存在着大量的各种各样的供人们祭祀的氏神。日照大神的至尊地位并没有使她成为散布于全国的众多神社的唯一的祭祀对象。这一点与基督教、伊斯兰教有很大不同,只有佛教除了佛之外也还在供奉四大菩萨,但也不像神道教那样祭祀着数不清的神灵。

根据前文所引的日本文化厅 2004 年的报告,可以说日本几乎人人都在信仰神道教,但在我所接触的日本人中对信仰佛教较为认可,对于自己是神道教徒的说法却不大认同。他们说即使自己天天去神社也不能说就是神道的信徒,因为神社对他们来说只是一个保佑平安的地方,例如在新年的时候去参加"初诣"——新年的拜祭,只是为了获得一种吉祥。生孩子的时候去水天宫拜祭,升学考试或与学问有关的事情去天满宫拜祭,交通安全则是去住吉大社拜祭。还有结婚时要去神社举行仪式,孩子出生后要到神社去拜祭。11 月 15 日,3 岁、5 岁的男孩,3 岁、7 岁的女孩都要去神社参加"七五三节",以庆贺自己的成长。每年的元月份还有一个"成人节",孩子们长到 20 岁的时候就是成人了,这个节日对日本人非常重要,尤其是对女孩子非常重要,可以说是非常热闹、非常重大的一个节日。但这些都不能说明自己就是神道的信徒。

这是一个非常有趣的现象,实际上也自有其道理。日本是一个受西方影响很大的国家,根据西方的宗教理论,宗教是关于灵魂与彼岸的学说,是关于来世的学说。而日本的神道的各种行为都是为活人的,也就是阳间的事情,神社是管阳间的。死人以及死了以后的事,关于灵魂的事与彼岸的事则归佛教管了,那都是阴间的事。管阳间的不属于宗教,管阴间的才属于宗教,因为宗教是关于灵魂的学问,所以佛教是宗教而神道不是宗教。既然神道不是宗教,当然也就没有信徒。本尼迪特克给出过另一种解释,她说:"在宗教领域明治时期的政治家们作了一些比政治领域里形式更为奇特的安排,不过他们还是在按同样的日本座右铭行事……因为国家神道是以向国家象征表示正当敬意为宗旨的,就好比美国人向国旗敬礼一样,所以他们说,国家神道'不是宗教'。"⑤

佛教因其具有非常成熟的形态,而且其教义与主张对于日本当时的统治来说具有非常重要的意义,所以一进入大和国(当时日本分为好几个国家,大和国占主要地位)就引起了朝廷的重视,同时也出现了强硬的反对派,并因此而引发了长达60年之久的崇佛与排佛的斗争。最终在公元604年以圣德太子制定的《宪法十七条》确定的"笃敬三宝。三宝者,佛法僧也"为标志,站稳了脚跟。

随着神道教的日渐强大,佛教为了保证自己的地位,在平安时代(794—1192)主动与神道结合,提出"神佛习合"的主张。认为神佛本为一体,神就是佛,佛就是神,神号佛号相一致。这种做法起到了积极调和神道与佛教矛盾的作用。在神社中普遍建起了寺庙,供奉各种佛像,在寺庙中也大量地建有神社,接受各种拜祭。同时也学习中国儒佛融合的传统提出"儒佛习合"的主张,利用儒家学说在日本的影响,尤其是在政治方面的影响来获得政府对佛教的支持。统治者也充分认识到了佛教在社会生活与统治秩序中的作用,对佛教给予了特殊的照顾。佛教因此获得了极大的发展,并表现出与印度、中国等国家的佛教不同的特征。例如儒教与神道教对丧葬的重视、对祖先的崇拜与敬畏等等都被佛教用来解释与宣扬灵魂与来世的观念,这种观念与日本的原始信仰具有天然的一致性而为日本百姓所接受,佛教因此而垄断了丧葬权。儒教的现实性、神道的传统性与佛教的虚幻性完美地结合在一起,使佛教具有了非常现实的意义与作用。

从佛教在日本的发展过程中最能看出中国文化对日本文化的影响。

佛教所宣扬的人人平等的思想成为圣德太子摧毁氏族制度、建立律令制国家的思想武器,佛教在日本彻底扎下了根。在圣德太子之后,日本佛教可谓宗派林立,各种宗派思想基本上源于中国,而又具有日本的特征。

在公元 8 世纪末的时候日本出现了一个叫最澄(767—822,日本天台宗的开山祖师)的和尚。公元 804 年他赴中国学习天台教义,回日本后以《法华经》为核心开创了天台宗,并开始对日本的佛教进行第一次改革。此前的"南都六宗"都认为具有佛性的人非常少,能经过苦行而成佛的就更少。最澄依据汉传佛教中"人皆有佛性"的思想,明确提出只要努力修行就会成佛,即使今生不能成佛,但在多次的托生之中总能成佛,并提出"山川草木悉皆成佛"的主张。在修行中,最澄认为以往的佛教戒律都过于繁琐,而且传授这些戒律的和尚又过于腐败,主张减少戒律,使戒律简洁化、内在化,强调内心的修炼。

最澄之后的空海(774—853,日本真言宗的开山祖师)进一步提出"即身成佛",也就是现世就可以成佛的思想。空海之后的天台僧人源信(941—1017,日本天台宗僧人)宣扬可以通过念佛去往极乐净土,此派因此被称为净土宗。所谓念佛就是祈念佛,也就是想象佛的意思。空海提出如果心中想象着极乐净土,眼前就会出现极乐净土,临终的时候,阿弥陀佛就会带他前往极乐净土。这是一种修行。另一种修行则是向寺庙多多布施,也可以在死后进入极乐世界。但做心中冥想的修行非常困难,只有少数人能够做到,而向寺庙大量布施,普通百姓又没有那么多的钱财,所以此种修行的影响力很有限。

镰仓时代是一个礼崩乐坏的时代,律令体制崩溃,社会秩序一片混乱,人们的心灵陷于恐惧。这时法然(1133—1222,日本净土宗的开山祖师)出现了。法然对空海提出的"念佛"的修行方式进行了新的解释,提出念佛就是用口念诵"南无阿弥陀佛"就行了。这种修行法亦来自中国,只是中国要求要心无杂念地念诵万遍方能奏效。万遍容易而心无杂念难。法然提出只要在临死时能念诵十遍"南无阿弥陀佛",任何人都可以往生极乐净土。这可真是最简便易行的修行方式了,也是对最澄"山川草木悉皆成佛"最好的注解,无异于为广大的普通百姓敞开了极乐世界的大门。在那个痛苦的时代立即引起了极大的反响,人们开始热情地追随净土宗,很多人成为净土宗的信徒。

　　同时代的道元(1141—1215,日本曹洞宗的开山祖师)则提出"心身脱落"的坐禅法,只要如同释迦一样坐禅,就可以与释迦合为一体而成佛。亲鸾(1173—1262,净土真宗的开山祖师)继承了法然的思想,认为既然任何人都可以通过念佛而得救,那么只要口诵"南无阿弥陀佛"也就是完全的修行了。而且大胆的亲鸾还以自己的行为做出了解释——吃肉、娶妻。

　　法然与亲鸾的行为过于激烈而大胆,因此受到佛教旧宗派的打击,被判流放。亲鸾对佛教的另一个贡献是把印度佛教中的轮回思想与日本原始信仰中的彼世观念融合为"往相回向"和"还相回向"。"往相回向"就是只要念佛就可以在死后成佛,去往极乐净土。"还相回向"就是灵魂在极乐净土待一段时间之后还可以再次回到现世中来,进行"利他"的教化活动,也就是解救苦海中的芸芸众生。这种思想与日本原始信仰中的现世、彼世观相一致,深得普通百姓的认同,而其修行之法也只在于意念之中,简便易行,佛教因此而拥有了最为广大的信徒。

　　日莲(1222—1282,日莲宗的开山祖师)认为信仰《法华经》就可以成佛。他继承了法然"念佛"的思想,认为只要口诵"南无妙法莲华经"就可以获得与诵读全部《法华经》同样的功德。

　　在以上种种思想中既可以明显地看到日本佛教对中国"人皆有佛性"、"心即是佛"思想的借鉴与继承,也可以明显地看到日本佛教自身的创造与发展。这是佛教思想的变化。

佛教的权力在江户时代发生了重大变化。在江户初期，基督教的发展引发了一系列问题，并导致了"岛原之乱"，所以在岛原之乱平定后，幕府开始了对基督教的清洗，所有基督教徒都必须脱离基督教。幕府把这一任务交给了在全国布满了寺院的佛教。基督教徒必须持有所在地区寺院提供的"转宗证明"——寺请状，也就是由基督教徒转为佛教徒的证明书才能获得平安，否则按异教徒处理。为了管理寺请状的发布，幕府还专门设立了"改宗门役"这一职务，专门来实施被称为"宗门人别改账"的管理制度。这种制度的建立是为了禁止基督教在日本的传播，所有的人都要被登记，因此也就成为日本最早的户籍与人口管理制度。

为了借助佛教的力量来加强对异教徒的控制，幕府还规定日本所有的家庭都必须成为"檀家"，也就是寺庙的施主，这就是"檀家制度"。每个日本人也因此无一例外地成了佛教徒。檀家制度规定，檀家必须承担对寺院的相关任务，如建造或维修寺庙，在特定的宗教节日缴纳相关的贡品等等。幕府政权利用佛教的影响并通过寺院强化了自己的统治，佛教则通过幕府的力量使每一个人都成为自己的信徒。

随着时间的推移，寺院的权力越来越大。到后来，"檀家"的婚丧嫁娶、建房迁居，甚至外出等等都必须有寺庙的许可。寺请状具有了政府文书的作用，具有明显的行政功能，类似婚姻、收养子、移居、奉公（服徭役）这样的事情也必须具有寺庙出具的证明文书方能有效，所以"宗门人别改账暗示着寺和施主的关系位于家或村落的秩序之上"⑥。寺庙实际上已经在很大程度上取代了基层政权组织——村落——的行政职责。

佛教不仅通过檀家制度使所有百姓都成为佛教徒，而且在"往相回向"与"还相回向"思想的影响下自然地从神道教的手中接管了祖先崇拜与祭祖的权力。这也正是日本人一切都要遵循规则、都要划分界线的典型体现：神道教管活人的事，佛教管死人的事，职责分明，即使是宗教也不例外。

百姓死了之后的"葬仪"都要在寺院中进行，以家为单位的家庭墓地也就自然而然地建在了寺院之中。时至今日也依然如此：大多数日本人的葬仪仍在寺庙中举行，骨灰也都葬在寺庙专门的墓地之中。一家一个墓穴，修一个占地面积约一平方米左右的高台，高度大都在一米以下，高台上面立一个家族的墓碑。墓碑为正方形立柱，宽与厚约为三十厘米左右，高约为一米，正面刻着"某某家"的字样，在背面或侧面刻着死者的名字——法号与世俗之名，也有在墓碑旁专门立一个墓志碑来刻录死者的法号与世俗之名的。人死了以后火化尸体，把骨灰装入瓷瓶，然后安放在家族的墓穴中。在一个墓穴中可以安放很多这样的骨灰瓶。

法号是死者在入葬之前，家人花钱请和尚为他取的，没有法号不能葬入寺庙的墓地。因为在以前，除了寺庙之外，无处可以安葬，而要进入寺庙的墓地又必须具有法号——皈依佛祖，所以不管生前信不信佛教，死了之后也都只能成为佛教徒了，否则可真成了"死无葬身之地"了。另外还有一个原因，如果没有法号，就去不了西天，照中国的说法就会成为"无主孤魂"。这对于相信鬼魂与彼世的日本人来说是非常可怕的，所以取法号价格很贵，寺庙收入不菲。在日本，和尚是很有钱的。

在农村，寺庙还是百姓集会与娱乐的场所，村落中的各种重大的活动也都在寺庙中举行，集体的娱乐也在寺庙中开展。这种寺庙极多。和尚以世袭为主要继承法，因为日本的和尚是允许结婚生子的，明治时期更以法令的形式确立了这一点。但现在当和尚必须有大学文凭,和尚无儿子或虽有儿子而儿子未能读佛学,则由具有相应文凭的其他人来继承。

明治初期的"神佛分离"、"废佛毁释"运动是政府为了借助神道来加强国家的力量,民间则因为在檀家制度盛行之时很多僧侣开始堕落,引起百姓的不满而自觉地参与到其中。佛教受到沉重的打击。佛教在受到打击的同时也开始积极寻求自身的生存与发展。在明治二年佛教徒就组成了"诸宗同德会盟",宣称"为皇国不惜生命"。随着明治维新的胜利与国家神道的稳固,明治五年教部省推行"政教分离,信教自由",佛教开始复苏。

二战之后,由于盟军司令部发布了《神道指令》,日本政府取消了《宗教团体法》,公布《宗教法人令》,神道作为国家宗教的地位被取消,佛教才又获得了自己的发展空间。佛教为了更大的发展积极进行自我改造,以使自我更能符合现实与民情,例如在日本拥有很大影响的佛教组织创价学会就提出了"利善美"的主张。改"真善美"为"利善美"实际上就是从对精神的关注转化为对现实的关注。

现代日本由于城市的发展与工业化的要求,很多人离开了自己的故乡,离开了父母的居住地,所以也没有更多的时间去祭奠自己的祖先。而且土地的狭小也使得寺庙的墓地不能容纳更多的家庭安葬。日本各大城市中都出现了大量的公共墓地,这些墓地的安葬方法与寺庙墓地相同,"葬仪"仍然沿袭着佛教的传统,有僧侣在念经,但重要性已经开始减弱。还有一些人开始采用海葬或树葬等非宗教的形式安葬亲人。

有人说日本最大的宗教仍然是佛教,因为信仰佛教的人多于信仰神道教的人。又有人说在日本,佛教主要在民间发展,因为民间需要的是对人生压力的解脱,而神道教则更多的是在上层发展,因为上层需要神道教所宣扬的等级与服从观念。实际上对日本人而言,这两种宗教是并行的,前文说过一亿多人口的日本拥有两亿多宗教信徒,就是因为每一个人都必须面对生与死,而佛教与神道教又分别管理着生与死,放弃哪一个都有问题。

对日本人来说,现世中的是非、善恶在彼世都不复存在,所以日本人没有什么精神负担,他们只关注眼前的、现实的东西。他们不需要忏悔,因为死了以后一切都消失了,一切又都重新开始。这就是"只讲以死谢罪,不讲死有余辜"。2007 年 5 月下旬,日本各电视台都在报道当时的农水大臣因献金问题而被审查的事情,28 日这位大臣自杀了。自杀之后所有的电视台又马上报道这位大臣自杀前的各种表现,一改前几天的口气而充满了同情。这位大臣火化后,灵车还到首相府、农水省等内阁部门的大门前道别,当时的安倍首相等人也在衙门前送行。很多日本人对二战战犯的认识也是如此。从这一点讲,日本人的"重死轻生"拥有深厚的文化背景。

日本人中山治在他的《无节操的日本人》⑦一书中说日本人是情绪原理主义者(在日语中情绪一词具有情绪与情趣两种意思),缺乏理性的精神,只要能满足自己的情绪,手段并不重要。情绪原理主义的本质是"无节操"(情绪化,不受理性控制),但它却受到宗教的影响,与"咒语"关系很深。日本人从小就在寺庙中玩耍,在祖先的墓地中玩耍,与鬼神有一种亲近感。逢年过节更是上万人、十几万人、几十万人,甚至上百万人共同涌向同一个神社或寺庙,共同祭拜各种神灵。每一个人又都在祭拜很多个寺庙与神社。在这个祭拜过程中,神佛与自我,祖先的灵魂与自我,祭拜的群体与自我都融为一个整体,"共有情绪"由此产生,集团心理得到满足。有无经典,有无戒律,有无修行,甚至有无信仰都不再重要,重要的是情绪、情感、心理获得了最大的满足。这是存在于单向度的人际关系中的日本人非常渴望的结果。日本人的宗教情绪是最难以言说的,日本人是否有宗教信仰也是混淆不清的。有些人因此而认为日本人根本就没有宗教精神,但我认为日本人还是普遍地存在着强烈的宗教情感的,仅凭这一点就不能说"日本人根本就没有宗教精神"。

现在基督教在日本也拥有一定的信徒。基督教具有很强的排他性,拥有自己的经典与严格的戒律。日本的信徒们大都能严格遵循这些规矩,定期去教堂做礼拜,婚丧嫁娶也都在教堂中举行。日本人婚礼与中国人一样,都要大摆宴席,大宴宾客。去教堂或神社举行完典礼之后,还得回到宴会厅里来,太麻烦。因此有些宾馆就在自己的大厅里建起小小的教堂或神社,花钱请牧师或神社的神职人员来主持仪式,然后开始吃喝。

日本的神道教本身就没有自己的经典与戒律,这样改革一下应该说没有什么问题,以前在寺庙中建神社,在神社中修寺庙就是如此,但这样做大概不大符合基督教的规定。据一些日本人说,按基督教的形式举行婚礼的大部分人并不是基督教徒,主要还是因为新娘喜欢那身洁白的婚纱。据日本《结婚情报志》的调查,2006年在日本的各种婚礼仪式中采用基督教形式的占65%,采用神道教形式(神前式)的占16%,没有宗教形式(人前式)的占16%,而1995年结婚仪式的绝大部分都是在神社举行的。根据日本文化厅2004年的报告,信仰基督教的人在被调查人数中只占1%。信仰者最少的基督教却在主持着最多的宗教性的婚礼,这很有日本味,也与前文说过的很多日本人认为神道不是宗教的观念有关。

注释:

①②③梅原猛著,卞立强、李力译:《世界中的日本宗教》,四川人民出版社,2006年7月版,第4、193、154页。

④⑤鲁思·本尼迪特克:《菊花与刀》,九州出版社,2005年1月版,第96、

70 页。

⑥藤井胜著、王仲涛译:《家和同族的历史社会学》,商务印书馆,2005 年7 月版,第 166 页。

⑦中山治:《无节操的日本人》,筑摩书房,2000 年版。

日本的哲学

根据西方对哲学的定义,日本可以说是一个缺乏哲学精神的国家,它缺乏自己的哲学体系,缺乏不同的哲学流派,也缺乏世界级的哲学大师。它的宇宙生成的理论明显地受到《周易》、《老子》等中国哲学著作的影响,对人生与人性的理解也主要来自对汉传佛学、儒学与西方哲学的借鉴与改造。现在通行的哲学著作主要是对中国哲学与西方哲学的解释与说明,影响也只限于为数不多的知识界人士。一般来说,哲学的理性精神在日本并不受重视,而中国哲学的实用性在日本也早已化为日常生活的准则。

据日本《古事记》与《日本书记》记载,公元 285 年百济国(在今朝鲜)的王仁来到日本,向朝廷献《论语》10 卷,《千字文》1 卷,朝廷聘请王仁为师。在 7 世纪初,被认为是日本文化创始者的圣德太子(574—622)制订了《冠位十阶》、《宪法十七条》,彻底破除了传统的氏族制度,引入中国的官僚制度,并以儒家的仁、义、礼、智、信为治国之本。

此后,日本的历代统治者都十分重视对中国文化的学习与借鉴。日本古代的哲学思想也是从中国移植过来的,主要是从《周易》、《老子》、《论语》、《孟子》、《韩非子》、《孙子》以及朱熹、王阳明等人的哲学著作和佛教经典中吸取的。日本对哲学的关注主要是因为哲学能帮助它解决一些现实的问题,而不是对哲学本身的喜爱。凡是对现实没有直接帮助的学问,都要受到嘲笑。日本有句成语:"学习《论语》却不懂《论语》。"指的就是只会读书而不会行动的人。中国的哲学著作与佛教的经典在日本人手中变成了现实生活中的工具,对宇宙与人生的解释退居到了非常次要的地位。在日本的历史上确实也有不少从事哲学理论研究的人,但他们都是为了现实的政治目的,最终都无一例外地落在了实用政治上,落在了对统治秩序的维护与巩固上,而没有去追寻哲学自己的目标。只是从近代开始,日本才有了一些真正追求哲学目标的学者。

儒家学说在江户时代受到了格外的重视,首先是它的等级思想与忠君爱国的思想。这一思想被德川幕府强化到了无以复加的地步,儒家的学说因此而被称为"儒教"。孔子的等级思想帮助日本完成了对封建等级秩序的理论说明;孔子的"尊华攘夷"思想帮助神道完成了日本中心主义,成为国家主义的基础;朱熹的忠君爱国的思想使神道成为日本统治秩序中最为重要的精神支柱;王阳明哲学中的"致良知"、"知行合一",以及"存天理,去人欲"的思想,使日本武士掌握了排除杂念的思想武器,成为一个不受各种欲望干扰的人,成为一个自由行动的人。儒教的"合理主义"(日本人对儒家实用理性精神的理解)对神道的体系化产生了直接的作用,包括排儒的平田笃胤在创立自己的神道体系时,也明显地具有儒学的影子。儒教的祖先崇拜、重视丧葬的思想帮助日本的佛教通过对死者的安葬,获得了日本民众的青睐,最终获得了对丧葬的垄断权。近世日本对士(武士)、农、工、商等级的划分也是依据儒家的观念而推行的。近世儒学的开创者藤原惺窝(1561—1619)曾是一个僧侣,他认为伦理是最真实的,儒学的优越地位正在于此。此外,《周易》与《老子》中关于宇宙生成的理论帮助日本完成了对原始神话的整合,成为天皇神话的基础。

在儒学进入日本之前，日本没有自己的哲学。当具有实用理性精神的儒家学说被统治者重新解释并确定为统治思想之后，就成为最为严格的等级制度的思想基础，成为日本古代哲学的基本精神。与中国相比，实用性更强。在这种思想的指引下，无条件地服从封建领主成为每一个人都必须彻底执行的原则。这种制度并不需要过多的解释，在这种制度中生活的日本人也从来没有提出过不同的要求，在日本的历史上也从来没有进行过思想革命。哲学精神最强的道家思想因为不能为日本提供统治的帮助，并没有受到应有的重视。

　　日本文化的单一性与日本哲学的实用性互为因果，共同造成了日本民族思维方式与人生模式的一致性。这种一致性使得日本人不可能具有更为开阔的思维与胸怀。日本人普遍地不关心形而上学的东西，其宗教、哲学在民间都呈现出一种混合的形态，情绪化的成分很浓，理性化的成分较少。注重具体的规定与操作，忽视甚至厌烦抽象的理论与思辨。遵守法律与制度，反感并反对变通。正是这种一致性又使得日本人能以共同的态度与方式进行社会的改革与创造。唯一不同的是日本的禅宗思想中仍然保留着很深奥的哲学精神，但其目的仍然是为了实用而不是对宇宙与人生的解释。"12世纪，日本禅宗创始人西荣的杰作题名为《兴禅护国论》，禅宗训练武士、政治家、击剑手和大学生去实现完全世俗的目标。正如查理·艾略特爵士所说，在中国禅宗的历史中没有任何东西暗示出这样一种前途，即它将在日本被作为军事训练的一种科目……日本武士感到这种教义正中下怀，而且不论作为僧侣、政治家还是作为教师——因为这些职能都是由武士来充任的——他们都可利用禅的修行法来支持刚毅的个人主义。禅宗的教义是极为具体的。'禅宗只追求人可以在自己身上发现的光明。禅宗不能容忍妨碍这种追求的任何障碍。从你的道路上清除一切障碍……如果在途中碰到佛就杀死佛！如果碰到祖师就杀死祖师！如果碰到圣者(阿罗汉)就一个个地杀死圣者。这是获得拯救的唯一道路。'追求真理之人不应间接地接受任何东西,不论是佛的说教、经书还是神学。"①武士们进行禅宗修行的目的在于"追求人可以在自己身上发现的光明",达到一种"无我"的境界。一旦进入无我的境界,就会排除一切社会与人生的干扰,"像已死者一样生活",成为一个不受任何是非善恶与道德条令所影响的人,成为一个不受自我的意识影响的人,成为一个绝对自由行动的人。这就是"追求真理之人不应间接地接受任何东西",以最为简捷的方式达到最为本质的目的。

　　"追求真理之人不应间接地接受任何东西",实际上就是中国哲学中的"得鱼忘筌,得兔忘蹄","得意忘象,得象忘言",就是"九方皋之相马,略其玄黄",也就是中国禅宗的"顿悟"。抛弃现象,才能把握本质,不受形式的干扰,才能达到本真。中国禅宗认为佛是一种境界而不是一个具体的存在。自识本心,自见本性,排除对外界事物的执著便能自成佛性。中国临济宗的创始人义玄为破除弟子的执著之心,曾说过这样的名言:"向里向外,逢着便杀。逢佛杀佛,逢祖杀祖,逢罗汉杀罗汉,逢父母杀父母,逢亲眷杀亲眷,始得解脱。"②唯有如此之当头棒喝才能破除对偶像的执著。具有形体的佛祖不过是一种现象,现象是对本质的干扰,包含有现象的本质不是真正的本质。"见佛杀佛,见祖杀祖"就是要斩断现象与本质之间的联系,不受任何干扰,直接达到目的才是最高的境界。这就是中国禅宗的精神。西荣所说的"追求人可以在自己身上发现的光明","追求真理之人不应间接地接受任何东西",可以说是真实地领会了义玄的思想。

　　对中国的"武家"而言,用武的目的是为了胜利而不是杀伤。

"不战而屈人之兵"（《孙子兵法·谋攻篇》）是武家最高境界。"苟能制侵陵,岂在多杀伤?"（杜甫《前出塞》）中国的武士也是以武艺制止杀伤,这是武德。习武以防身是大多数习武之人的目的,正因为此,中国武术中的自卫技巧占据着非常重要的位置,不能自卫,何以杀敌? 专事杀人,何为武德? 但在日本武士的心中,因受《兴禅护国论》的影响,这种种观念都发生了变化,这就是排除一切干扰,直接达到目的——消灭对方。因此日本武士的武艺就是为了攻击对手,消灭对手,很少有自卫与防身的技巧,这正是日本武士具有极大的杀伤力的根本原因。因为不懂得自卫,所以日本武士自身的伤亡也非常巨大。在攻击的同时考虑到自卫就是受到干扰,就是不能有效地达到目的,二战时日军拼刺刀,子弹退膛,就因为此。"追求真理之人不应间接地接受任何东西"成为日本武士的最高境界。其目的并不是智慧的升华与哲学的提升,而是斩除自我与目的之间的所有障碍,"追求人可以在自己身上发现的光明",成为所向无敌的武士。正因为此,日本的哲学精神没有能够达到应有的高度,哲学也没有在更广大的领域内产生更广大的影响,但它确实培养出了闻名于世的武士。这正是"兴禅"与"护国"的逻辑关系。日本武士对禅宗思想的理解与对王阳明"致良知"、"知行合一"的思想的理解可谓异曲同工,都在有意识地排除个人欲望与思想的干扰,甚至是在排除禅宗思想与王阳明心学思想的本质而达到不受任何干扰、不受任何限制的自由行动的境界。

对哲学的实用主义化导致了日本哲学的薄弱,但没有一个民族不需要哲学。日本人把哲学精神转化为对手段与过程的控制原则,也就是技术主义的原则。技术主义是指以功利为目的、以技术为手段的行为方式与思维方式。技术的目的是为了利用与创造物质财富,必然地要遵循物质的自然规律,所以技术主义者往往是自然科学主义者,其思维方式也主要是自然科学的思维方式,不论他从事的是什么职业。技术具有扩张性,它永远在寻求着新的领域,永远在追求着创新。任何一种新的技术都不仅仅是在制造产品、创造产品,也是在改变人的观念。每一种新的技术都首先是认识方式与操作手段的改变,接受新的技术往往就是在接受新的手段与认识方式。

技术主义不同于科学主义。科学主义是寻求世界的规律与本质的行为原则,它更关注对于世界的规律与本质的解释,也就是更关注理论的特征。技术主义最为关注的则是实践。因为技术的实现在于操作,也只有在操作中技术才能获得预期的结果,只有通过实践,技术才能获得自己的价值。技术主义在放弃理论的同时不可避免地消解了对理想与荣誉的追求,在追求功利的过程中则体现出强烈的进取精神。在普泛的概念上,技术是自然科学的组成部分,方法论、认识论是技术的哲学基础。但是当技术成为社会的主宰力量的时候,技术就渐渐地成为唯一,规范化、统一化、标准化、制度化,成为新的人生准则。这种技术主义的规则性落实在现实生活中,在很大程度上就演变为操作主义。在日本,任何工作都有严格的操作规程,任何人都必须按规程行事。这应该说是哲学融入日常思维的一个典型。

这种思维使日本的功利主义具有了明显的彻底性。实际上日本的哲学精神也从来没有进入过民间,神道教的信仰教给百姓的是服从等级与规则,佛教的信仰教给百姓的是祭祀祖先,儒教的信仰教给百姓的是各种各样的数也数不清的礼节。统治者自己也从来没有用哲学来探寻社会与人生的终极意义,他们做的只是利用哲学来解释统治者的行为与目的。所以日本人的人际关系、思维方式、价值取向都非常单一、非常一致。这并不等于社会没有为日本人提供这种需求,而是因为日本人对哲学没有兴趣。例如现代的日本人开玩笑时说他们自己也弄不清日本现在是一个什么样的国家。说它是资本主义的,它的社会福利事业又非常健全,具有社会主义的因素,而且国民的工资差异与贫富悬殊也是世界各国最小的。只要成为一个公司或其他什么单位的正式职工,生活就有了保障,就吃上了"大锅饭"。说它是社会主义的,它实行的又是资本主义的制度,生产资料私有制。说它是个民主国家,它又有天皇。说它是独裁国家,首相又是国会选举的。但是对这些问题日本人并不想去弄清楚,他们并不真正关注意识形态的问题,爱是什么是什么,只要经济能发展,百姓有饭吃、有钱花,人生的目的就已经达到。形而上学是学者们的事,谁当首相是政客们的事,只有经济问题才是百姓的事。

日本在明治维新中走的是一条与世界各国都不相同的真正日本式的道路。"在工业发展的领域里,日本遵循一条与任何西方国家都不相同的方针……他们不仅计划,而且还用政府的钱建设和资助他们认定必需的产业。由一个国家官僚机构来组织并经营这些产业……一旦这些产业'组织完善,生意兴隆'时,政府就把它们卖给私营商行。这些官营产业被逐步以'荒唐的廉价'转卖给少数选定的金融寡头集团……日本的成就就在于它以最小的失误和浪费建立了它认为必需的产业。"③只要能使工业强大起来,日本人从来没有什么国有资产流失的顾虑,也从来没有什么把纳税人的钱送入了私人的腰包之类的疑问,因为这是一种新的规则。从客观效果来看,它确实成为最为成功的经济发展的范例。即使是现在,对于投资过大,私营企业不愿意投资的项目,如地铁、轻轨电车等等,仍然是由政府出资兴建并组织运营。在运营正常之后,又把赢利的区段转让给私营企业去经营,政府维持的只是赔本的区段。即使如此,政府在税收上仍然更为丰厚,这种做法在中国是不可想象的。

日本至今是世界上唯一受过原子弹灾难的国家,但日本人在无条件投降后却很快地接受了美国,学习美国,追随美国,现在还认为美国是最好的国家。很少有关于战败后的耻辱,而且也不明显与美国敌对。因为无条件投降是天皇的命令,是天皇的命令就执行。这就是规则,其中没有什么对与错的问题。打不过人家说明人家比自己强大,既然比自己强大,那就向人家学习,赶上并最终超过人家。最先用武力叩开日本大门的是美国东印度洋舰队的司令佩里将军,佩里将军迫使日本签订了第一个不平等条约,这被称为"黑船事件"。紧随其后的是西方列强,正是这些事件促使日本开始了明治维新。但是带给近代日本以屈辱的佩里似乎并没有成为日本的仇人,到现在日本甚至还有佩里将军的铜像,"黑船事件"在日本也成为一个振兴的象征,这在中国也是难以想象的。

日本的先哲们对中国哲学的理解非常深刻,虽然对中国哲学的全面学习是在宋元时代,但日本人接受的却主要是秦汉之前的儒家思想,是等级制度与忠孝理念,再加上一个武士们喜爱的复仇精神。日本人重视孔子的等级思想、名分思想、孝道、礼仪,对孔子的复仇精神亦极力宣扬。对宋代理学接受的则是朱熹的忠君爱国思想与王阳明的心学思想。对孔子的仁与德的思想,对孟子的君轻民贵的思想却从不提起,对汉代巨儒董仲舒亦置若罔闻,因为日本的先哲们非常清醒地看到了儒学所倡导的仁义道德对统治者所造成的威胁与约束。法家的等级与忠君思想因为与儒家的上述精神相一致,所以也得到了非常的重视。尤其是《韩非子》中的"法、术、势"的思想与统治手段深得日本古代统治者的喜爱,韩非因此而成为仅次于孔子的哲学家。

如果从思维方式的角度进行一番比较大概更能说明问题。 中

镰仓大佛

佩里将军铜像

国人善于使用综合思维的方式,历史地、全面地看问题。换句话说,中国人的思维明显地呈现出多元或者说多角度的特征。日本人则更喜欢从一个特定的角度看问题,也就是"规则"地看问题。日本学者也认为中国人看问题是"复眼"的形式,也就是多角度。日本人看问题往往是"单眼"的形式,也就是一个角度。这是日本学者一个较为普遍的看法。

以"复眼"的形式看问题,其利在于眼界开阔,思维灵活,善于把握复杂事物的本质,并由此而形成了开阔的心胸、善于容纳不同意见的综合思维。其弊在于是与非往往没有一个硬性的标准,同一集团(单位)内部意见往往难以统一,而且久拖不决。同时也因为容纳不同的意见而形成了做事不够精确的弊端。

日本人思维形式单一,不善于多角度、全面地看问题。其利在于是非明确,内耗极小;其弊在于心胸狭小,易走极端。这种单一性使得日本人的是非观念非常清晰——按规则行事。不善于搞折衷,不愿意搞调和,厌恶模棱两可,一切都按规定与制度来,因此日本文化带有明显的刚性特征,是非观念完全依据规则而转移。因此在需要变革的时候日本人没有太多的顾虑,能以共同的态度与方式进行社会的改革与创造。只要领导者能够提出一个明确的目标,没有人去辩论此举是否符合祖宗的传统,也没有人想着要去进行变通,只是根据自己的责任去尽力工作,所以日本人又会在最短的时间内使变革成为现实。

注释:

①③鲁思·本尼迪特克:《菊花与刀》,九州出版社,2005 年 1 月版,第 172 - 173、74 - 75 页。

②《古尊宿语录》卷四《临济语录》。

第四章
语言与文字

◎汉语的特征

象形、指事、会意是最早的"透过现象看本质"与"以形象论道"——形声字是对类型的理解与划分——转注与假借是积极的变通——双音词的概念宽泛而内涵不严——形象始终在影响、推动、限制着思维的发展——表达的灵活与简练

◎日语的特征

对中国汉字的借用与沿用——日语文字是表意文字与表音文字的混合体——词性稳定、规范;语法严谨、复杂——语法顺序体现出明显的判断性——表达力求准确规范

◎汉语与日语的比较

汉语:音节少,语法简约,信息量大——注重本质的表达而轻视细微的区分——词汇含义的丰富与语法的简洁——思维灵活但不够严谨

日语:语法繁琐,音节众多,注重细微的区分——思维严谨但不够灵活——在敬语与谦语中更重视动词——强烈的集团心理暗示

甲骨文

泥活字版

复杂多变的日语语法

汉语的特征

　　语言既是思维的工具,也是思维的形式。使用不同的语言的民族,在思维中不仅仅是工具的不同,同时也伴有形式的不同。"我的语言的界限意味着我的世界的界限。"①不同的语言也就拥有不同的"世界"。

　　汉字被称为"象形文字"、"会意文字"或"表意文字"。许慎在《说文解字·序》中说汉字的造字法为"指事、象形、形声、会意、转注、假借",也就是"六书"。当然,许慎的解释,以及类似于许慎的解释都只是后人对前人造字原则的一种理解,难免有穿凿附会之处。但整体上看仍然是非常符合汉字的造字原则与规律的,尤其是经过2000年的流传与推广,这种解释已经成为共识,对中国人的文化心理具有极为巨大的影响。所以在这里仍然使用许慎的解释。

　　指事字是以符号表示抽象概念者,如一、二、三、上、中、下等,其中也有一定的象形意义。象形字则直接由绘画转化而来,是描画形象者,如日、月、水、火、牛、马、草、木等等。此二者被称为"文",文的本意就是图案、花纹的意思,指事与象形正是此类图案与符号,"依类象形,故谓之文"(《说文解字·序》)。因为这是最早的文字,故又称之为"初文"。但是"象形"只能表现极少的事物,"指事"亦只能表现极少的概念,所以此类文字非常有限。因此中国古人又对已有的"文"进行组合,开始造字。

　　"字者,言孳乳而浸多也。"(《说文解字·序》)字就是滋长、蔓延、扩充的意思,这就是形声字与会意字。形声字由声符和义符组成,数量最多,如江、河、花、草、唱、跑等等。其中的工、可、化、早、昌、包等是表声的,称为声符;而水、草、口、足是表意的,称为义符。声符相同的字,其读音必然相同或相近,如河、轲、柯、何;义符相同的字,要么含义相近,如吃、喝、啃、咬,要么同属一类,如狗、狼、猪、狐。随着时间的推移,有些形声字因为语音与字形的演变而分不清晰声符与义符了,但造字原则是一致的。会意同样是用二个以上的文(或字)组合成的新字,但没有表现读音的声符,而是根据组合进来的“文”的意义来理解字义的,如鸣、吠、信、男、囚等等。“转注”是互相注释,“假借”则是互相借用。因为造字总得有一个过程,在文字不够使用或产生新的概念而无文字的时候,利用转注与假借也是必然。

在文字的创造过程中非常明显地体现着中国人早期的智慧。当然这要看甲骨文、金文、大篆等字形才好,在这里只能以现代字来代替了。在指事字中最能表现中国古人对本质的抽象能力。一、二、三、上、中、下,都是通过笔划的形象特征来表现抽象的概念的,这是最早的“透过现象看本质”。象形字则最为充分地体现出了中国古人对事物形象与特征的概括能力与化繁为简的能力。“日”,是一个圆,中间有一点。这个点就是肉眼可以看到的太阳的黑子,古人认为这是一只三足金乌,否则不足以解释为什么这个点是黑的,也无以解释太阳为什么运行得这么迅速,其中也具有一定的对本质的理解。在马、牛、羊、鸟等字中使人不能不对古人对事物的形象与轮廓的把握叫绝,其简捷、明了,只有初民才有能力获得。

会意字由指事字、象形字组合构成,其中充满了对事物本质与特征的理解的深度与灵性,甚至可以说是中国古代哲学中“以形象论道”的传统最深厚的根源。如“相”,就是木头眼睛。木头眼睛的本意就是瞎子手中的木棍,以后引申为瞎子的领路人、帮助他人的人,最后竟然成为辅佐皇帝的人。"史"为以手执中,此为治史之原则,又有人认为是以手执册,则为史官之职责。不论怎么理解,都是对史学与史官本质的揭示。"王"字,《说文解字》曰:"董仲舒曰:'古之造文者,三画而连其中谓之王。三者,天地人也。而三通之者,王也。'孔子曰:'一贯三为王。'"这个解释过于完美,可能是后人的创造,但这个解释本身仍然是非常符合会意字的造字原则的。其他如众、森、焱、淼、磊等等,只看字就会产生一种想与古人相视而笑的欲望。此种感受是拼音文字中绝对没有的,因为在汉字的字形中就蕴涵着事物的本质,蕴涵着自然与人的亲和。在双音词还未大量出现的时代,这种感觉一定更为强烈。

形声字也是由指事字、象形字,还有会意字组合构成的。其中鲜明地体现着中国古人的归类意识,或者叫类型意识。归类意识是对丰富而繁杂的世界进行有效的整合的心理经验,是经验最直接与最有效的基础。典型表现就是汉字的部首:部首就是"各部之首",凡属同一个"部"的字,都与部首的意义有关。部首由象形字与早期的指事字构成。形声字与会意字都是由这些"文"组成的,只有能够表示意义的"义符"才能充当部首,而不是表示读音的"声符"。在这里也可以明显地感受到中国人对本质的重视。

对繁杂的世界进行归类与整理,首先是为了把握这个无序而混乱的世界并赋予人的意义,也就是"为自然立法"。只有对混乱的世界进行归类与划分,使之具有一定的秩序之后,初民们才会获得心理上的稳定感与安全感。在这一点上,汉字堪称经典。例如,所有木部的字都与木有关,所有火部的字都与火有关,所有示部的字都与鬼神有关,所有女部的字都与女性有关。这在逻辑学上被称为归纳,归纳是对事物本质的理解。这是经验积累的结果,同时也是新的经验形成的过程。经验形成之后就是运用，在归纳的基础上去指导实践，在逻辑学上被称为演绎，演绎是对概念的使用。对形声字的学习很自然地会使学习者产生一种以类型来认识世界、以类型来划分世界的心理，尤其是在幼儿时期学习汉字，这种心理会更为强大。正是因为此，学习汉字本身也就成为一种强大的思维训练。

其实，不论指事、象形、会意还是形声字，它们都因为"初文"的存在而具有了表意的因素，所以人们统称之为象形字或会意字。钱穆在《中国文化史导论》中说："他（指汉字——引者注）的最先，虽是一种'象形'的，而很快便走上'象意'与'象事'的范围里去。中国文字并不喜具体描绘一个物象，而常抽象地描绘一个意象或事象。这是和上文所说《易经》八卦要把简单空灵的几个符号来包括天地间复杂的万事万物一样的心境。"[②]以简单空灵的符号来表现万事万物的意象或事象，正是其他文字难以企及的特点。

转注与假借是在文字使用中的变通，转注就是用意义相同或相近的字来互相注释，如"老者考也，考者老也"（《说文解字·序》）。假借则是原本没有某字，只好用一个同音字来替代。引申是文字使用中的另一种变通，即对原有文字的含义进行扩充。不是去造新字而是通过特定的手段来增加原有文字的含义，正是一种灵活的处理与变通。

汉字的独特性使其不仅成为语言的记录符号，而且在一定程度上制约着语言的变化与发展。钱穆说：

> 中国文字本来是一种描绘姿态与形象的，并不代表语言，换言之，中国文字本来只是标意而不标音。但自形声字发明以后，中国文字里面声的部门亦占着重要地位，而由此遂使"文字"和"语言"常保着若即若离的关系。举其重要者言之，

首要是使中国人得凭借文字而使全国各地的语言不致分离益远，而永远形成一种亲密的相似。譬如虎，有些地方呼作"於菟"，但因虎字通行，於菟的方言便取消了。笔有些地方呼作"不律"，但因笔字通行，不律的方言也取消了。如此则文字控制着语言，因文字统一而使语言也常接近于统一。在中国史上文字和语言的统一性，大有裨于民族和文化之统一，这已是尽人共晓，而仍应特别注意的一件事。

中国文字一面可以控制语言，使语言不致过分变动和分离，但另一面也常能追随语言以适应新的需要与运用。社会上不断增进了新事物，照中国文字运用惯例，却不必一样的添造新文字，只是把旧字另行配合，便等于增添新字。譬如电灯、火车之类，在中国文字里，"电灯"二字便譬如一新字，"火车"二字也譬如一新字。此种配合，可以无穷无尽，而永不需另造新字。又如"火柴"，有些处呼作"洋火"，有些处呼作"自来火"，有些处呼作"取灯儿"，各地的方言，譬如各地造各的新字，但结果是"火柴"一名通行了，那其余的都淘汰了。如此则不仅不需另造新字，而且火柴一名，又控制了各地的方言，使他们都称火柴而不再有别的称呼。因此中国文字虽在追随语言，而仍能控制语言。③

因为早期文字的稀缺，同一个声符往往组合出很多形声字，这形成了大量的同音字，即一音多字。一音多字又造成了汉语中特有的双关修辞格。如"春蚕到死丝方尽，蜡炬成灰泪始干"中的"丝"与"思"的双关，"东边日出西边雨，道是无情却有情"中的"情"与"晴"的双关。这种语言中的弹性与不确定性构成了汉语在使用时的情感性与趣味性。因为情感并不是由某种单一的因素造成的，往往蕴涵着非常复杂的感觉与情绪的内容，所以只有这种具有宽泛的外延的词汇才能最有效地表达种种说不清、道不明的情感。这在中国古代的文学作品，尤其是诗词中表现得最为鲜明。

因为同音字过多，使得汉语的语音偏少，虽然汉语借助四声使语音大为增加，但即使如此，语音对汉语的制约仍然非常巨大。以前曾有人提出"方块字"（汉字）难以认读，不利于文化的普及，"扫盲"也极为困难，应该取消汉字而以汉语拼音代之。这是忽视了汉语的传统、汉字的特征，以及遍布天下的方言的结果。如果将汉字取消，改为拼音，必然会出现极大的混乱。例如"仁"与"人"，在学习汉字的时候，人们首先就要弄懂这两个字各自的意义，在以后的使用中才不会产生歧义。"人人"与"仁人"，"人爱"与"仁爱"，"人意"与"仁义"，在读音上本来就难以区分，如果没有汉字，这些概念就会混在一起。再如"治病"与"致病"、"止痛"与"治痛"等等，类似的词汇非常之多，再加上各地方言的搅和，如果没有汉字而只有拼音，汉语将成为一锅烂粥。

同样因为早期文字的稀缺，建立在经验基础上的假借、引申等文字的使用方法又造成了一字多义的现象。对多义字的使用和理解就只能一靠词组、二靠"语言环境"来完成。

由字到词的组合是从《诗经》开始，经过春秋、战国到汉代数百年的时期内建立起来的，这就是以双音词为主的汉语词汇组合。《史记》中双音词的比重已经与现代汉语中双音词的比重相差无几了。双音词的组合方式很多，有并列型的，有偏正型的，也有重叠型的。这种用单字来组词的做法一方面使汉字的使用量大为减少，不仅新产生的概念不用再造新字而是由双音词来表示，而且原有的汉字也有很多被新组合的双音词替代而消失，从而使学习汉字的负担大为减轻。最明显的例子就是掌握三千汉字就可以阅读一般的报刊与书籍,而要想阅读相同内容的英文报刊与书籍,至少要掌握七千单词。另一方面则是在组词的过程中每一个文字自身携带的意义并没有完全消失,而是被带进了新组成的词汇之中。因为会意文字本身就充满了事物的形象与意义特征,所以依靠双音节词汇建立起来的概念也就不可能如同拼音文字中的概念一样远离形象,这使得很多词汇概念宽泛而内涵不严。形象始终在推动、影响、局限着汉文字与汉文化的发展。

中国哲学从一开始就在使用这样的词汇,如权衡、规矩、线索、道理、阴阳、盈虚等等。思维也是以比附著称,如《周易·象传》:"天行健,君子以自强不息。""地势坤,君子以厚德载物。"《周易·系辞》:"天尊地卑,乾坤定矣。卑高以陈,贵贱位矣。""《易》与天地准,故能弥纶天地之道。仰以观于天文,俯以察于地理,是故知幽明之故。""广大配天地,变通配四时,阴阳之义配日月,易简之善配至德。"此类文字遍布中国古代的哲学著作,构成了中国古代哲学以形象论道的传统,也从根本上强化着经验的力量。

当汉字的造字法成为规律的时候,繁杂的世界在中国古人面前便变得清晰。当以形象论道成为中国古代哲学的认识论与方法论的时候,世界与人生的逻辑也就变得简单明了。而双音节词汇所蕴涵的概念的宽泛以及经验的"灵气"更使这种哲学的论证与创造变得自由而随意。这使得中国哲学在它发展的早期,具有了非凡的活力,这也正能够说明为什么在战国的 240 年间中国的哲学与智慧会有那么独特的表现,而秦汉时期对于先秦哲学的解释与总结又是那么运用自如。但是随着哲学自身的发展,汉字与双音节词汇中的形象特征以及概念宽泛而内涵不严的局限便开始限制哲学的进一步提升。

中国古代哲学的第二次高峰是在魏晋时期出现的玄学。玄学一方面在努力抛弃形象的束缚，另一方面又借着形象的力量使思辨达到了极致，最终与美学融为一体。在美学与艺术理论中更是创造了许多说不清、道不明的经验性词汇，如风骨、风韵、风仪、风姿、韵味、滋味、气韵、气度、气量、雅量、意境、境界等等，意思都能感受得到，但又很难进行清晰的解释，因为这些都是依据心理的感觉与需要，在经验与感性的基础上使用会意文字完成的词汇创造。概念的模糊使得此后的中国古代哲学难以获得更大的发展，却使抒情的诗词充满了更多的韵味。

在百姓的口语中同样存在概念不清的现象，如爱钱、爱哭、爱说话，三个词组中的"爱"，含义并不相同。还有一些词汇需要语言环境来辨别，例如："你怎么不知好歹"、"万一有个好歹"、"好歹过关了"。同是一个"好歹"，前二者为偏正结构，第一个好歹是指不知"好"，第二个好歹是指万一出了"歹"。第三个好歹则是并列结构，意思是不论怎么样。这些词汇含义都只有在具体的语言环境中才能区分清楚。以形象来比附说明道理的原始传统更比比皆是，如："姜还是老的辣"，"宁为鸡头，不做凤尾"，"只要功夫深，铁棒磨成针"，"水能载舟，亦能覆舟"，"二鸟在林，不如一鸟在手"等等。

汉字结构的复杂使文字的认读变得格外困难，但最困难的还是文字的书写。笔画本来就多，结构又很复杂，再加上书写工具极不方便，用毛笔在竹简上书写，其困难远非用鹅毛笔在羊皮上写ABC的欧洲人所能想象。因其困难，所以会写字就成为非常大的本事，甚至为书写而书写，例如戏剧中的"双手能写梅花篆字"的书生。因为会意的特点，识字本身就具有了很强的知识性，所以古人对文字充满了神秘感。仓颉造字时"天雨粟，鬼夜哭"就是一例。孔乙己说茴香豆的茴字有四种写法，也是出于这种心理。古代中国知识分子耻于实践而专注于书本也就成为必然。时至今日也还有一些老人专门用一些生僻字来考人,并以此自满。这应该说汉字读写之困难也是造成中国知识分子重理论而轻实践的原因之一。

中国智慧的最大特点是化繁为简,这是中国哲学的基本精神,更是汉字发展的典型特征。秦汉以前的文字经历了甲骨文、钟鼎文、大篆、小篆到隶书的演化过程。在文字的规范与简化中最能看出中国人化繁为简的功夫。象形字本身就极为精彩地把握住了表现对象的基本精神,并极为精彩地对之进行了区分,后人们在对文字进行简化的过程中更使这种方块字既简便易写又保留了原初的基本形象,使中国人的智慧得以保存与延续。

与文字的化繁为简相一致的是汉语的语法亦极为简约。当然任何一种语言都在追求表达的精练,但只有汉语是最为精练的。在语言表述中语言环境是语言构成的必要因素,汉语对语言环境的重视与利用可谓登峰造极。这首先还是因为书写的困难。古人著书,先以竹木制简,再以毛笔书写,最后以绳结而成册。整个过程极为繁复,也极为困难,如果书写错误则只能用刀刮削,所以古人著书往往惜墨如金,省而又省,只有到了再省一个字就会产生歧义或使人看不明白的时候方才下笔。

节省文字,最有效的办法就是充分利用语言环境,利用上下文的对照与呼应。因此中国古文中很少用各种限定性用语,在很多时候甚至主语也不清晰。

其次便是利用"意合"的方式,只要当时的读者能理解就行,根本不考虑千百年之后子孙看不懂怎么办。所谓"意合"就是根据上下文的意义来组合句子,例如:"晋灵公饮赵盾酒。"从字面上看是晋灵公在喝赵盾的酒,但根据上下文的意思看,则是"晋灵公请赵盾喝酒"。再如,扁鹊在治好了一个人的病之后,人们都说他能把死人救活,他说:"臣不能生死人而肉白骨。"意思是说我不能让死人复活,使白骨长肉,这个人并没有死,我不过是把他治好了而已。

第三个特点则是独有的"悟性"。经验的最高智慧是悟性。悟性是一种灵感,是在经验积累的基础上对某种本质的"感悟"——删繁就简,直奔主题。而这种感悟一旦被语言所捕捉、所描述、所固定之后,又会成为一种可以稳定地把握的思维方式与理解方式。如"中国队大胜美国队"与"中国队大败美国队",都是中国人赢了,这在其他语言中是没有的。

凡此种种都构成了文言语法中的精练与简约。孙矿《与李于田论文书》对此有精彩的表述:"精腴简奥,乃文之上品。古人无纸,汗青刻简,为力不易,非千锤百炼,度必不朽,岂轻以灾竹木?"④也正是因为此,中国古人非常善于打"腹稿",也就是先在心中琢磨,只有在"胸有成竹"之后才会去"一挥而就"。与此相应,"出口成章"也就应运而生。这又进一步强化了中国人在认识事物时把握重点、直探本源的思维特征。

古人著书,简而又简,久而久之便形成了一套与口头语言完全不同的文言。文言者,文章之语言也,精练准确,含蓄有味,中国古代文学精品大都出自文言。但物换星移,时代变迁,后人读其书,往往如堕云雾。而后人偏偏又好古、崇古、尊古,加上汉语意合的语法特征和利用语言环境的传统,以及文字本身具有的引申、通假等因素,愈发容易使人糊涂。后世腐儒的曲解固然容易使人堕入左道旁门,达观之士的感悟、点评亦容易使人陷于迷途。读古文不易,仿其文更难,以此骄人,卖弄才学,遂成为流弊。

删繁就简的弊端也很明显——对事物的细致把握与微观研究不足,而这一点在近代科学的思维方式中恰恰是至关重要的。宏观的、整体的、辩证的、思辨的、定性的思维固然是中国式思维的长处,但缺乏分析的、具体的、微观的、定量的思维也构成了中国古人对自然科学的淡漠。文言固然与口语不同,但知识分子是一个民族的精神与文化的载体,他们对一个民族的精神具有引领的作用,所以在民间的口语中同样保留着明显的类似。

另一个方面的问题是在社会关系日益复杂、社会阶层与群体日益分化、人与人之间的交往方式日益多样化之后,人际交流方式也发生了极大的变化,过于简练的语法形式不仅在自然科学领域,就是在社会科学领域也会引发一些新的问题。例如报上曾登过一篇文章,题目是《反对任人唯亲的某某某》,含义就不明确,是"某某某"在"反对任人唯亲",还是在"反对""任人唯亲的某某某"? 还有"树立'浪费也是腐败'的节约意识"这样的句子。在书面表述时"浪费也是腐败"可以用引号标出,但在口语中则容易使人糊涂,难道"浪费也是腐败的节约"? 世界上还会有"腐败的节约"? 在现代的各种传媒中,不精确、不准确、多歧义的现象比比皆是,这固然与个人文化修养有关,但汉语中存在的多义性与不确定性也在扩大着这种现象。

汉语的语法与大多数民族语言的语法基本相同——根据认识事物的时间顺序进行表述。主语在前,这是行为的发出者或执行者。紧随其后的是谓语,谓语是对主语的表述,或者说描述的是主语所发出的行为。最后是宾语,宾语是行为的接受者。这符合事物的实际发生过程,符合人对事物的认识过程,因而具有明显的逻辑性。但汉语的语法形态却非常简单,非常灵活。没有那么多的阴性、阳性、单数、复数、宾格、主格、时态、虚拟之类的限定,从句与修饰语也不多。这并不是因为汉语中的概念少,也不是汉语不重视这些概念,而是因为汉语用语言环境、语气、文化传统、典故、成语、固定标志等对其进行了简化处理,最根本的还是因为汉字书写的困难。例如被动语态,汉语中只用一个"被"字就解决了,时态则以"着"、"了"、"过"来解决,而不是像其他语言一样或对动词进行变化,或对语法进行调整。至于阴性、阳性、单数、复数、宾格、主格、虚拟之类的用法则完全是根据语言环境与文化传统通过"悟性"来完成,并没有产生理解上的困难。各种阴性、阳性、宾格、主格之类的用法对注重本质而忽略细节的中国人来说并没有什么非常具体的意义。这种语言特征造就了中国人认识事物时的独特的悟性——删繁就简、把握重点,其弊端则是忽视细节,重定性而轻定量。

注释:

①维特根斯坦:《逻辑哲学论》,商务印书馆,1985年版,第79页。
②③钱穆:《中国文化史导论》,商务印书馆,2002年版,第87、89-90页。
④引自《钱锺书论学文选》卷三,花城出版社,1990年版。

日语的特征

日语中的汉字源于中国,是对中国汉字的沿用与借用。沿用,一是指所有的源于中国的汉字(日本人也根据中国汉字的造字法造出了少量的日本汉字)在日语中意义基本上没有发生什么变化。二是指汉字的"音读"。所谓音读就是某个汉字在中国读什么音,在日语中仍然读什么音(当然会略有变异)。因为读音相同,所以叫音读。几乎所有的汉字都有音读。另外,因为中国的语音自身也在发生变化,所以在不同的时代进入日本的汉字的音读也有不同。例如同是一个"京"字,东京、北京中的读法就不同。借用则表现为汉字的"训读"。所谓训读就是某个汉字表示的内容在日语的口语中发什么音,这个汉字就读什么音。例如"山"字,音读为"san",这是中国原有的读音。训读为"ya－ma",这是日语中表示"山"这个"物"的语音。因为"ya－ma"是对"山"这个符号的"解释",所以叫训读。

汉字有一字多义的现象,所以同一个汉字中不同的意义又与日语中相对应的意义的语音相配,形成了众多的训读。例如"日"字,有太阳的意思,有日期的意思。在日语中日月的日是一个发音,日期的日是一个发音,节日的日是一个发音,生日的日是一个发音,每个月的头十天又各有不同的发音,于是"日"在日语中就有了好多个读音。

日语自身同样具有一音多义的现象。日本人把这个语音中的不同的意思根据汉字的意义分配给了不同的汉字,这又出现了不同的汉字具有相同的读音的现象。例如"si－kei"这个发音,在日语中具有喜爱、余暇、锄、犁、风雅等意思,日文中就在"好"(喜好)、"隙"、"锄"、"犁"、"风雅"等汉字上加上了"si－kei"的读音,使这些汉字具有了相同的读音。当然这仍然是训读,但给人的印象是在日语中汉字不过是一种借来的符号。

不管音怎么读,汉字本来的意思基本上没有什么变化,大多数双音词的意思也没有太多的变化,所以哪怕是根本没有接触过日语的中国人也能看懂一点日文。也就是说,日本人在引进汉字之后,一方面完全保留了汉字原有的意义与读音(这是沿用),另一方面又根据与汉字意思相同的日语语音来为这些汉字"命名",使汉字成为日语语音的替代品(这是借用)。沿用使汉字改造了日语,日语中出现了大量的汉语语音;借用又改造了汉字,使中国人能看懂简单的日文却一点也听不懂日本人在说什么。这是世界上最奇妙的对文字的改造了。

　　日本人还通过对汉字的简化与拆卸创造出了片假名与平假名。假名有两个作用,一个是当拼音字母用,为的是给汉字注音;另一个是在文章中当文字用。因为日语中的虚词没有相应的汉字,也有一些实词没有对应的汉字,这些词就只能用假名来书写。不论怎么说,汉字加上字母,日语的文字就成熟了,就可以顺利地写文章了。其文字也就成为表音文字与表意文字的混合体。即使不用汉字,只用假名也可以写文章。日本的物语以及早期的其他世俗小说就完全是用假名写成的。

　　因为同一个汉字有很多种读音,同一个读音往往又拥有很多汉字,为了不造成歧义与误解,日本人经常在正式的出版物上要给一些汉字用假名注音。日语大概是唯一需要给正式的出版物注音的语言了。尤其是人名的读音,可以说是五花八门,如果要用汉字的一般读法来称呼人,往往是要出错的。对汉字的借用与改造可以说是技术主义的经典之作,日本人使用这种复杂的语言与文字时竟然没有出现思维的混乱,匪夷所思。

　　因为汉字的书写与认读都很麻烦,以前曾有日本人提出废弃汉字,完全使用假名。这种提法是对文字的作用与日语的传统不了解,或者说不懂得语言的特征所致。在上一节中曾谈到过在汉语中如果取消文字会产生的诸种麻烦在日语中同样会产生,当然麻烦可能会小一点,但对理论性强的文章仍然影响会很大,所以这种提法并没有获得人们的支持。

　　对平假名与片假名的使用,日本政府曾有过一个规定,在日语与汉字的使用中使用平假名,例如为汉字注音,日语的虚词以及有语音而无汉字,或者有汉字不用而要使用假名的情况下应该使用平假名;在外来语(指汉语以外的语言)的音译中使用片假名。十多年以前这种现象也还是比较规范的,但现在日本人在日本语与汉字的使用中也开始大量使用片假名。在以前只要是片假名,人们就知道是对西方语言的音译,在初次接触时就会自然地与英语相对应来理解。一方面是日本人英语的平均水平比较高,另一方面也是绝大部分音译都源自于英语。但现在片假名的使用开始进入平假名的领域,尤其是在商业广告中很多汉字与平假名并不出现,而是直接书写片假名,这就造成了一定的混乱。而英语中的一些发音,日语中又没有,只能改写为另一个音。如日语中没有[r]这个音,一律读为[l],[ri]也就成了[li]。这种既非英语又非日语的东西尤其让外国人头痛,大多数日本成年人也很头痛,这完全是日本的年青人追求时髦、追求西方文化的表现。

在汉字输入日本之前,日本没有文字,所以最早的书籍都是中国的。因为汉语与日语的语法、语序不同,早期的日本学者在阅读中国书籍时不论是用音读还是训读,一般人都还是弄不明白是怎么回事,就像中国人听日本的"二把刀"说汉语一样,词汇能听懂,意思还是不容易明白,而且书也不能这么糊里糊涂地读。因此日本学者又在中国的文字旁加上了一种特别标识,也就是"返回点"。返回点是根据日语的语序标明阅读的顺序,也就是根据主语、宾语、谓语的顺序来阅读。但这还是不够,因为日语中的关系词与表明主动、被动的助词非常重要,没有各种关系词,就弄不明白到底是什么意思。而汉语中的省略现象又非常普遍,所以还需要在文字旁边用假名加上相应的关系词,这样才能进行正常的阅读。这也成为一门学问,至今在日本的高中还开有这门课程。所谓翻译也就是根据"返回点"对句式进行调整,把句子理顺,并把假名融进汉字中去。现在有些中国人在翻译日文著作时也是把不必要的假名去掉,再把句型中国化,所以读起来感觉并不顺畅。

日语的词性较为固定,比汉语严格。例如形容词,汉语中可以活用为动词、名词,而日语则是通过对词尾的改造使之成为名词或动词之后才能使用。日语中还有一种形容动词,是具有形容词功能的动词,也可以说是一种活用,但却是规范化了的活用,因为在本质上词性已经改变。日语词汇中保留了大量的汉语中的双音节词汇,而且基本上是以音读的形式保留的,明显地体现出中国文化对日本的影响。

　　日语中存在着大量按照 ABAB 的形式组合而成的重叠词,大都是些表示某种感觉与状态的形容词。它们的存在表现出日本人对某种状态的感觉的细腻,也表现出某种不够成熟的特征,可以说在语言完全成熟之前就定型了。汉语中也有此类现象,但与日语相比要少得多,而且主要是为了强调某种感觉而特殊使用的,并不是词组本来如此。如商量商量、讨论讨论、检查检查、哗啦哗啦等。汉语中的重叠词主要还是 AABB 类,如热热闹闹、红红火火、冷冷清清等,但这些用法在词典与字典中查不到,只是口语中的一种强调。而在日语中这种重叠词都是固定的单词,都可以在词典中查到,可以说具有儿童语言的味道。这些词具有很强的心理表现特征,它们体现出日本人对形态、形状的感觉的细腻。细腻,可以说是日本人心灵上的一个特点。

　　因为严格的等级制度的存在,一般来说日本人缺乏幽默感,但在语言中也还有一些非常有意思的词。日本有一种树,树干很光滑,就像是没有树皮一样,日本人称之为"猴子也滑",也就是猴子也难爬上去的意思。鸡肉加鸡蛋做的"缫巴"(荞麦面)被称为"亲子缫巴",亲子就是父母与子女的意思。初听起来很有意思,但仔细想想,又觉得有点瘆人。"他人缫巴"则是鸡蛋加非鸡肉做的荞麦面。中国人说"懒人不出门,出门天不晴",日本人则称这种人为

"雨男"或"雨人"。虽然日本雪很多,但不能称之为"雪人",因为雪人是猿人的意思。

最麻烦的还是日语中的动词。日本人在给外国人教日语时将动词分为一类、二类、三类动词,而在给日本的孩子教日语时则没有这种区分。仅凭这一点就可以看出日语的独特性。每个动词都有辞书形,也就是词典中的形式,这是基本形,另外还有十多种变形。这三类动词的变化根据不同的类型也不相同。此外还有在"敬语"与"谦语"中使用的特殊形式的动词,一般来说,这些词与本来意义上的动词并没有词源学上的联系,就是为了在语言的交流中突出对对象的尊重而已。在动词的各种变形中能够感觉到日本人对各种行为的细微的区别与准确的表现。

日语的语序与汉语不同,是由主语 + 宾语 + 谓语构成的。爱德华·萨丕尔在《语言论》中说:"只要词和词,成分和成分排成某种次序,彼此之间就不仅会建立某种关系,并且会在不同程度上互相吸引。"[①]只要把主语和宾语并列出来,主宾之间就已经产生了某种联系,所以最后出现的谓语成为对主宾关系的说明,而不仅仅是对主语的说明。如果说汉语的"主 + 谓 + 宾"的语序体现着时间与逻辑的特征,那么日语的"主 + 宾 + 谓"的语序就体现着一种"关系"与"判断"的特征。因为谓语最后出现,所以主语与宾语的关系就必须区分清楚,这样在主语与宾语之后也就必须加上表示主格与宾格、施动者与受动者的关系的副词。这是非常重要的,如果没有这些词,听者就弄不明白二者之间的关系。而一旦有了这些关系词,二者的顺序又可以根据说话者的需要,根据说话者想要强调的重点,自由地进行位置调换而不会发生任何歧义。

这种主宾先行、谓语随后的语序使语言的判断性因素明显增强,而陈述因素则有所减弱。为增强陈述性,日语又有自己独特的表现手段。日语中的修饰语可以和大多数语言一样根据时间的顺序来组合。例如"我借的书"在主句中的顺序是"我—书—借的",但作为定语则可以说"我借的书"。从句则必须使用与主句相同的句型。这种混合型的语言形式不仅保证了日语独有的功能——判断性、关系性较强,而且通过修饰语的大量使用,使其具有了与其他语言相同的陈述性与描写性。这在日本的小说中可以清晰地感觉到,而且日本的小说也正是以细腻的心灵感受见长。

在对语言环境的利用中也能非常清楚地感受到中日文化的差别。例如中国人说:"我不吃猪肉。"其中包含着"我不喜欢吃猪肉"、"我不能吃猪肉"等意思。对这句话的准确含义的理解完全在于语言环境,即在什么情况下说的。语言环境既包括说话时的空间环境、人文环境,也包括话题环境、谈话内容环境等等,对话语的理解需要"悟性"。这也是中国人追求事物的"本质"的思维习惯,如果有必要中国人才会继续补充说明细微的差别。而在日语中则必须在语言形式上清晰地区分为几句话来说明究竟为什么不吃猪肉。语言环境在日语中虽然也起一定的作用,但最重要的还是语言本身的表现形式,否则日本人就听不明白。正是这种语言习惯构成了日本人注重规则的思维习惯,也可以说因为注重规则,所以语言也更规范。而中国人则注重本质,不吃猪肉是本质,为什么不吃是原因,只有在必要时才会说出原因,但本质是必须说明的。

在日语中,同样一个动词,因为一些细小的变形与关系词的变化就会造成意思的千差万别。中国留学生在学习了很长时间的日语后与日本人交谈,仍然难以彻底让日本人明白自己的全部意思。日本人也在尽量地想弄明白中国人的意思,可往往是越留心越出错。因此有人把日语称为"魔语"。有名的"日本通"小泉八云曾在《日本与日本人》一书中说:"即使你能将一部日本字典中的字都学会,你仍旧一点也不能懂得他们的说话……谁要想像一个日本人那样地应用日本话,就除非重新投胎过,除非彻头彻尾,将他的心思完全改造过。"②

日本人在语言的使用中非常注重对事物的区分与判断。日本教师在给外国留学生教日语时,对于近义词大都采用一种相同的办法——用百分数来表示。例如在解释类似于中国的大约、大概、大体、基本上、几乎等等的词汇时,都会画一张表,在表上写上所有相关的词并在后面加上百分数。如"大约"是指 50% 的可能性,"大概"是指 70% 的可能性,"大体"是指 80% 的可能性,"基本上"是指 90% 的可能性,"几乎"是指 95% 的可能性等等。有时候还会加上"肯定"是指 99% 的可能性,"绝对"是指 100% 的可能性。即使是像一些中国人认为没有什么必要区分的词,日本人也会非常认真地打出百分数。如快乐是 100% ,有点快乐是 70% ,不是经常快乐是 50% ,不是不快乐是 10% ,不快乐是 0% 。这种做法包括几乎所有的有着某种相似的词汇,如动词、名词、形容词、副词等等,首先还是程度副词。当然,这只是为了给外国留学生以更明确的解释时才采取的手段,但这种区分首先是规则的产物,是细致的产物。日本人不讲什么"言有尽而意无穷",他们要求的首先是明确、无误。也正是因为此,对日本人而言,最具有影响力的中国古代诗人是以"大白话"著称的白居易,因为他的诗歌最不容易产生歧义。

注释:

①爱德华·萨丕尔:《语言论》,商务印书馆,2002 年版,第 99 页。

②小泉八云著、胡山源译:《日本与日本人》,九州出版社,2005 年 11 月版,第 102 页。

汉语与日语的比较

　　中国人的最高智慧是化繁为简,简约也就必然地成为中国语言的显著特征。汉字的造字原则决定了形声字必然是数量最多的文字,而大量的形声字的存在又必然使得同音字非常之多,再加上方言的差别,中国人说话时不能不考虑对方是否能听得懂的问题,所以中国人说话非常讲究清晰,除了"儿化"之外,没有英语中的"连读"。要使话语清晰又不能不放慢说话的速度。因为会意文字的特点,词汇的信息量非常大,单音单字又使音节极少,再加上注重"意合"与语言环境的传统,关联词、语气词也不多,所以中国人说话的速度虽然不快,但信息量并没有减少。

　　在日常生活中,中国人充分利用了文化传统的优势,一个成语、一个典故就能传达很多信息,这造成了中国人对语言精练的爱好。普通的中国人说话时都非常注重语言的准确与简洁。要言不烦,言简意赅,永远是最高的要求。如果一个人说话啰嗦就会受到嘲笑,在任何时候说话啰嗦都被视为思维混乱的表现。在一般的情况下中国人说一句话只有十多个音节,也就是十几个字,七八个词,句型都不长。如果要表达的意思比较复杂,不是通过加长句子,而是通过增加句子来实现的。在西方科学进入中国之前,这种现象更为明显。

　　中国人还非常善于利用语言的多义性与不确定性来制造特殊的语言效果。只有在语言的多义性、歧义性、不确定性、简洁性中才能显示出说话者的智慧与幽默。通过不同的技巧来说话正是中国人生活中的一大乐趣。从相声、笑话、小品、绕口令到现在风行的手机段子都是如此。外国人学汉语只有发音中的四声难以掌握，语法非常简单，汉字虽说复杂一点，但只要掌握一定规律，其实并不难，所以很多学习汉语的外国人都认为汉语是最好学的。只要认识二三千汉字，根据主谓宾的顺序，即可进行一般的交流。没有那么多的时态、语态、单数、复数、主格、宾格、阴性、阳性的变化与麻烦。但外国人总是听不懂相声，看不懂小品，因为语言的表面内容很容易理解，对于"言外之意"则摸不着头脑。

日本人极为重视他人的评价，在日常语言中也尽可能地避免正面冲突。日本人不仅认为给别人制造麻烦是不应该的，而且也认为当面拒绝一个人的要求，哪怕是无理的要求也是不应该，甚至是不人道的，所以不仅要给自己，也要给谈话的对象留下"面子"。日本人如果不同意对方的意见或不接受对方的要求时，说话就会尽可能地含糊一点，让对方猜测自己的意思。因为双方都在同一个文化传统中生活，所以完全可以理解对方的意思，同时又保留了面子。这就是中国人所说的客气。这也是最让外国人恼火的地方，话都听得懂，意思却不明白——日语白学。其实只要日本人没有正面答应，就是在拒绝。同样，在征求他人的意见时也会很曲折，如果日本人想打开窗户，他会说："你不热吗？""你不想打开窗户，是吗？"刚去日本的中国人往往不理解日本人的意思，出于礼貌只好说："不热。""是的，不想开窗户。"结果是两个人都在受罪。

日本人特有的客气与森严的等级心理造成了语言中很多婉转曲折的表达方式，日语也因此变得非常繁琐。和日本人谈话，有时是一个很简单的问题，因为他使用了很多在中国人看来完全不必要的区分，再加上一些敬语与谦语，说了很多话，有用的却只有那么一二句。尤其是在谈话的开头，大多是些"套话"，所以日本人说话语速非常快。因为敬体与谦体的形式只要开个头，听话的人就能明白,不需要那么清晰。即使是进入正常的谈话也会因为敬体与谦体的使用而使话语中的音节远远多于任何一个国家的语言。这主要是因为客气与礼貌,而不是像大多数人说的那样是源于生活节奏的紧张,因为日本人在说到核心的句子或关键词汇的时候仍然会放慢速度。今天中国的生活节奏一点也不比日本慢,但中国人说话的速度并没有明显加快,就能证明这一点。所有使用拼音文字的国家(包括使用英语、法语的东南亚与非洲国家)的人在说话时都比中国人要快,但并不表明这些国家的生活节奏都比中国快,这是因为同样的内容在拼音文字中音节远远多于汉语,而在同样的时间内不同的语速其实传达着基本相同的信息。

以谨慎著称的日本人在使用语言时唯恐不够清晰,所以不计繁复,只求没有疑义。另一方面因为日语中假名的存在与汉字的读音往往在两个以上,所以说话时音节也比汉语要多得多。如果用日语与汉语翻译同一个英文句子,日语中的字母与音节要比汉语多很多。如果把一本日文书翻译成汉语,页数会大为减少。我曾经做过一个统计,同样的一本英文书,日文印刷比中文印刷文字要多出 25% 左右,多出部分主要是假名与敬语。

心理学的研究表明,人在阅读文章时是根据文字的语音进行的。还有专家测算过,熟悉汉字的人在阅读汉字著作时,汉字的复杂形体对阅读速度的影响极小。汉语中的汉字是单音单字,而日语中的汉字往往有两个以上的读音。在阅读日文书籍时,因为不仅假名与汉字的总数比汉语书籍的汉字总数要多,而且音节更多,所以阅读同一部书的日文版远比阅读中文版要慢。有日本学者认为中国学者读过的书要比日本学者多,应该是有道理的。

另外,追求本质与简约的中国人在著书时就是从把握本质的角度写作的,尤其是一些大师的经典著作,要言不烦,能省则省。

中国人在读书时往往也首先在寻求书中的核心意义,这也加快了阅读的速度。而以规则、谨慎著称的日本人在著书时首先要做到认真细致,不能遗漏。阅读时大概也都是顺序而下的,再加上语音的影响,势必减慢了速度。这一点完全是我的推测,没有做过统计。

在对西方名词的翻译上,中日两国也表现出极大的差异。对近代科学创造出来的事物,日本人大都是采用音译的办法来处理。日文中的假名本身就是表音文字,音译实际上就是用假名来拼读英文或其他文字的发音。这种音译的结果很明显,这就是别人的东西,就和人的名字一样,谁不懂谁就自己去查清楚。虽然这种音译有时被弄得一塌糊涂,例如"driver"被译为"dao－la－yi－pa",不仅是外国人,就连日本人自己在刚开始也搞不明白,但这种翻译仍然被顽强地执行着,现在也是如此。

中国人则是在加以改造后来认可的。早期的翻译可以说是"望物生义",如火车、电壶(暖水瓶)、汽车、原子笔(圆珠笔)等等。重要的是本质(意义)而不是形式(读音)。更多的则是直接的说明,如胡琴、蒙古包、羌笛、洋芋、西红柿、番茄、洋蜡、洋火、洋葱、洋枪、电影、电视、电话等等。与其说是翻译,不如说是在造词。日语中也有类似的词,如洋服、洋房、电话、电报、自动车等,但比中国要少得多而且现在也基本不使用了,通行的还是大量的音译的词汇,其中也有对欧美文化的推崇。汉语的翻译应该说至少有两层意思:其一,关注事物的本质或功能,国民容易理解。例如洋车,虽然洋车是什么车,人们并不清楚,但肯定是一种运输工具,简单清晰。这是中国人注重理性,注重事物的本质与功能的最为明显的表现。其二则是保留事物原状的意识不强,容易使人麻痹,不再深究中外差异。反正是个车,管它是什么车呢。这正是汉字以部首来划分类型的思想的深层表现,如洋蜡、洋火、洋葱、洋枪等等都是如此。最经典的还应该说是对英国1851年举办的世界第一届万国博览会的翻译——炫奇会。

当然中国文字是会意文字,语音也比拼音文字的要少,完全音译也有很多不便,这是语言的特性所致。但注重本质,在翻译时力求意思的准确而不考虑语音的差别,也就是尽可能地不用音译,则是中国人独特的对外来事物的理解与认识方式。例如早已通行的麦克风、拷贝、潘尼西林等已经音译的名词也都渐渐被话筒、复印、青霉素等纯中文的名词取代了。与日本的以假名取代已有的汉字翻译恰好走着相反的道路。而现代的计算机、复印机、照相机、随身听等名词完全是自己制造而非翻译的。这种改造是把外来的东西融入本国的最有效的方式之一,没有什么不对,但这种翻译使外来事物与本土事物间的差异缩小也是很明显的事实。在现代汉语中也有很多词汇是从日语中直接引用过来的,这是因为这些词汇在日语中本来就是用汉字组成的,组成的原则也与中国传统相一致,所以中国人有着一种天然的亲切感,接受起来非常容易。

汉语语法的顺序是以时间为依据,以人对事物的认识过程而展开的,因此这也是大多数语言的逻辑顺序。例如:"张三喂狗。"张三是主语,是行为(喂)的实行者,行为的接受者则是宾语(狗)。"张三喂"在先,"狗被喂"在后。这是时间顺序,也是逻辑顺序。虽然"喂"与"被喂"是同时完成的,但喂必须有准备,最起码也必须有个心理动机。从逻辑上讲,喂的行为一定是先于被喂的行为而发生的。换句话说,"张三发出了一个喂的行为被狗接受了"。这个顺序符合人对事物的认识过程,也符合事件发展的时间顺序。当然更重要的还是因为动作的实行者居于主导地位的缘故。这又构成了一种因果关系,因为"张三喂"这个原因,所以有了"狗被喂"这个结果,也还是符合人对事物的认识过程的。再如:"张三看山。""张三看"与"山被看"是同时发生的,其中没有时间的早晚,但仍然存在着主动与被动的关系,存在着原因与结果的关系。在这两个例子中,隐含其中的都是逻辑关系、时间关系与因果关系,而这种关系正是中国人逻辑思维的起点。

因为汉语中的这种逻辑关系与化繁为简的文化传统,使得中国人在语言表述中非常重视对问题的本质的说明。虽然汉语也可以通过语言的调整与组合,通过更多的句子来细致地说明复杂的事物与理论,但中国人习惯于用简单、明了的语言进行表述,而讨厌"繁琐"。言简意赅、要言不烦成为中国语言的最高境界;用简单的办法处理繁杂的事务成为中国人行政能力的最高追求;把握核心、直探本源成为中国人的最高智慧;能以不同的办法来解决同一个问题成为最高的技巧;诗词、书法、水墨画、戏剧成为中国艺术的最高境界。简约是中国智慧的最高体现,哲学则是最高的简约形式,所以很多中国人喜欢谈"哲学",虽然这种谈论往往并不是哲学意义上的哲学。

汉语中的这种要言不烦的表现形式使得中国人在长期的语言环境中养成了一种不够严密却非常灵活的思维习性。如果不与其他民族的语言,尤其是与日语相比较,这种习性是感觉不到的。学习与使用英语的中国人,也会感觉到汉语的这种特征。

日语则是在主语、宾语并列之后说出行为。上两个句子在日语中就变为"张三狗喂","张三山看",当然用汉语来表示谁也看不懂。在日语中还必须在"张三"后面加上一个表示主语的助词,在"狗"与"山"后面加上表示宾语的助词,然后才是表示行为的动词与表示行为的时态的助词。一般情况下还要在最后加上对听话者表示尊重的敬词。在张三与狗出现之后,二者之间就因为并列与助词的关系具有了某种联系,但在二者之间将会发生什么并不清楚,只有在谓语出现后二者之间的关系才能被说明。与汉语相比较,描述性减弱,判断性增强。

日语中存在着大量的修饰语,正是这些修饰语保证了日语的描述功能,这在前文中已有表述。这使日语能够充分地表现等级序列之下的对行为的判断、对行为的精确描写与对心理感受的细腻表述。日语的精确性与严密性非常有效地保证了说明与解释的准确性,而日语中的细腻描述的功能又在小说中得到了充分体现。与小说相比,日本的诗歌并不发达,没有韵脚,没有音步,对情感的感受与表现也远不及中国诗歌。其俳句则因为受中国禅宗的影响很大,因而更能表现某种特定的情感,但善于操作者极少。

自西方科学进入中国后,中国人在书面语言,尤其是理论性的书面语言中也开始学习英文中的复句、从句、修饰语等形式,并力图以此来更为准确地表达自己的思想。但精练仍然是中国人对语言表达的最高追求。对大多数中国人而言,只要表达出了自己的意思,就完成了语言交流的任务,追求的是自我表述的准确而不是逻辑形式的完备。例如在天气预报中说:"明天北京有中雨,最高气温 23 度,最低气温 18 度。"语气非常肯定,因为这是经过精确的测算与判断的结果。谁都知道"天有不测风云"的道理,但谁也不会对这样的天气预报提出批评,因为预报就是预报,发生变化是很正常的事情,并不意味着当初的判断有问题,更不意味着播音员是在有意识地欺骗。

日本人绝不这样表述,日本对天气预报的表述是:"明天东京有可能会下中雨,高温应该是在 23 度,低温大概是在 18 度吧?"有时还会加上下雨的概率为 60% 或 80% 之类的话语。日本人的理解是你怎么就能肯定明天一定会下雨呢? 即使下雨又怎么能确定就一定是中雨呢？因为预报只不过是预报，所以这种表述才是能够被接受的表述。同样是因为"天有不测风云"，但两国的表述方式大不一样。日本人的这种心态就决定了日本人在说话时的表述方式就是形式上的严密与表达上的不出现错误。否则就是"不自重"，就会招致"耻辱"。

2007年3月7日，日本气象厅曾预报说樱花会提前开放，13日相关的负责人又在电视上公开"谢罪"，因为预报有误，樱花提前开放的时间没有他们预想的那么早。这在中国也是常有的事，但中国的气象部门绝不会因此而向全国"谢罪"，依然是因为"天有不测风云"。在前文中曾说过日本老师在给外国留学生讲日语课程时，经常使用百分数来比较各种近义词的差别，其心理也是如此。

中国是个重名分的国家，自孔子开始就在强调、突出着名分的重要。孔子说过："必也，正名乎？名不正则言不顺，言不顺则事不成。"（《论语·子路》）汉末的"名实之辨"也是在强调、突出着名分的重要性。名分的本质就是等级与责任，名分清楚了，人的社会等级与地位也就清楚了，人们应该如何做事、应该承担什么样的责任也就清楚了，所以在汉语言中对人的称谓有着严格的限定。

第一是对姓的称呼，如某大人、某先生等，这是源于对血缘的重视。大多数国家的女人在结婚之后都要改姓丈夫的姓，日本也同样。只有中国，尤其是汉族人在任何时候都保留着自己的姓，一直到了民国时期，很多妇女依然有姓无名，女子出嫁之后，一般的称呼就变为某某氏，第一个字是丈夫的姓，第二个字是自己的姓。如张家的女子嫁给了王家的儿子，这个女子就成为王张氏。这就是名分，是"既嫁从夫"的等级原则，也是注重血缘的宗法秩序。

第二是对字的称呼，如子房、孔明、太白、子美等。称字是对人的尊重，《公羊春秋》说："曷为称字？褒之也。"自称时则直呼己名，如李白在《与韩荆州书》中说："白，陇西布衣，流落楚汉。"这是自谦。对他人直呼其名，如果不是上司对下级、长辈对晚辈则是非常不礼貌的。

第三是对职务、职位的称呼，如处长、科长、先生、老师、师傅等等。此外就是一般性的礼节称呼了，如大人、阁下、令尊、令堂、令郎、令爱，自称或谈到自己的家人时则用在下、鄙人、不才、犬子、贱内、糟糠等等。

虽然也有承蒙不弃、有劳大驾，以及光临、驾到、莅临、惠存、台鉴等动词存在，但数量有限，而且现在使用频率也明显降低。汉语中对对方的尊重与对己方的自谦主要还是表现在名词上。古代也可以通过地望来抬高对方，但不论怎么说，主要还是通过名词，也就是通过名分来确定人的尊卑。

在日语中就大不相同了。日语中的敬语与谦语最典型地表现在动词上，虽然在名词的使用中也全部保留了中国式的使用方法，而且原则也基本相同，但与动词相比则是"小巫见大巫"。行动是过程，名分是本质。在敬语与谦语的使用中能明显地感受到中国人更重视名分，日本人更重视行动。

重视行动的前提仍然是名分，其称呼方式与中国相同，而且严谨程度一点也不亚于中国人。如果是两个互不相识的人打交道，第一件事就是交换名片。只有通过名片了解了对方的身份与工作单位之后才能进行有效的谈话，也就是正确地使用敬语与谦语。据说日本的名片使用量世界第一。但是对于称谓的重视只是一个开头，在整个谈话中必须时时保持警惕，要准确地使用敬语与谦语。日语中的敬语与谦语具有强大的生命力，它无时无处不在影响着、提醒着使用者的身份与等级。家庭中的长辈与晚辈，公司中的上司与下级，学校中的老师与学生，单位中的先辈与晚辈，以及本集团与外集团之间的谈话与文字往来都具有非常严格、非常鲜明的敬语与谦语的要求。其复杂程度不仅外国人难以掌握，就连在日本成长起来的年轻人也需要在工作岗位上好好学习一段时间才能自如地使用。

在交谈中如果对方不能正确使用谦语与敬语，听话的人心中就会非常不舒服，除非你是个不大会使用日语的外国人。简单地说，敬语就是在交谈中尽量抬高对方（包括对方方面的其他人），谦语则是在交谈中尽量压低自己（包括自己方面的其他人）。这与中国人相同，如中国人称自己的孩子为"犬子"，称对方的孩子为"令郎"或"虎子"一样。但日本人的这种抬高与压低虽然也有相应的名词，但更主要地还是通过动词来完成的，而现代中国人则主要是通过名词来完成。

前文说过日本人非常重视他人的评价，这种重视不仅仅表现为他人对自我的评价，也包括对本单位的评价。日本人非常尊重自己的上司，但在与本单位之外的人谈及自己的上司时仍然直呼其名，这就是谦。在谈及对方方面的其他人时，只要谈话的对象是需要或值得尊敬的人，对对方的人一律都使用敬语，这就是敬。这种用法也包括谈话双方的家庭。

大多数学习日语的外国人都认为日语中的敬语与谦语是非常无聊的形式主义的东西，又非常麻烦。很多日本人也认为非常麻烦，但每一个日本人又都在认真地使用着这种繁琐的语言。如果单纯地从形式上看确实如此，但在思维的深处这种形式又有其非常独特的功能。实际上日本人性格中的很多东西都来源于此，并借此而强化。

第一，在这种形式之中有一个非常明显的心理暗示：每个人都有一个自己从属于其中的圈子。我属于这个圈子，你属于那个圈子。我属于此,我也仅仅属于此,我也只能属于此。日语中的这种心理暗示已经成为一种与生俱来的思维形式,只要不改变日语的习惯,这种心理暗示就永远存在。日本是一个集团心理非常强大的国家,日语中的这种"繁琐"在很大程度上支撑着日本人的集团心理。

第二,压低自己,抬高对方,在心理上造成的就是一种自卑。因为这种自卑完全是自我造成的,或者说自我给予的,在心理深处又会潜伏着一种极度的自尊:我只是抬举你,我在等待你的谦让……这也是一种武士道精神——忍。在忍的背后则是一种强烈的自尊。如果对方不能以相同的方式对待自己,自己就会感受到极大的耻辱,就会产生强烈的愤怒。可以说强烈的自尊与强烈的自卑同时存在于日本人心灵的深处。只有对刚刚开始学习日语的外国人才会给予原谅,因为外国人确实很难弄明白其中的奥妙。

第三,这种语言形式在现实生活中确实起到了极大的缓解矛盾的作用。有人说它虚伪,有人说它繁琐,但它确实有效地阻止、避免了很多不必要的冲突。

在日语的敬语与谦语中没有关于自己所属的地域的区分。例如在东京人与北海道人的谈话中不会因为提到了东京或北海道而出现使用谦语或敬语的情况。这说明日本人的家乡意识远不如中国人强烈。

第五章 价值观念

◎ 公与私

中国:人道亲亲源于私(孝),推而广之是为公(仁)——公与私的相对性,道德是最终审判者——公与私的对立,"斗私批修"——市场经济下法律成为最终审判者

日本:公的责任永远大于私的亲情——私生活不受干扰,隐私不能被他人所知——公私分明,大路朝天各走半边——区分型的文化,单一而有效

◎ 罪恶感与耻辱感

中国:罪恶感文化与耻辱感文化的融合——家丑不可外扬,面子至关重要——人性的解放与自由——道德、舆论的力量在减弱——职业道德建设的重要性

日本:典型的耻辱感文化——"间柄",人际关系中的互相"规定"——对弱者的凌辱——成为强者的愿望与沦为弱者的恐惧——忠诚的竞争

◎ 儒学与武士道

中国:儒家思想与道德精神——中庸、和谐、仁义——文武之道乃对立的两极

日本:武士就是知识阶层——儒家的等级思想与忠君爱国思想成为武士的基本精神——武士道所倡导的义勇仁礼诚、名誉、忠义皆源于儒家学说又经过了日本式的改造

◎历法

中日两国对现行历法的不同称呼——注重理论与注重过程,追求简洁与保持传统——对传统节日的称呼与计算方法——对四季的计算与起始

◎节日与传统

中国:传统节日体现着鲜明的农业文明与家族主义特征——不误农时,祖先崇拜,血缘亲情,爱国主义精神——传统因素在减弱,西方节日的张扬

日本:传统节日沿袭着中国的名称——功能转变为祛灾祈福——时间改为阳历计算——固守节日的既有传统——地方性的"祭"——西方节日的张扬

屈原投江

公与私

价值观念所涉及的问题很多,前文谈到的内容实质上都与价值观念有关,这里所谈的也只是部分问题。

《说文解字》:"公,平分也……韩非曰背厶为公。""平分"就是平均,平均主义就叫公平。"背厶(私)为公"则是说公与私是对立的概念,只有"大公"才能"无私",只顾自己就是私。《礼记·礼运》:"(子曰)大道之行也,天下为公。""大道即隐,天下为家。"公者共也,天下为公是说天下为全体百姓所共有,所以尧、舜、禹传位于贤能之人,实行的是禅让继承制,这叫公天下。家者私也,天下为家是说天下为一家独有。大禹的儿子启,依靠实力夺取政权,传位于自己的儿子,实行的是血缘继承制,天下成为私产,这叫家天下。

中国古代的道德是在"家天下"的时代建立起来的行为准则,核心是家族主义的"人道亲亲",本身就源于"私"。只是随着"亲亲"范围的不断扩大,私的因素在减弱,公的因素在增强。在这个意义上可以说公是私的放大,承认私的合法性、推崇公的高尚性是中国人对公与私的理解与定位。维护私(家)的手段是孝,维护公(天下)的手段是仁。

公与私并不必然冲突,是说合乎道德的私与合乎道德的公在本质上是一致的,都是为了维护宗法制的国家利益,都是为了更有效地协调人际关系,维护社会的稳定。《论语》中一段记载,叶公对孔子说:"我那里有个坦率的人,他父亲偷了人家的羊,他便告发了。"孔子回答说:"我们这里的坦率之人与你们不同:父亲会替儿子隐瞒,儿子会替父亲隐瞒。坦率也就在其中了。"这就是著名的

"父为子隐，子为父隐——直在其中矣。"(《论语·子路》)其核心是不能破坏家庭、家族的稳定。传统道德的目的首先就在于稳定家庭、家族，维护家庭、家族的利益。维护家的稳定就是在维护社会的稳定、政权的稳定。儿子犯了法，父亲不举报，父亲犯了法，儿子不举报，都是因为有亲情。如果父子之间没有了亲情，也就谈不上家庭的稳定，更谈不上"老吾老以及人之老，幼吾幼以及人之幼"。因为"仁"就是"孝"向社会与政治领域的扩大和延伸，只有"亲亲"才有可能"亲天下"。在孔子看来，这是合乎道德的私，因此是合理的私。在中国，受到谴责的私是为了个人的利益而侵害他人的私，尤其是为了个人利益不顾家庭，不顾父子、夫妻、兄弟情感的私。

虽然公与私并不必然冲突，但在本质上仍然是一对矛盾。在个人与家庭、家庭与家族、家族与地区、地区与天下的对立中，前者是私，后者是公，小者是私，大者是公。大跃进时期"一大二公"的口号就是最好的注解，只有大，才是公，为天下就是最高尚、最伟大的公。但不管是在什么关系中，为他人是公，为自己是私，为他人的利益是公，为自己的利益是私，这在深层的根源中又形成了内是"私"、外是"公"的传统。

公与私的最终审判者是道德，也就是说公与私并不必然表现为正确与错误、合理与不合理。在两个村子的冲突中，如果自己一方有理，或者自己一方的行为更加符合道德的要求，为自己一方努力，甚至牺牲自己也是为公。在村子与地区的冲突中如此，在地区与国家的冲突中也是如此；在父与子的冲突中如此，在个人与国家（皇权）的冲突中也是如此。道德仍然是判定是非的依据。道德的目的就是为了维护和谐、平衡人际关系与社会关系，就是为了缓和不同利益群体的矛盾，就是为了天下的利益，所以道德是最为本质的是非标准。这与日本的依据规则而形成的公私分明有很大不同。

简单地说，大是公，小是私；外是公，内是私。因为大小、内外只是一个相对的概念，而最终的评判者又是源于人道亲亲的道德，所以在很多时候公与私的界限也不很清晰。例如为了地方的利益实行地方保护主义，为了地方经济的发展不惜以环境、资源为代价，在道理上讲是私，因为它侵害了更大的国家利益。但地方官又在言之凿凿地声辩自己是在为地方百姓服务，为地方百姓创造财富，没有为自己谋取个人的利益。为百姓服务，未谋取私利，在道德范畴内就是为了公，是善。虽然在"大公小私"的原则下道德也会对这种"公"进行谴责，但在善恶判断上这又是在"造福一方"，是非与善恶混为一体，所以又能在一定程度上给予宽容。界限不够清晰确实是一个原因，但更本质的还是道德的原则在起作用。行政权、公权从来没有完全独立过，是非、对错，从来都在受到道德善恶标准的干扰与校正。

现代的大多数村落中，聚族而居的情况也还非常普遍。张家庄的女儿嫁给王家庄，张家庄的儿子娶了李家庄的媳妇，张、王、李三个村子就都具有了亲戚关系。王家庄的女儿嫁给赵家庄，赵家庄的儿子娶了刘家庄的媳妇，张、王、李、赵、刘几个村子也就具有了亲戚关系。如此蔓延，整个中国都是亲戚，所谓"同姓为兄弟，异姓为甥舅"绝非虚言。再扩大一点，全人类都是中国人的亲戚。君不见昭君出塞后，汉匈一家乎？照顾亲戚、关心老乡，既是为家族服务，是内，是私，但也是为村落服务、为地方服务、为天下服务，是外，是公。

互相帮助在中国始终是一种美德。"在家靠父母，出门靠朋友"，这是大多数中国人都非常熟悉的一句俗话，也没有人认为这句话有什么不对。注重横向的人际关系是中国人际交往的基本特征,几乎每个人都有属于自己或自己隶属于其中的圈子。在圈子中互相帮助,就是出门靠朋友。现代社会的经济结构与社会结构日益复杂,人们的各种圈子也就日趋多元。这种种圈子一旦为了小集团的利益并与手中的权力联在一起的时候,就会形成一个个利益集团。这种集团既能为公家(单位或地区)办事,也能为个人办事。虽然为公家办事(通过熟人为单位或地区争取利益)能获得人们的支持,为个人办事(通过熟人为自己或他人争取个人利益)会受到社会的谴责与法律的惩罚,但它们都在妨碍或破坏着社会"公权"的正常运行,都会破坏社会的公正。

在中国人的眼中,仁者就是关心他人、关心弱势群体之人。关心弱者、帮助弱者,在中国始终都是美好的品德。但同时弱者也应该把自己的困难说出来,否则他人无法对其进行有效的帮助,因此对弱者的同情与帮助又在实际上要求弱者暴露自己的隐私,为了获得实际的帮助,很多人也在自愿地暴露着隐私。道德的政治化与政治的道德化原本就在现实中干预着个人的隐私。对于不道德的行为,任何人都可以对其进行干预,缺乏隐私权成为中国古代文化中一个很明显的特点。即使到了现在,很多单位与社区仍然在评选"五好家庭"、"文明家庭",按照日本人的理解,这是在"侵犯他人隐私",但在注重家庭稳定与社会和谐的中国,却是人人都认为合理的、有利于社会的文明行为。

文革时期的"斗私批修",对私进行了彻底的否定,不论是个人私欲、家庭隐私、夫妻情感、父子关系,只要有不符合"革命"要求的,一律在批判之列。因为这种行为违背了中国文化传统中的"人道亲亲"的原则,虽然来势凶猛,却没有什么实际的收效。文革结束后的改革开放是从农村的土地承包制开始的。土地承包制的最大特点就是承认私的利益的合法性,同时规定了公的责任与义务。在以后的各行各业的改革中,这一原则都具有根本的性质。文革结束时,国民经济已经"濒临崩溃的边缘",改革开放的首要任务是发展经济,承认私的利益的合法性与责权利三位一体的政策极大地刺激着生产力的发展。但在抛弃文革政治的同时,道德也失去了与政治的联姻,失去了以前的那种对人的行为的约束力度。道德失去了监控"心灵"的力量,为了私的利益侵害公的利益也就在一定程度上普遍起来。正是因为这个原因,加强法制才显得格外重要。

在日本,家首先是一个公(社会)的单位,其次才是私(血缘)的单位,社会的责任大于血缘与亲情。在家的基础上建立起来的同族关系也必然是纵向的关系高于横向的关系。"日本是个封建性的国家。效忠的对象不是一个庞大的亲族集团,而是封建领主。在日本,重要的事情是一个人属于萨摩藩还是属于肥前藩(藩是日本古代的诸侯国——引者注),一个人是与他的藩联系在一起的。"[①]不论是国有单位还是私有企业,它们都是社会中的集团,而集团对人的约束在任何时候都是高于私(血缘家庭)的。每个人都必须服从集团的规则,否则就不能加入这个集团。在这种关系中生长出来的就是"集团意识"与公的人际关系。家(血缘单位)为私,集团(包括社会单位的家)为公,公与私之间泾渭分明,公的利益无条件地高于私的利益。公与私界限分明,公占有绝对的优势,只要是属于公的就必须遵守,这中间没有第二个原则,因此也不存在中国经常发生的在公与私的冲突中出现的道德的干扰与校正。日本的道德只是对人的"公"的行为的规定,一个不能够履行社会责任与义务的人就会受到舆论的谴责,就会受到家庭、集团、村落、社会的抛弃,他的家人也会蒙受耻辱,他在社会中便毫无立足之地。

日本人没有庞大的亲族、亲戚集团,因此也就缺乏"亲不亲,故乡人"的老乡意识。这种沾亲带故的老乡意识是构成横向关系的心理基础,缺乏这种意识,横向关系也就不会发达。在家庭生活中同样如此,家庭成员之间最重要的不是亲情而是责任,不是天伦而是规则。"就像一位日本作家所说的那样,'日本人非常尊重家庭,正因为如此,不太尊重家族的各别成员或成员相互间的家族纽带'……家庭成员之间存在明显的怨恨,这是日本孝道的显著特点。"②在这种背景下,建立在血缘与伦理基础上的中国道德也就难以在日本生存,日本道德的核心也就必然是对规则的遵守。

规则高于一切,必然会使每个人都感受到一种巨大的压力,为了使这种刚性的等级制度能够有效地运行,日本古代的统治者放开了对私的要求,只要不侵犯公的利益与责任,任何私生活都不受干涉。最明显的就是对性行为的评价与理解。在中国,性行为首先是血缘问题、家族问题、道德问题,因此也是政治问题。"万恶淫为首",婚姻外的性行为可谓罪大恶极。在日本,性行为则被区分为两种不同的问题:婚姻内的性行为是为了家族的绵延,妻子是生儿育女的工具,男人应该承担自己在家庭中的各种责任,妻子也同样,这是必须遵循的公的原则。婚姻外的性行为则是私的行为,不属于道德,也不属于政治,完全是一种生理的需要,并无任何丑恶可言。"日本人认为,如同其它'人情'一样,性行为是完全正当的,是一种生活小节。'人性'丝毫没有邪恶可言,因此没有必要对性享受作道德说教……他们把属于妻子的领域与属于性享受的领域明确地区别开来。这两个领域是同样光明正大的。"③重要的是不能因为男女情爱而忘记了自己的公的责任。如果一个男人过于亲爱自己的妻子，他就会被视为一个没有出息的男人。因为这可能会影响到他对公的责任的完成，所以不能控制自己的感情就是一个弱者。"父亲抱儿子便有损尊严，丈夫也不能当众亲吻妻子。武士如果面部流露出感情，就会被认为不是男子汉大丈夫，'喜怒不形于色'则是评价大人物所用的语句。"④

在日本的各种小书店与超市中摆放的供成年人看的"漫画"比比皆是，其中有很多关于性的内容，有些画面也非常"露骨"，这在中国是绝对不能允许的。"黄色录像"也很容易买到。日本人认为性行为并没有什么特别的道德问题，就像人需要吃饭一样自然。但对于自己的其他情感则讳莫如深，尤其是情感上的不幸，日本人从来不说，说了只能遭到嘲笑，蒙受"耻辱"。因为私是个人事务，不能处理个人事务的人就是一个没有能力的人，因为个人事务而影响到对公的责任更是一个弱者、一个不能依赖的人。

对日本人而言，私的方面是绝对不能被外人了解的，这正是外国人难以真正认识日本人的原因。在日本的神话中有几则这样的故事：

其一是说创世神伊奘诺尊与伊奘冉尊本是一对夫妻。在创造了大地之后，伊奘冉尊因生火神而阴部受伤，后来死去，到了黄泉国。伊奘诺尊去黄泉国看望自己的妻子，他对伊奘冉尊说："妻啊，我们的创造尚未完成，请跟我回去吧。"伊奘冉尊说："夫啊，我很想跟你回去，可是我已吃了黄泉国的食物。我去和黄泉神商量一下，看他是否同意我走。你不要动，在这里等我。"伊奘诺尊答应了，但等了很久，不见妻子回来，就点燃了一个火把，走进了内殿。他看见妻子赤裸裸地躺在地上，满身脓血，爬满了蛆。妻子的头部、胸部、阴部、左手、右手、左脚、右脚各生出一个雷神。伊奘诺尊惊恐万分，扭头跑了出去。伊奘冉尊见他跑了，非常生气，说："你违背了诺言,又羞辱了我。你要为此付出代价。"她命八个丑女去追赶,没有追上,又命八个雷神追赶,被伊奘诺尊打败。她自己追赶至了比良坡——阴阳世界的分界线,夫妻站在边界的两边。伊奘冉尊说:"我们的夫妻情谊已断。因为你今天对我的侮辱,我每天会杀死你的国度中的一千个人。"伊奘诺尊回答说:"你如果这样做,我将每天建一千五百个产房。使生命不息,人类永存。"

另一个故事是说彦火火出见尊在海神国滞留了三年,后来回到了海岸。他的妻子海神的女儿丰玉姬在海岸上找到了他,告诉他自己即将临产的消息,并在海边搭建了一座产房。临产时丰玉姬对彦火火出见尊说:"我只有变回原形才能生产,所以我生孩子的时候请你一定不要看。"但彦火火出见尊非常好奇,忍不住要偷看,发现自己的妻子变成了一条鳄鱼。丰玉姬非常生气,说:"原来我想生了孩子之后,我会经常来照顾他的。现在你看到了我的原形,我感到羞辱,我不能再来了。"

第三则故事说大物神主白天不见其形,每天深夜来会妻子,天亮前离去。其妻很想看看他的尊容,有一天夜里对他说:"白天见不着夫君,我不曾见过尊容,希望你今夜不要走,留下来,待天明时让我看看你美丽而威武的尊容。"大物神主说:"你说得有道理,天明时我就在你的梳妆盒里,希望你见了我的形状不要吃惊。"妻子并没有听懂丈夫的话,迷惑不解。到天明时打开梳妆盒一看,只见里面盘曲着一条如衣带一样长的美丽的小蛇。妻子大声惊叫起来。大物神主感到妻子羞辱了自己,立刻变为人形,对妻子说:"你惊恐呼叫,令我羞辱,我马上回去,以此来羞辱你。"说完便径直登上御诸山而去。妻子望着远去的丈夫十分懊悔,遂用筷子戳自己的阴部而亡。她的墓至今还在,被称为"箸墓"。

神话是一个民族对自身渊源与发展的最早解释,也是对自己历史的最早记忆,对民族的思维方式与价值观念具有极为重大的影响力。前二则神话说的是妻子被丈夫看到了自己不洁的一面,看到了自己不愿意让别人知道的隐私,这是对自己极大的羞辱。即使是丈夫,也是不能原谅的过错,从此恩断义绝。后一则神话说的是丈夫同意妻子看到自己的隐私,但因为妻子失声惊叫,隐私暴露而不能原谅之。妻子因懊悔而自残身亡与前二则故事中的丈夫与妻子不再来往,都在显示着父系时代的特征。

日本还有一个非常有名的民间传说——仙鹤报恩。有一个青年救了一只仙鹤。这只仙鹤为了报答他,就变成一个美丽的姑娘来找他,并嫁给了他。仙鹤每天都关起门来纺织,织出的是最美丽的锦缎,然后让青年去市场上卖掉,并买回各种生活必需品。因为她从不让青年看自己的纺织,青年很好奇,有一天悄悄地偷看,发现自己的妻子变成了一只仙鹤,用嘴拔下身上的羽毛,然后织出美丽的锦缎。仙鹤发现青年在偷看,便告别了青年,悲哀地飞回了山林。这个故事比神话要温和得多,这是社会进步与文明发展的结果,但表现的却是同一个原型——自己的隐私不能被任何人知道,知道了便意味着对自己的侮辱,从此恩断义绝,不论对方是什么人。

相比较而言,中国也有类似的故事。如在神话故事中,大禹在治水时为了疏通河道,化为黑熊,妻子送饭,看到大禹的原形,自己羞愧难当,化为巨石,大禹依然是圣贤。在民间传说《白蛇传》中也是许仙见到白娘子酒后化为白蛇而惊恐万分,但白娘子却仍然爱着许仙。《白螺天女》中的吴堪珍爱门前小溪,天帝命天女化为白螺为吴堪做饭,被吴堪发现后二人结为夫妻。这些故事的结果都与日本的神话正好相反。在宗法制的传统中,中国人的隐私不被保护,倒是窥探他人隐私的人会受到良心的谴责。而且在注重本质的中国人看来,只要一个人品德(本质)是好的,他的形式是什么并不重要,甚至只有在隐私中才最能看出一个人的本质。日本人只是关心他人对自己的评价,所以自己的隐私是不能被他人了解的,一旦被他人了解了,自己就成为一种"透明人"——被人直视内心的人,就会被人耻笑。

在这个意义上,日本人也非常讨厌真正了解日本的外国人。日本人基本上不与外国人谈日本的核心精神,尤其是对日本有一定了解的外国人。很多学者把这种现象理解为排外心理,这只是问题的一个方面,另一个方面,也是更重要的方面,就是面对真正了解日本的外国人时,日本人也会产生隐私暴露无遗的心理感受,这非常不舒服。

对纪律与制度的严格遵守已经"习惯成自然",很多日本人在家庭中也只是根据责任完成自己的任务,对其他的事情则不闻不问,这在一定程度上取代了亲情。在家庭生活中根据责任与义务行事、缺乏亲情是一个很明显的现象。对于家庭中的"私生活",日本人从不对外讲起,如果要打听,那是非常不应该,甚至是非常不道德的。因为隐私不能外泄,心理压抑也就难以减轻,所以在日本写日记的人非常多,据说每个人都有过写日记的经历,尤其是在青年时代,人人都在写,很多人终身在写。写日记一方面是要记录一些事件与思想,但更主要的还是要宣泄自我的情感和那些无法对他人诉说的隐情。日本古代早期的小说有很多就是以日记体的形式出现的。

日本人的家中非常安静,在不同的季节挂着不同的窗帘,所有的窗帘永远都是拉着的。如果有人在窗外驻足,屋里的日本人就会使劲地咳嗽,提醒他离开。对外国人的生活了解较少的日本人,在出国后,见到外国人有窗帘而不拉,尤其是在晚上,屋内灯火明亮,可以通过窗户看到房间内部的生活,都会非常吃惊。

在窗帘的背后日本人过着一种什么样的生活,外国人无法真正了解,日本人也绝不对外提起,因为这都属于"私"。个人的隐私既不能外泄,也不能打听,所以中国式的"关心他人,帮助他人"的精神就非常淡漠。另一个典型的例子就是一般的日本人家中没有保姆或佣人,这并不是因为没有钱,而是不愿意让他人进入自己的家庭生活之中,因为这样会泄露自己的隐私。这也是日本婚后的女人为什么一定要待在家中而不能外出工作的主要原因。

对中国人来说一些根本就不可调和的矛盾,对日本人来说并不难处理,只要根据公与私的原则行事,就没什么困难:是公的事情就根据责任去判断,是私的事情就自己去解决。只要按照规矩行事,他就是"安全"的。"在日本,一个人只有当他实行规约之时才能收到实效,才能摆脱矛盾与冲突。"⑤只要每个人都根据自己的职责与身份行事,社会就是稳定的,家庭就是稳定的,个人所处的环境与个人的生活也就是稳定的。

日本的企业在很大程度上是依据家与同族的逻辑而建立起来的,但与中国现代的民营企业中的家庭式运营方式有根本的不同。因为在家与同族的历史中,对于公的责任与义务永远是第一位的,血缘让位于等级与规则。这种传统使日本人能自然地接受近代欧洲的管理原则与管理方式,而家与同族的传统又使之具有了一定的亲情式的凝聚力与服从力。企业的管理者在纵向的原则上给职工以各种关心与照顾,所以企业运行稳定,发展迅速。在废除了财阀制度之后,家与同族的逻辑得到了更为充分的发挥。中国民营企业大都是根据亲情来进行管理的,是建立在血缘纽带上的产物,所以当企业发展到一定阶段的时候,利益的再分配就成为无法越过的难关。因为在亲情式的管理模式中,等级序列缺乏它应有的权威性,而法的观念又很淡薄,依据血缘与小家庭来分配利益,使企业难以获得更大的发展。

从根本上说,日本人的思维具有单一的特征。日本学者川岛武宜说:"我们日本人受到的教育是有限的,日本人比其他任何民族都更盲目地接受自己的传统和思考方法,并以此为中心来判断事物。"⑥思维的单一性最为具体的表现就是对生存环境的明确区分:凡属于公的,都是服从的、应该的、正确的;凡属于私的都是退让的、隐秘的、在与公发生冲突时必须牺牲的。在公与私的冲突中,私必须让步;在公与公的对立中,下一级的公必须让步;在私与私的冲突中,侵犯他人利益的行为必须让步。在日本人的思维中公私之间泾渭分明,并不必然存在对立性,可以说日本文化是一种区分型的文化。中国人认为公与私是对立的,只有"无私"才能"大公",私心越多必然公心越少,私心越少必然公心越多。因此道德是必不可少的,如果没有道德的约束人们就会"自私自利",侵害他人与集体。在日本则是私并不影响公,公也并不干扰私,大路朝天,各走一边。因为普通日本人并不关心理论问题与哲学问题,规则使人际关系变得清晰明朗,只要根据规则行事,就不会遇到中国人常常碰到的难以处理的复杂的人际关系。

很多学者在谈论日本时都反复引用着本尼迪克特在《菊花与刀》中的这段话:"日本人既好斗又和善,既尚武又爱美,既蛮横又文雅,既刻板又富有适应性,既顺从又不甘任人摆布,既忠诚不贰又会背信弃义,既勇敢又胆怯,既保守又善于接受新事物,而且这一切相互矛盾的气质都是在最高的程度上表现出来的。他们非常关心别人对他们行动的看法,但当别人对他们的过错一无所知时,他们又会被罪恶所征服。他们的士兵非常守纪律,但也不很顺从。"⑦这段话被很多人认为是"日本文化是一种多元文化"的经典论据。这段话确实非常精彩地描述出了日本精神中的一些典型的现象，但我认为这段话所描述的恰恰是日本文化的单一性所导致的结果。这种单一性就是公与私的区分，所有规则都建立在这个原则之上。对日本人来说，世界并不复杂，因为他根本不会像其他国家的人那样去寻求某种理论的支持，他只是根据公与私的原则行事。前文说过，日本的道德并不重视人的动机而是彻底地表现为对规则的遵循，守规则就是有道德，不守规则就是无道德。在不同的规则下做不同的事，这是制度的要求，也是道德的要求，但在缺乏规则或"别人对他们的过错一无所知"的时候，同一个人就有可能做出根本不同的事情来。因为文化的单一，这种对其他国家而言不可思议的现象才会在日本人的思维中以一种正常的形态出现。

注释：

①②③⑤⑦鲁思·本尼迪特克：《菊花与刀》，九州出版社，2005 年 1 月版，第 39、97、134、157、3 页。

④新渡户稻造：《武士道》，见《丑陋的日本人：日本文化的明与暗》，山东画报出版社，2006 年 5 月版，第 181 页。

⑥川岛武宜：《评价与批判》，见《菊花与刀》附录，九州出版社，2005 年 1 月版，第 224 页。

罪恶感与耻辱感

本尼迪特克在谈到日本文化时对罪恶感文化与耻辱感文化进行过一个解释："以道德为绝对标准的社会，依靠启发良知的社会属于罪恶感文化……在耻辱成为主要约束力的地方，一个人即使向忏悔牧师供认错误也不会感到宽慰。相反,只要坏行为'不为世人所知',就不必烦恼,自供反会自寻麻烦。因此,耻辱感文化就是对神也没有坦白的习惯。"①"真正的耻辱感文化靠外部的约束力来行善,而不像真正的罪恶感文化那样靠内心的服罪来行善。耻辱感是对他人批评的一种反应。一个人因受到公开嘲笑与摈斥,或者自以为受人嘲笑而感到耻辱,在任何一种情况下,耻辱感都将成为强大的约束力。但它要求有旁观者,至少是想象出来的旁观者。"②这是典型的建立在欧洲宗教文化背景之上的解释与判断,虽然极为精彩,但有绝对之嫌。

中国在本质上是一个道德型的国家,是一个"以道德为绝对标准"的国家,但中国文化中的罪恶感却不如耻辱感来得强大。欧洲人所理解的罪恶感源于良心的自责与对神灵的敬畏,来源于"原罪"的宗教精神。宗法制政体中的理性精神与血缘亲情中的祖先崇拜观念使中国人具有明显的"良心自责"的精神,这是一种"内心自觉"的精神,其中具有精神升华的愉悦,这与欧洲中世纪式的"内心服罪"的宗教精神有较为明显的差别。内心的自觉依靠的是"启发良知",在良知的指引下产生"对不起"他人的自责(罪恶感),并在此基础上积极行善。这是源于"人道亲亲"与仁孝的一种自觉,而不是面对上帝的忏悔。因为"内心自觉"的精神并非人人都能具有,也并非人人都愿意获得,所以依靠政治的力量来打击非道德的行为,依靠耻辱的力量来加强道德的自觉也就成为必然。

"耻辱感文化靠外部的约束力来行善",这种约束力主要是社会舆论。"耻辱感是对他人批评的一种反应",依靠社会舆论来净化社会环境正是耻辱感文化的典型特征。可以说中国人的罪恶感离不开耻辱感,中国是一个罪恶感文化与耻辱感文化融和的国家。

中国道德的实现在于个人的修养（内心的修养——罪恶感）与遵守道德规范（外部的约束力——耻辱感）两个方面。这与欧洲罪恶感文化中的依靠内心的服罪不同，与日本耻辱感文化中的完全体现为对规则的遵守也有不同。

在人际交往中，中国式的道德是对任何一个矛盾双方同时提出的要求，"父慈子孝，兄友弟恭"，其他人际关系也都以此为标准。如果有一方背离了这一原则，另一方当然也就可以背离这一原则，所谓"既然你无义，那就别怪我无情"。既然你以不道德来对待我，那我也就可以以不道德来对待你，虽然有"以德报怨"的说法，但道德仍然可以成为讨价还价的砝码。道德是一个最高的原则，在这个原则上进行讨价还价时，其他原则便显得苍白无力。而这个原则本身又具有弹性与柔性，"公说公有理，婆说婆有理"，"此亦一是非，彼亦一是非"。在这种局面下，社会舆论便成为最终的审判者，耻辱感由此而强大。

对大多数中国人而言，罪恶感远不如耻辱感的约束力强大。以谣言败坏一个人的名声，尤其是以"不正当的男女关系"来败坏一个人的名声，实在是一个坏人的专利。自古以来，中国人除了"王法"，惧怕的就只有"舆论"，"名裂"必然伴随着"身败"。因为"耻辱感是对他人批评的一种反应"，所以"家丑不可外扬"，"人活脸，树活皮"，"面子"至关重要。在他人面前必须保持自己的道德属性，否则将会受到社会舆论的强烈谴责，并因此而承受巨大的名誉或物质的损失。因为缺乏"靠内心的服罪来行善"的精神，所以对道德低下的人来说，在没有他人或只有"天知地知，你知我知"的场合，便可以大胆地去作恶。

"改革开放"之后，中国开始了以经济建设为中心的时代，道德与政治的联姻也渐渐解体。这种解体固然带来了社会的进步与经济的发展,带来了人性的自由与解放,人们可以,也有能力根据个性与爱好而选择自己的生活,但同时道德也失去了昔日的辉煌,舆论失去了过去的力量。舆论力量的减弱,导致了耻辱感对人的约束力变小。有些人既不用舆论来制止不良行为,也不受舆论的制约而限制自我的不良行为。例如:随地吐痰,公共场合高声喧哗,不讲公共卫生,不遵守乡规民约,只考虑自己的兴趣而不顾及他人的情感,只顾自己的方便,不管给他人造成的麻烦,为了个人的利益不惜损害他人与集体的利益等等。

"知耻而后勇",耻辱感既是道德的底线,也需要道德来培养。道德的起点在于修身,目的在于实践,失去了实践基础的道德就是缺乏公信力的道德。与日本式的道德相比较,靠"启发良知"来获得的孝与仁并不重视对规则的建立与遵守,更多的还是在依靠内心的自觉。在中国道德的天平上,动机比结果更为重要。但在日益复杂的社会生活中,传统道德中的价值体系因为社会关系与人际关系的变化渐渐出现了一些空缺,最明显的就是缺乏职业道德的标准与具体而细致的执行规则,变通往往成为一种无奈的选择。"名裂"并不必然导致"身败"的现实又使舆论失去了原有的力度,传统道德陷入一种尴尬。个人利益的合法化、依法治国政策的实行、个体独立精神的强大,使得人们不再关心他人的隐私。保证自己的隐私不被他人所知成为"隐私权",社会分工又日益精细化,关心他人也就不再是"人道亲亲"基础上的传统的仁,很多内容已被虚化。旧式大家庭的解体、独生子女政策的实行、单元式住宅的建立使孝的责任难以在更大范围内扩展。

然而,以"人道亲亲"为基础的道德毕竟在中国具有三千年的历史,在很大程度上已经转化为一种生活方式与思维方式,虽然现在力量有所减弱,但它并不会彻底消失。作为中华民族精神的核心与支柱的道德从来就没有消失过。实际上,实践基础的减弱反而在刺激着当代中国人,反而使当代中国人对道德给予了更为巨大的期望。

2008年5月12日的汶川大地震给了人们一个机会,温家宝总理在第一时间出现在地震现场更是让老百姓感受到了国家对民生的关注。抗震救灾因此而以一种格外的力量成为爱国主义精神、集体主义精神、道德主义精神、理想主义精神的展现方式。中国人表现出的超乎寻常的道德精神与爱国激情,不仅鼓舞着中国,也震惊了世界。在抗震救灾中不仅道德彰显了自己的力量,耻辱感也同样发挥着极为重要的作用——凡是"不知羞耻"的人和事都受到了极为严厉的批判与指责。道德在中国依然拥有至深、至厚的力量,每当国家出现危难的时候它依然具有极为巨大的号召力。只是随着时代的变化,它的表现形式也有了一定的变化而已。

道德并不是万能的,传统的道德也只有在传统中才能最为充分地体现它的力量。从近代开始,中国的社会结构与外部环境发生了巨大的变化,在经历了鸦片战争、太平天国起义、义和团运动、八国联军进北京、甲午战争、辛亥革命、五四运动、军阀混战、抗日战争、解放战争、三大改造、大跃进、反右倾、文化大革命、改革开放之后,在经历了皇权的灭亡、宗族的消失、家族的解体、半封建半殖民地社会形态的转化、全民所有制、市场经济、城乡二元经济、城市化建设之后,中国人的价值观念、思想观念、人生方式都发生了巨大的变化。没有一个国家在一百多年中经历过如此巨大的动荡与变革。传统的道德虽然也在发生变化,但与社会的变化相比,还是显得过于缓慢、过于微小。这也从反面证实了中国传统道德的巨大力量与顽强生命力。从本质上说,现在的中国并不是道德出了问题,而是人们对道德的认识、对道德的期望出了问题。人们总是渴望着道德,尤其是传统的道德来解决它不能解决的问题,期望着道德来完成它不能完成的任务。在市场经济的时代,在以法治国的时代,道德的力量,尤其是传统道德的力量是有限的。把国家的富强、民族的昌盛、单位的兴旺完全寄托在国民、百姓、职工的道德上并不是万全之策,只有以德治国、以法治国同时并行才能解决问题。在现代社会必须明确区分善恶与是非、善恶与对错的不同,道德、法律、制度、规则必须各司其职。例如在汶川大地震中,有些人为了抗震救灾,不请假或不顾领导的反对而扔下手中的工作,跑到灾区去救灾。以道德标准来判断,这是心忧苍生,是善;以是非标准来判断,这是违背岗位职责,也就是违背职业道德,是错。但是因为传统道德的影响,很多人还是对这种行为给予了积极的支持与评价,甚至指责不支持这种行为的领导,但这种行为显然不符合现代工业化社会对职业的要求。

中国古代的道德与政治的联姻曾使道德具有了无上的权威,道德也因此而超越了自己的职责,成为全能的审判者。但在今天则因其过于笼统而崇高,过于宽泛而模糊。动机高于规则,也就只能与社会拉开距离,成为一种过去的辉煌。这也是传统的道德为什么在今天的日常生活与社会交往中难以显示出曾经拥有过的力量,但在民族危难之时却具有无以取代的作用的原因之一。

道德的目的在于净化社会、和谐人际关系,但是道德要实现这一目的又必须具有奖励良善、惩罚罪恶的有效手段。在道德与政治联姻的时代,道德审判就是政治审判、法律审判,但在道德与政治的联姻解体之后,道德审判则变得苍白无力,"名裂"并不必然带来"身败"。传统的道德只有与法律、制度相匹配,也就是与今天的生活方式相一致,才能再次彰显自己的力量。目前最为重要,也是最为迫切的应该是职业道德的建设。

首先是因为工业化社会的精细分工使劳动者走向了专门化，个体对社会、对行业的依赖日益加深。在市场经济的社会结构中，这种依赖主要以经济的原理来运行。这就是要通过合理的手段来达到合理的目的，职业道德正是实现这一"合理目的"的保证。

　　其次，在职业道德中每个人面对的都是岗位的职责而不是具体的个人，这里没有此亦一是非，彼亦一是非的问题。只有职业道德最容易建立，也最为迫切，不仅是因为拿工资，也是因为有制度。职业道德的核心就是通过个人修养，自觉地遵守岗位职责。不讲职业道德，完全可以通过规章制度来进行制裁与惩罚。只有使不讲道德的人受到惩罚，舆论才会具有力量。

　　第三，职业道德可以更有效地服务于社会，服务于职业分工的原则，服务于总体的国家利益。例如汶川大地震中的抗震救灾，这是一个有组织、有领导的国家行为，任何人都应该无条件地服从国家的要求与安排，才能使抗震救灾获得最大的成功。保证这种成功本身就是道德精神的体现，为灾区作贡献，何处不勉焉？

　　在道德的重建中还应该充分关注普通百姓的生活质量问题，也就是中央提出的民生问题。在物质生活已经得到基本保障的今天，提高生活的质量，过一种有品位、有修养、有人格的生活已经成为一种趋势，道德应该为此而尽到自己的力量。品位是美，修养是善，人格是真，道德应该把人引向真善美。真就是不虚假。《说文解字》："德，从直心。"心直就是真。善就是关爱他人、关爱生命、关爱社会、关爱大自然。美就是自由，就是真与善。这种自由是符合社会规范的自由，是有尊严的自由，是建立在真与善之上的心灵的开放、心灵的舒张。

　　日本是一个典型的耻辱型的国家，日本人最惧怕的就是耻辱。

不仅仅是因为耻辱意味着自己名声的丧失，更是因为一个人一旦被认为是一个不知耻的人，这个人就会遭到来自各个方面的打击，程度之强烈足以使一个人自杀。

耻辱感在日本的基本作用有二：第一，每一个人都不能做社会规则所不允许的事。在这一点上日本人可以说具有极为强烈的自卑感，因为如果自己做出了不符合规则要求的事，任何人都可以谴责他，而他只能承受这种被谴责的耻辱。这种约束机制有效地保证了日本社会的清洁，人们看到的日本文明就源于此。第二，每一个人都作为社会规则的维护者与监督者，对任何一个违背社会规则的人都具有谴责的权力与责任。这又使日本人具有极为强烈的自尊感。正是这种双重作用构成了日本人独特的人际关系。这种人际关系又被称为"间柄"，就是自我与他人之间的相互影响、相互"规定"。这是一种"自他意识的渗透"。即使是与自己毫无关系的人，只要两个以上的人同时出现在某一个地方，哪怕是在马路上的行走，人与人之间就会存在互相影响。每个人都会注意自己与对方的言行，双方都不能做出不合时宜的事情，因为双方都在互相"规定"对方。双方都同时拥有批评指责对方的权力与被对方批评指责的恐惧。在集团内部，这种批评与指责、担忧与恐惧更为强烈。

如果一个人不能完成自己的责任就会蒙受耻辱，就会被集团所蔑视，甚至被凌辱。但只有在集团内部人们才对这种人进行直接的惩罚，在成人的世界中人们也只惩罚自己圈子中的人。对圈子之外的人只是进行指责与批评，被指责与批评的人将会在自己的圈子中受到惩罚。这种惩罚就是为了维护集团的名誉与利益，人人都必须保证对自己所属集团的忠诚。不能接受这种惩罚或不能维护集团的名誉与利益的人都会被集团抛弃。惧怕被抛弃的心理是自童年期就建立起来的。"在一生中他惧怕被伙伴抛弃甚于惧怕暴力。他对嘲笑与抛弃的威胁极为敏感,甚至当他仅仅在自己心中想象出这种威胁时也是如此。因为在日本社会中几乎没有私生活的秘密,所以'世人'实际上知晓他所做的每一件事,如果'世人'不赞成的话,就能够抛弃他,这决不是一种臆想。"③

很多中国人认为日本人的自杀是为了维护自己的尊严,这种说法并不是完全没有道理,但更重要的还是因为日本人对耻辱的恐惧。对耻辱的恐惧使日本人对自己的责任与义务格外关注,耻辱成为比死亡更为可怕的魔鬼。为了恢复自己的清白与名誉,日本人在耻辱面前不惜自杀,以谢天下,自杀能使一个弱者变为一个敢于维护自身尊严的强者。尊重强者、蔑视甚至凌辱弱者是日本文化中一个非常突出的现象。武士道正是在这个基础上生长起来的最具日本特色的"日本之花"。对等级的服从、对集团的忠诚,以及成为一个强者的渴望与沦为一个弱者的恐惧成就了日本,正是这种精神使日本成为一个拥有极大能量的国家。

耻辱感取代了罪恶感,不仅非常成功地维护、保证了社会的稳定,而且对净化社会环境起到了非常巨大的作用。有了耻辱就必须洗刷,自杀就是一种有效的方式。"现代日本人对自己采取的最极端的形式就是自杀。根据他们的信条,自杀若以适当的方法进行,就能洗刷自己的污名,恢复名誉……自杀是一种有着明确目的的高尚行为。在某种场合,为了履行对名誉的'义理',自杀是应采取的最高尚的行动方针。元旦那天无力还债的人、因不幸事件引咎自杀的官吏、以双双自杀来了结无望恋爱的恋人和抗议政府推迟对华战争的忧国志士都同考试不及格的少年以及不愿做俘虏的士兵一样,把最后的暴力使向自己。"④

耻辱感既然如此重要,保证耻辱的打击力度就成为必然。"在和平时期(明治时期——引者注),四个男青年中有一个应征入伍,而二年兵对头年兵的戏弄比中学和更高层次的学校里对低年级学生的戏弄有过之而无不及。这与军官无关,下士官除例外情况也与此无关。日本规约的第一条是,任何求助于军官的行为都会使自己失去面子。这只在士兵之间解决。军官将此作为'锻炼'部队的一个方法予以认可,但他们自己并不卷进去。二年兵把他们在一年前所积聚的怨愤转泄到头年兵身上,并别出心裁地想出种种方法来羞辱头年兵,以显示自己的饱经'锻炼'。当兵的在受过军队教育离队时,常常被说成是换了一个人,变成一个'真正极端的国家主义者',但这种改变并不全是因为他们被教以极权主义的国家理论,当然也是因为灌输了对天皇的'忠',被迫作出屈辱表演的体验是更为重要的原因。在家庭生活中受过日本方式教养、自尊心极强的年轻人,在这种情况下很容易变得兽性十足。他们对别人的嘲弄不堪忍受,被他们解释为摈弃的这些事情可能会把他们自己也变成虐待狂。近代日本中学和学校里的这种风气当然来自日本古老的有关嘲弄和侮辱的习惯。日本人对此的反映并不是由中学、更高层次的学校和军队所造成的。显而易见,对名誉的'义理'的传统规约,使戏弄下级的传统习惯在日本比在美国引起更强烈的怨恨。每一个被戏弄的集团不久就会按顺序地对下一批受害者加以虐待,但这并不妨碍被戏弄的少年一心想报复实际折磨自己的人。"⑤二战之前的日本军队的这种传统的根本目的是要强迫新兵无条件地服从老兵,也就是服从先辈,所以才有"军官将此作为'锻炼'部队的一个方法予以认可",只有经过这种精神的"洗炼",在战场上才会毫不犹豫地服从命令。这种屈辱之中所受到的压抑在战场上又会转化为一股极端残忍的厮杀精神,成为一种战斗力,他们不能投降与"变节",也不敢投降与"变节"。

既然"这种风气当然来自日本古老的有关嘲弄和侮辱的习惯",类似的现象也就普遍存在。在日本的各级学校中,学生们结成一个一个的小团体来欺负某些被认为"不行"或"无亲"(没有朋友)的同学是非常普遍的现象。"在日本人的回忆中,往往大谈特谈的不是竞争,而是中学高年级学生虐待低年级学生的习惯。中学高年级学生随意差遣低年级学生,并以各种方式戏弄他们。他们叫低年级学生做愚蠢屈辱的表演。遭到这种虐待的低年级学生十有八九怀有巨大的愤恨,因为日本的少年并不是以开玩笑的态度看待这种事情的。一个被迫拜伏在高年级学生面前或被迫干一些下贱差使的低年级学生会憎恨虐待他的人,并会图谋报复。由于不能当场报复,他们更加热衷于报复。"⑥

　　因为中学生正是处于情绪极不稳定、思想又极不成熟的时期,做事不顾后果,使得这一年龄段的孩子易于冲动、做出格的事。但这绝不仅仅是年轻人不成熟的问题,而是日本人的价值观中对弱者的蔑视与凌辱的结果。实际上在日本的成人社会中也普遍地存在着类似的现象,只不过不像中学生那样直露而已。各级学校中存在的这种欺负弱者或被孤立者的现象一般都会避开教师,教师也都"看不见"。因为从本质上来说这才是最有效的迫使弱者自强的办法。"知耻而后勇"这句话在日本获得了最为日本式的体现。至于高年级的学生训斥低年级的学生就更没有人管了,教师甚至还以欣赏的态度来旁观。这种方式确实使日本人从小就人人自危,人人自强,而且也学会了服从先辈。如果有人不服从,就会招来更为强大的欺负与屈辱。只能服从,只有等到自己有了资格才能去支使、训斥其他人。

　　在 2006 年 11 月,日本的新闻中连续报道了好几个中小学生自杀的消息。自杀的原因非常一致,都是因为不堪忍受同学或老师的"欺负"。这些学生都很小,才十几岁。他们也都是走读生,也就是每天都回家的学生。有些学生也和自己的父母进行过沟通,但他们在遗书上都说是不堪欺负。这是一个不被社会——同学——"接受"的典型事例。中国的中小学中也存在着同学之间各种各样的"欺负",但因此而自杀者却从未听到过。偶尔听到的自杀者都是大学生或研究生,这些学生大都没有任何社会经验,从小就是一心读书,进入大学之后对一些问题与现象看不惯,或找不到理想的爱情,愤而自杀。更多的是因为不能"接受"这个社会,而不是不被社会接受,人数也非常少。2006年11月27日日本版《新民晚报》中的《武士道精神误导日本孩子》一文披露:"一项针对日本8所小学、23所初中、5所高中的1.3万名学生进行的调查显示,大部分人认为欺负人不是坏事,因为武士道精神要求人人自强,被欺负的人才有问题。"这种思想明显地是受到了成人社会的影响。

企业中的这类现象则表现为强者对弱者的嘲笑、挖苦与训斥,在一定的环境中同样会伴有打骂凌辱。如果一个人在同事中很"厉害",别人都怕他,他就是最合适的提拔对象,"只有让人畏惧的人才能当领导"。中国式的"人缘好"、"有群众基础",在日本绝对当不了"官"。企业的各级领导对先辈管教后辈是"看不见"的。这是企业的利益之所在,只有人人都无条件地服从上司,服从先辈,企业才有强大的生命力。即使是到了现在,日本企业中的等级秩序也不亚于任何一个国家的军队。

在各种单位,尤其是企业中,同事之间是很少互相帮助的。这首先是因为在一般情况下没有人愿意接受别人的帮助。因为一个需要别人帮助的人就是一个不能完成自己任务的弱者,是一个拖集团后腿的人,是一个只配蒙受耻辱的人,他应该承受的不是帮助而是打击,而接受帮助就是承认自己的失败。当然,如果是一个新手,领导会委派指导者来教会他工作,但这个指导者又正是一个真正意义上的指手画脚者,他不会帮助新手干任何工作,只是告诉他应该怎么干,只有在做示范时才会动手。其次则是人们也不愿意帮助一个弱者,只有通过有力的打击才能使弱者尽快成长起来,成为一个合格的职工,否则他就应该离开这个集团或者继续承受耻辱,以此来告诫那些不努力或无能力的人。

在企业中压力最大的并不是普通的职工,而是基层的领导者。他们是具体工作的直接负责人,如果工作干得不好,或者没有达到预定的指标,他就会受到来自各方面的批评。即使没有批评,他也会怀有巨大的压力。面对种种压力,他们的心理负担非常沉重,在无法自拔时,就会以自杀的形式来"谢罪"。

日本人的危机意识非常强烈,国土狭小、人口众多、资源贫乏等等都构成了这个国家强烈的竞争意识。日本政府要求国民,所有的产品与技术都要能成为世界第一。要么成为世界强国,要么沦为世界弱国,日本的自然环境使它不可能成为一个中间状态的国家。但这种竞争是由集团以整体的形式对外进行的,而不是职工个人之间的竞争,个人之间的竞争实际上不被提倡。这有效地避免了企业内部的职工因为竞争带来的负面影响,每个人都专注于自己的工作,并不想去打破已经存在的平衡。

实际上日本就是一个"标准化"的国家,每个人都必须完成社会与"职场"的责任,达到公认的标准。既不出头,也不落后,完成任务,享受生活,是日本人的基本人生模式。一般的日本人都非常厌恶竞争,因为竞争的必然结果就是有人胜利,有人失败。每个人都不可能永远胜利,而失败者又无地自容。《菊花与刀》在谈到日本人面对竞争时往往会失去自信:"但对于青年与成年人来说,一有竞争,工作效率就大大地下降。独自工作时曾经取得良好进步、错误减少、速度提高的一些被测试者，一旦来了一位竞争对手，就开始出差错，速度也大为降低。当他们以自己所创造的成绩来测定自己的进步时，他们干得最好，而不是以别人为标准来测定时干得最好。进行这种实验的日本学者正确地分析了竞争状态下成绩变坏的原因。他们认为，当测试项目变成竞争性的项目时，被测试者主要关心的是他们可能遭受失败的危险，因此工作受了影响。他们感到竞争是那么激烈，犹如一场侵略性的进攻，因此他们将注意力转向自己与攻击者的关系上，而不是集中注意于手头的工作。"⑦这里所谈到的不过是一种心理测试，并不是真正的竞争，仅仅是一个测试对日本人就造成了如此巨大的心理影响，在现实生活中的实际竞争造成的影响更可想而知。

青少年也如此。"日本教师得到的指示是要教会学生改善自己的成绩，而不是给他与其他儿童相比的机会……成绩报告单所反映的小学儿童的名次是根据操行评定，而不是根据成绩评定的。当真正的竞争无法避免时，例如在中学的入学考试中，孩子的紧张状况是非常厉害的，任何一位教师都能讲出他所认识的少年在得知不及格的消息后自杀的故事。"⑧

日本人不愿意在集团内部展开竞争不仅仅是因为害怕失败，在一定意义上也害怕成功。因为在竞争中失败者无地自容，甚至走向自杀，在极度关注他人评价的日本人看来，迫使失败者走向自杀的罪魁祸首正是成功者，成功者因此而会怀有负罪感。虽然日本人的负罪意识并不强烈，但使他人走向失败、走向耻辱，同样会使自身感到沉重的压力。因为这一切取决于他人的评价。简言之，日本人既不愿意冒尖，也害怕落后，成为一个和大家一样的人是日本人最为普遍的人生理想。日本因此也付出了沉重的代价：日本虽然技术很发达，但至今没有创造出对世界产生重大影响的成果。

为了避免有可能出现的"耻辱"——被他人议论,日本的成年人,尤其是白领阶层从不冒风险去做标新立异的事情。夏天再热,长袖衬衣的袖口也是整整齐齐、干干净净、扣着扣子的。怕热就穿短袖衬衣,穿一件挽起了袖口的衬衫对日本人来说不伦不类,所以在日本要见到一个把长袖衬衫的袖口挽起来的成年男人是非常困难的。近几年因为夏天太热,各公司的空调用电太多,2006年日本政府专门下了一个通知,为了降低电力的消耗,要求各单位把空调的温度调高2度,并特别指出各单位的工作人员从6月1日开始可以在上班的时候摘下领带。这真是一个大解放,但在此前谁也不敢为天下先,只好由政府出面来给个台阶。2006年空调的温度调高了,因为这是规则,但摘下领带的人并不多,因为这是变革。到了2007年夏天摘领带的人才渐渐多了起来。这不仅在中国不可思议,恐怕在世界各国都是匪夷所思的事情,可是在日本就是谁也不敢,或者是不愿开这个头。

中国在今天仍然把评选先进、表彰先进、号召大家向先进学习作为引导职工努力工作的重要手段。日本并不在内部树立标兵或楷模,因为这会使其他人感到"耻辱",虽然日本非常善于使用"耻辱"的压力来促进职工的努力,但如果使用过多负面影响也很大,更主要的还是通过耻辱的"逼迫"来实现对职工的督促。打个比方,中国人鼓励大家努力的办法是在前面放上一堆荣誉或金钱,放上几个成功者,号召大家向他们学习,因为中国传统中就有"人皆可以为尧舜"的教导。向成功者、受尊敬者学习,成为像他们一样的人,也是大多数中国人的理想。但因为成功者毕竟有限,所以真正努力的人并不很多。日本则是在众人之后放开几条狼,让它们吃掉落在后面的人。因为被吃掉的恐惧人人皆有,关键不在于是否努力了,而在于一定不要比别人跑得慢,否则就是弱者,就会被吃掉。这可以说是典型的"末位淘汰制",努力者达到100%。被吃掉的恐惧远远大于金钱与荣誉的诱惑,所以日本人的拼命精神远远高于中国人。更重要的是这种惩治并不是行政手段而是文化传统,所以企业与上司并不会因为职工的自杀而承担任何责任。这是其他国家无法学习的。

注释:

①②③④⑤⑥⑦⑧鲁思·本尼迪特克:《菊花与刀》,九州出版社,2005年1月版,第159、160、203、123、196、195、116、116页。

儒学与武士道

儒家思想在中国更本质地是一种道德思想,对内是修养品行与人格,对外是孝、慈、友、悌、善,是仁、义、礼、智、信,追求的是人际间的和谐与社会的稳定。中庸、和谐、仁义、礼乐、等级、平均等等都是核心内容。这一切都要发自于内心才能成为儒家认可的品行,才能成为有道德的人。修身、齐家、治国、平天下成为志士仁人的基本道路。在儒家的思想中不需要,也没有关于经济生产与科学技术的内容,古代的圣贤们给百姓描绘出的也只是一个稳定、和谐的大同世界的模式,所以才能以"半部《论语》治天下"。以仁义为本,以天下为重,以苍生为使命,这才是儒家的政治观,而不是以暴力平定天下。

宗法制的国家只能是人治的国家,而人治的国家中,官吏的道德必然会成为最为重要的因素。中国的道德要求人的自我完善,只有把外在的道德要求内化为个人的自觉与欲望,才能"从心所欲不逾矩"(《论语·为政》),才能真正担负起以天下为己任的重任。从东汉开始,儒学就渐渐成为一种"心学"——关于品德与修养的学问,到了王阳明,更是如此。对道德的追求要求人们摆脱物质对人的束缚,要求具有独立的精神与品格,道德的崇高需要俭朴的生活来证明、来保持。"君子固穷"(《论语·卫灵公》),"不义而富且贵,与我如浮云"(《论语·述而》),"富贵不能淫,贫贱不能移,威武不能屈"(《孟子·滕文公下》)。

道德的生活与世俗的财富对立起来,勤勉的劳动与奇技淫巧对立起来,圣贤之道与科学技术对立起来。四大发明为人类的进步起到了极为重大的作用,但在它们的故乡却没有得到应有的重视。科举制度本是人类历史上最为优秀的选拔人才的制度,最终却演化为书写八股文章。在日本,儒家学说则始终是一种功利的学问,是指导社会与人生的学问。日语中有"读《论语》却不懂《论语》"的成语,指的就是那种只知道理论而不知道或不善于行动的人。

中国自汉武帝时代开始,文官政府逐渐形成,在此后的历史中,除了战乱与动荡时期,文官政府始终是政府组织的主要形式,儒家思想始终是社会的主导思想,知识分子(儒生)也始终是政府官员中的主要力量。知识分子治国依靠的是儒家的经典与祖宗之法,依靠的是理论、道理与原则。这就是"有理走遍天下,无理寸步难行"。中国是一个历史悠久的国家,文化典籍极为丰厚,非皓首无以穷经。虽然知识分子也有"书剑飘零"之说,但真正善于刀剑的人非常少。剑,对知识分子而言,更多的是"威武不能屈"的象征,而不是以杀人取胜。治国靠的是书生,保国靠的是武士。"文死谏,武死战",文官治国出谋划策,武将保国血战沙场,原本就是两类不同的人。在一定意义上说,文武之道正是对立的两极,所以说"秀才遇上兵,有理说不清"。

日本对各种学说的接受则完全是唯我所用。自称为儒教国家的日本对孔孟的言论只取对己有用者，如等级制度、家族制度、男尊女卑制度、早期的复仇制度、忠孝思想、人生智慧等等，而对于儒家思想中的其他方面则闭口不谈。日本古代的政府一直就是军人政府，等级森严、特权鲜明。在江户时代，百姓被分为士（武士）、农、工、商四个等级，不入流的被称为贱民。武士享有很多特权，甚至有权对庶民动刀。"家康（德川家康，江户时代德川幕府的开创者——引者注）的法令规定：'对武士有无礼行为或对其上司不表敬意之庶民得就地斩首。'"[①]有些武士在获得自己心爱的刀之后，甚至会去寻找一个贱民来试刀。

　　武士不仅仅是习武，还要读书，实际上是日本古代知识分子的主要群体。武士读书首先是为了提高智慧与文化修养，没有一定的智慧与文化修养不能成为真正的武士。武士因此成为了文化人。其次是为了获得一定的管理能力。因为武士是贵族政权的保卫者与管理者，实际上幕府时代的下层官吏皆由武士担任。武士靠刀剑说话，重视行动、轻视理论是武士的天性，他们并不真正关注理论与说教，所以武士读书也是重在行动。

　　在江户时代，德川幕府规定武士不能参加生产劳动，只能拿俸禄，雇佣他们的人就是领主与幕府。既然是被雇佣者，当然要对雇主尽忠，儒家思想中的等级思想与忠君爱国思想也就被提到了空前的高度。儒学被称为儒教，朱熹也因为强调忠君爱国思想而被提升为继孔子之后最大的儒家学派领袖。山崎闇斋（1618—1682）格外推崇、强调朱熹的理学主张，并在"儒神习合"的基础上创建了垂加神道。认为遵从天理的儒学与崇敬神灵的神道具有本质的一致，宣扬忠君爱国，绝对服从。山崎闇斋强调的忠君爱国与绝对服从的思想在武士阶层产生了非常巨大的影响，成为武士道的思想基础。忠诚成为武士价值观念的核心，儒家思想也因此而成为武士道的精神支柱之一，这大概也是孔老夫子始料未及的。王阳明哲学中的"致良知"、"知行合一"，以及"存天理，去人欲"的思想，则使日本武士掌握了排除杂念的思想武器，通过对"心"的修炼来达到"无我"的境界，成为一个不受各种欲望干扰的人，成为一个自由行动的人。武士的精神体现为尽自己的责任，完成自己的本分，为了主人的利益与自己的尊严，不惜牺牲自己的生命。

明治维新是由中下层武士推动的政治改革运动，武士的精神与价值观被带进了明治政府。这种精神在明治时代被神圣化，明治政府为在明治维新中献身的武士设立了专门的神社，这就是后来的靖国神社。甚至为一些著名的将领建立专门的神社，如乃木神社就是为在日俄战争中建立"丰功伟绩"的乃木将军建立的。

在古代，日本武士的精神与价值观并没有形成一种理论，也没有专门的文字记载，它们不过是武士行动中的一些约定俗成的原则而已。自从1900年日本人新渡户稻造写出了《武士道》之后，这些原则才有了正式的文字表述，武士道的名称才正式出现。因为新渡户稻造写《武士道》的时候已经是明治维新之后的几十年了，而明治维新废除了武士阶层，所以这本书中具有一种很强的为武士道唱挽歌的情感，在文字中也就充满了对武士道的歌颂与对武士道式微的哀伤。可以说这本书写出了武士道的基本精神，但过于简单，过于片面，也过于理想化。又因为这是一本个人的著述，个人的情感与理解决定了此书的基本内容。本尼迪特克认为"这是评论家的创造"[②]。但这本书确实又对日本人的心理与精神具有很深的影响，尤其是在二战中对日本军人产生了重大影响。

新渡户稻造在谈到武士道的渊源时说："佛教给予了武士道冷静地听凭命运安排的意识，对于不可避免的事情要平静地服从；面临危险和灾祸的时候要像禁欲主义者那样沉着;要有'卑生而亲死'的心境。"③"神道是一个包容了国民本能和民族情感的框架,它彻头彻尾地给武士道灌输了忠君爱国的精神。爱国和忠义是日本民族感情生活当中压倒一切的特点……至于严格意义上的道德教义,孔子的教诲是武士道最丰富的源泉"④"神道的简单教义所表达出来的日本人的心态,似乎特别适合接受王阳明的学说。"⑤可以看出所谓武士道的渊源,实际上就是日本文化中久已存在的基本精神。

《武士道》中所谈到的武士道的特征:义、勇、仁、礼、诚、名誉、忠义、克己,都源于中国的孔孟之道,同样也是日本社会中普遍存在的价值观念。但在这些相同的文字中却包含着很多与中国不同的理解,有必要做一特别的说明。在中国的儒家精神中仁是一个非常崇高的概念,所谓"仁者"是指那种胸怀天下、心忧苍生的人,是自觉地承担天下苦难与人类苦难的人,是怀有释迦精神与基督精神的人。如孔子、司马迁、杜甫、范仲淹等人。仁是最高的原则,制度与等级都必须服从于仁,一个不能行仁政的君王就是一个必须被赶下台的君王。武士道中所说的仁则是手握有生杀大权还能心怀恻隐。《武士道》中说:"就武士而言,仁爱并非盲目的冲动,而是适当考虑到了正义的仁爱。这种仁爱也不仅仅是某种心理状态,在其背后潜藏着生杀予夺的权力。武士的爱可以被称为'有效的爱',因为它包含着给对手以利益或损害的行动力……根据当时(古代——引者注)的作战规矩,除非被按倒的是身份高贵的人,或者被按倒者在力量上不次于按压者,否则他就不应该流血。"⑥手握生杀大权而"适当考虑到了正义"的"有效的爱"便是武士的仁。

在日本古代的战场上,杀死高贵者与力量相当者是对对手的尊重,不能因为怜悯而使他蒙受耻辱。而放走弱者则是对武士群体的保护,不能使所有参战者都牺牲,这是武士能够生存下去的基本保证。这与一般的蔑视弱者并不相同,因为武士中的弱者并不是普通意义上的怯懦,而是战争中的新手,是有待于成长的武士。从本质上说,日本缺乏中国的仁的观念,或者如本尼迪特克所说:"'仁'被彻底地排斥于日本人的伦理体系之外。"⑦

"名誉"则相当于中国人所说的"名声"。在中国,名声的好坏主要源于道德的评价,而日本人对于名声的理解则要宽泛得多,也敏感得多。"对清白名声的任何侵犯都会被理所当然地视为耻辱……在日本,人们对耻辱的恐惧极为巨大。这种恐惧像达摩克利斯之剑一样悬在每个武士的头顶,甚至每每带有病态。因为一些极其琐碎的、甚至只是想象上的侮辱,性情暴躁的自大狂便会勃然大怒,立即诉诸佩刀,从而挑起许多不必要的争斗,断送许多无辜的生命。据说,某个商人好心地提醒一个武士他后背上有只跳蚤,立刻就被砍成两半。"⑧

《武士道》中占据篇幅最多的一节是自杀与复仇。日本人似乎特别喜爱自杀的题材,在关于古代武士的电影与电视剧中经常能看到武士自杀的镜头,而且这种自杀都被演绎为一种壮丽。《武士道》中说:"在日本国民的心中,剖腹而死的方式是最高尚的行为和最动人的哀情。日本人的切腹观不伴随任何厌恶,更不会带有丝毫嘲笑。当德行具有伟大、安详、令人惊叹的转化力,它便使最丑恶的死亡形式具有了崇高性,并且使之变成了新生命的象征。"⑨"在日本,切腹并不单纯是一种自杀的手段,它是礼法上和法律上的制度。作为中世纪的发明,它是武士用以抵罪、悔过、免耻、赎友,或者证明自己忠诚的方法。这是一种经过洗炼的自杀,没有感情上的极端冷静和态度上的极端沉着,是无法实行的。因此它特别适合于武士。"⑩"既然切腹被当作一件光荣的事情,对它的滥用也就不可避免。为了一些完全不符合道理的事情，或是一些根本不值得舍弃生命的理由，某些头脑发热的青年就会像飞蛾扑火般盲目地去送死。"⑪自杀本来无所谓形式。在中国，屈原自沉汨罗，项羽自刎乌江，狼牙山五壮士跳下棋盘陀……他们受人尊敬是因为他们具有一种非常崇高的目的，如何自杀并不重要，那只是形式，重要的是精神，是本质。日本武士则将自杀形式化，而且特别选定了一种非常困难的剖腹形式，因为这是常人无法做到的，所以只有通过常人无法完成的形式才能获得独特的尊严。自杀成为对荣誉与尊严的最高追求，成为对耻辱与罪过的最后洗刷。即使在今天，日本的自杀率仍然很高，不能不说是这种观念的影响。

复仇是一个古老的话题，在中国早期的儒家思想中更主要地是为了亲族而复仇，在日本更主要地则是为了主人而复仇。《武士道》说："'以眼还眼，以牙还牙'，复仇的逻辑是简单而幼稚的。尽管如此，这里面却表现了人类与生俱来追求平等的正义感和准确的公平感。基于常识，武士道将复仇制度作为一种伦理法庭，从而使那些未能或不能按照普通法律审判的事件可以在这里做出裁决。一位主君被判为死罪，他没有可供上诉的上级法院，因此忠义的家臣们便诉诸当时唯一的法院——复仇。不过，只有为长上和恩人复仇才是正当的。对于施加给自己或是自己妻子的伤害，则应当忍受并予以宽恕。"⑫武士是等级制度最典型的文化承载者，其复仇之对象也就很自然地体现在"为长上和恩人复仇"。小泉八云说："既然日本的军人势力渐渐发达了，所以中国的复仇惯例就普及于各处；它在后来更受到法律与风俗的保护。家康（德川家康——引者注）自己也赞成这个——不过，在要想复仇之前，应该呈文给地方刑事法庭，说明自己的意志。他对于这事的言论是有趣的：'君父之仇，不共戴天，圣贤（孔子）亦以为非报不可。有此欲报之仇者,应先呈文刑事法庭;虽然于所许之一定时期内,可以报仇而无阻,但不能以扰乱治安之手段行之。未经呈文擅自报仇者,乃系欺诈之豺狼:或惩或宥,视其举动之情形以为定夺。"⑬

这些传统完全来自中国。《周礼·秋官》:"凡报仇者,书于士,杀之无罪。"这正是德川家康上述言论的出处。《礼记·曲礼上》:"父之仇,弗与共戴天;兄弟之仇,不反兵;交游之仇,不同国。"《礼记·檀弓上》:"子夏问孔子曰:'居父母之仇,如之何?'夫子曰:'寝苦枕干,不仕,弗与共天下也。遇诸市朝,不反兵而斗。'曰:'请问居昆弟之仇,如之何?'曰:'仕弗于共国。衔君命而使,虽遇之不斗。'曰:'居从父昆弟之仇,如之何?'曰:'不为魁。主人能则执兵陪其后。'"《左传·隐公十一年》:"君弑,臣不讨贼,非臣也;子不复仇,非子也。"可以说日本基本上是照搬了中国先秦时期的儒家复仇制度。中国是一个宗法制的国家,"杀父夺妻"为人生最大之仇恨与最大之耻辱,所以为家庭、家族复仇理所当然。而日本则是一个公私分明的等级制度的国家,所以为公——"长上和恩人"、"君父"——复仇理所当然,而为私——自己与妻子——复仇则难以得到充分的认同。随着社会的进步与制度的完善,中日两国在复仇上都渐趋平和。

在日本的传统中,女性并没有自己的主君,只服从于家庭,不涉及社会与政治。《武士道》说:"女子的自我否定就相当于男子的忠义。女子为了她的父亲、家庭以及家族而舍弃自己,就跟男子为主君和国家而舍弃自身一样,是欢欣且堂堂正正地去死的……在逐级奉献的阶梯上,女子为了男子而舍弃自己,男子由此得以为主君而舍弃自己,主君也由此得以顺从天命。"⑭这与中国古代对女性的要求也是一致的,但中国人并不要求女性舍弃生命,因为女性并不直接承担社会责任。

新渡户稻造对武士道的作用做出了夸大的表述。武士道实际上只是日本传统中的对等级的绝对服从、对集团与上级的绝对忠诚、对名誉的极端关注的表面化而已。因为这些特点在武士身上体现得最为鲜明，所以给人的印象是武士道就是日本的特征。

日本文化是追求强者的文化，强者并不是亡命之人。"强者属于那些无视个人幸福克尽义务的人。他们认为，性格的坚强显示于服从而不是反叛之中……当个人的欲望与义务的规约相冲突时，一个人如果重视前者，他便是个弱者。"⑮强者是服从责任与义务并为了集团而不惜做出最大牺牲的人。只有不努力或者无论如何努力都不能完成自己的责任与义务的人才会成为真正的弱者，这种弱者得不到同情。弱者自杀则是一种对蔑视的回应，是为了自己的名誉做出的最后选择。一个人一旦自杀了，他的名誉就得到了挽回。因为他证明了自己不是一个胆怯的人，不是一个不懂得耻辱的人。同时自杀也是为了给对手一个压力或打击。克里斯托弗说："'内疚'在日本人的私人关系中是一个潜在的杠杆，例如：日本人对自杀的看法要比西方人平淡。理由之一就是在他们的社会体系中，自杀是可以作为给他人造成犯罪感的最高形式。"⑯日本是一个极为重视社会评价的国度，逼死他人的人自然会受到舆论的谴责，尽管这种谴责远不及中国强烈。

忍在日本具有非常重要的意义，甚至可以说是日本人的人生第一技巧。因为每个人在不同的时期与不同的环境中，在一定意义上都是一个弱者，都会受到某种程度的"欺负"，所以每个人都有过内心的不平与怨气。而社会又不允许个人凭自己的冲动来行事，来破坏社会的规则与秩序，所以忍成为一个必需的过程。一般的"欺负"并不必然伴有"侮辱"的性质，只有明显地具有侮辱性质的欺负才是真正的欺负。对于这种欺负，日本人是不会忘记的。

每一个孩子从幼年期开始,父母都会告诫他必须成为一个强者,弱者只会受到欺凌,只会得到耻辱。日本人在遭受耻辱时具有比任何一个民族都更为强烈的伤痛感。但日本文化又要求人们服从现有秩序,不能破坏现有秩序,两者之间的矛盾完全要凭个人的努力与能力来处理。直接的冲突是不被允许的,所以首先要学会忍,这也是"忍者"文化产生的原因。

日本人在对《史记》的爱好中就有明显的表现:韩信所受的胯下之辱成为日本人最常用的人生教材,几乎每一个人都听过这个故事。这种是把内心的怨恨与反抗用表面的顺从掩盖起来,通过更加拼命的努力,在学习上,在体育项目上,在结交朋友上,在工作上,在社会关系上,在职务晋升上,总之在一切可以超过对方的领域中努力,以达到超过对方的目的。而在超过对方之后,自己在心理上就获得了彻底的胜利。

因为人是社会存在物,任何人都不能超越社会的规则而为所欲为,人必须忍让,必须宽容,必须限制自我。日本人对人的礼节、恭敬、谦让是世界有名的,但正是在这种忍让与谦让中潜藏着战胜对方、超过对方的精神动力。这两种相反的性格在日本人身上有机地融为一体,强烈的自卑激起的是强烈的自尊,强烈的自尊又以极度的自卑(谦恭)来表现。这可以说是日本人的两面性。

注释:

①②⑦⑮鲁思·本尼迪特克:《菊花与刀》,九州出版社,2005 年 1 月版,第 53、129、93、151 页。

③④⑤⑥⑧⑨⑩⑪⑫⑭新渡户稻造:《武士道》,见《丑陋的日本人:日本文化的明与暗》,山东画报出版社,2006 年 5 月版,第 165、166、167、171、177、182、183、184、185、188 页。

⑬小泉八云著、胡山源译:《日本与日本人》,九州出版社,2005 年 11 月

版,第 116 页。

⑯克里斯托弗:《日本精神》,见《丑陋的日本人:日本文化的明与暗》,山东画报出版社,2006 年 5 月版,第 101 页。

历　法

历法对人类的重要性不言而喻。现在中日两国都是公历与农历同时使用的,但在使用中却有明显的差异,其中也可以看出中国人与日本人在思维方式上的一些特点。

世界通行的历法,在中国被称为"阳历",因为它是根据地球围绕太阳的运行而制定的。又因为它是世界通行的,所以又被称为"公历"。与此相应,中国原有的历法被老百姓称之为"阴历",学者们则称之为"农历"或"阴阳历"。因为中国古代制定历法的依据并没有完全根据月球的运行,也在结合地球的公转。说它是阴历,是因为月份的确定是依据月球围绕地球的运行规则制定的,最明显的特征就是每个月的"十五"月亮总是最圆的。说它是阳历,是因为年份的确定是依据地球围绕太阳的公转制定的,24 节气就是代表,冬至发生的当月就是子月,然后丑月、寅月、卯月……依次顺沿。这正是阴(月亮)阳(太阳)之间的调和与变通的结果,所以叫阴阳历。又因为这种历法最主要的目的是指导农业生产,所以又称其为农历。对这种种称呼,中国人认为没有什么不对,名称不过是个符号,重要的是它要能指导农业生产与日常生活。

日本则不然,在采用公历之前日本使用的是中国的农历,自明治维新之后日本采用了公历。公历被称为新历(也有称为公历、西历的),农历被称为旧历,非常简单,也非常明了。因为日本的海洋性气候与工业化社会的特征,农历对日本人的影响远不如对中国人重要,再加上对规则的遵守,在新历法实行之后,日本人就都使用新历法了,但旧历法的影响并没有完全消失。

在日常生活与对外交往中,两国都采用公历,但也有明显的不同。第一个不同是对星期的称呼。中国人称为"星期"与"周",日本人只称为"週"。中国古人称日、月、火星、水星、木星、金星、土星为七曜,星期就是七曜轮换的一个周期,所以也称为周。《圣经》中说上帝用六天时间完成了对世界的创造,第七天休息,所以基督教徒也是七天一休息,并在这一天做礼拜。因此在中国,"星期"也有叫"礼拜"的,这是受西方传统的影响。在古代拉丁语中就以日、月、火星、水星、木星、金星、土星的顺序来计算周期。在阳历进入中国后,中国很自然地接受了"星期"的计算办法,也以七曜来计算星期。但在清朝末期因嫌其麻烦,变为今天所称的星期一、星期二、星期三……简单多了,完全是化繁为简的传统在起作用。但受中国影响的日本却非常坚决地采用着古老的传统,仍然以日曜日、月曜日、火曜日、水曜日、木曜日、金曜日、土曜日的方式计算着星期,因为这是七曜的一个周期,所以一直称其为"週"。

第二个不同是对传统节日的算法。中国人对于在公历的基础上产生的节日一律按公历计算,如新年、妇女节、劳动节、儿童节、建军节、教师节、护士节、国庆节等等。但对于传统的节日则仍然按农历计算,如春节、清明、端午、七夕、中秋、重阳等等。这是重视事物的本质的传统在起作用。除了仍然保留着24节气,十二生肖(年的干支计算法)之外,一般不再注明月、日的干支。对月的称呼也只是一月较为特殊,公历称为元月,农历称为正月。其他都是按自然数字排列,如二月、三月、四月等。至于以孟春、仲春、季春、孟夏、仲夏、季夏、孟秋、仲秋、季秋、孟冬、仲冬、季冬来称呼12个月的传统,也只有文人墨客在诗兴到来时才会使用。

日本人对传统的农历节日则一律改为公历计算，不论其来源是什么。如传统的按农历计算的正月初一的大年、正月七日的七草节、三月三日的女儿节、五月五日的端午节、七月七日的七夕节、九月九日的重阳节等，现在一律改为公历的日期了。甚至佛祖释迦牟尼的诞生日也由旧历的四月八日改为了新历的4月8日。但在日历中又标明农历的日子，并在农历的日期里注明"旧元日"（春节）、"旧七草"、"旧女儿节"、"旧端午节"、"旧重阳"等等，这样，一个传统的节日会在日历中出现两次。

具体过节又有了城乡差别，例如对日本人来说除了新年之外，最为重要的就是"盂兰盆节"，这是祭祖的节日。在都市中生活的人在新历7月15日祭祖，而在农村生活的人仍然在旧历的七月十五祭祖。因为每年新历的8月中旬各单位都有一周左右的假期，这时候也与旧历的七月十五日接近，所以很多公司在安排休假时会考虑这一因素，以使职工可以回到家乡去祭祖。另外在日本的日历中现在还保留着以鼠、牛、虎、兔、龙、蛇、马、羊、猴、鸡、狗、猪十二属相注明每一年、每一天的做法，同时也保留了24节气。对月份的称呼一般情况下与中国相同，正月、二月、三月……而在特定的日历中仍然保留着睦月、如月、弥生、卯月、皋月、水无月、文月、叶月、长月、神无月、霜月、师走的古老称呼。

根据中国的传统，以十二地支记录十二个月，冬至所在的月份为子月。夏历"建子为正"——以子月为正月，殷历"建丑为正"——以丑月为正月，周历"建寅为正"——以寅月为正月。汉代的太初历沿用周历"建寅为正"，此后相沿不改。日本也接受了这个传统，以寅月为正月，当然二月就是卯月，但这是农历的算法。现在则将公历4月称为卯月，实际上就是把元月称为子月了。这种把传统的旧历对具体月份的称呼对应到新历上的做法，与随意改变释迦牟尼的生日相同,确实有点不伦不类。

第三,对四季的计算不同。中国古代的历法对四季的划分是依据地球在围绕太阳运行的轨道上的位置来计算的。当然对于远古的中国人来说并不理解这一点,但对节气的划分的最基本的依据则是一年中白昼最短、夜晚最长的一天——冬至。中国历法不论怎么变,冬至作为历法的推算基础是没有变过的,冬至所在的这个月就是子月。"原始察终"是中国人思维的明显特征。

在24节气中最为重要的就是冬至、春分、夏至、秋分四个节气。冬至与夏至分别是白昼最短与最长的两个节气,是最容易观察与感觉到的两个节气,不管月球如何运行,这两天都是由地球在公转轨道上的位置决定的,所以是"阳历"最为重视的时间。中国古代是一个农业社会,夏至正是庄稼成熟的时候,不宜以此为一年的开始,所以在夏历中以冬至所在之月为正月,以地支计算称之为子月,然后是丑月、寅月、卯月、辰月……商代为"顺应天时",在改朝换代时将丑月定为正月,周代又以寅月为正月。汉武帝颁布太初历仍以寅月为正月,因为寅月正是春天的开始,大地回春,也正是农业生产的一个新的周期,所以后来的历法也再没有改变过这个传统。这样一来,春分、夏至、秋分、冬至就成为农历春夏秋冬四个季节的中心时段,各向前后延伸一个半月,就成为四季。

日本虽然接受了中国古代历法,也接受了24节气,但对于四季的划分则充满了日本人特有的方式——情绪化。日本属于海洋性气候,其国土东西狭窄而南北漫长,纵贯南北的是一道山脊,东岸是太平洋,西岸是日本海。从明治时代开始,日本的政治、经济中心便转移到了东海岸的东京湾,这里有一道太平洋暖流通过。受海洋性气候与太平洋暖流的影响,日本东海岸的冬天到来得比较晚。公历的12月,东岸地区受暖流影响并不寒冷,西伯利亚寒流也只能影响到西海岸。但到了 2 月,同样受海洋的影响,气温的回升也不明显,而西伯利亚的寒流仍然在影响东海岸。

日本最冷的月份是 1 月和 2 月。因为日本人并不关注理论,而且中国的历法对于日本的农业所产生的作用也不那么重要,所以日本人完全根据自己身体的感受而将春季确定为从春分(公历 3 月)开始,立春并不是真正的春天的开始,但在日历中却仍然标有立春的字样。虽然日本的日历中保留了 24 节气,但日本人关注的只有冬至、春分、夏至、秋分四个节气,并以此为四季的开始。

在以上的对比中可以看出中日两国都在尽可能地保持传统,但本质上还是有明显差异的。中国是一个以农业传统为主要特征的国家,而且现在农业人口依然巨大,所以对建立在农业基础上的历法传统仍然有较大的保留。因为建立在传统之上的节日都与农业生产紧密相关——大都是在农闲的时候。春节是如此,端午、中秋也是如此。这体现着注重本质的哲学特征。但可以省略或没有什么现实意义的以干支计算日期的做法则被取消。这是一种很明显的实用主义的化繁为简的做法,有用的就留下来,没用的就取消掉。日本则是一个工业国家,春夏秋冬对工业生产的影响很小,农历对农业也没有多少影响,为了简便易行就完全按照公历计算了。但只要能不变革的就不变革,能保留的就要保留,即使在现实生活中不再有什么意义与作用的东西也都保留了下来,所以传统的干支计日、计月法仍然在一定程度上存在,传统节日的来源仍然清晰可见。只要节日保留下来,节日的来源是什么并不重要,至于历法的原则更无人过问。这明显地体现出日本人既坚守传统又非常善变,既缺乏对理论的兴趣又能对眼前的事物进行明确的区分,并成功地进行技术化处理的特征。

节日与传统

　　中国的传统节日充满着文化的内涵。腊月三十既是一年的结束，更是一年的开始。阖家团圆，祭祀先祖。这是宗法制度下最为庄严、最为神圣的时刻。每个人都明显地感受到自己所属的血脉，感受到祖先的亲近与威严，感受到自己所负的责任。接下来的年夜饭便是大团圆的时候，只要有可能，中国人会越过千山万水回到家中。这是家对中国人的意义，是中国人对亲情的渴望，也是中国人对故乡的眷恋。故国者，坟茔之谓也，非乔木之谓也。故国就是祖先生活过的地方，就是祖先的坟茔存在的地方。祖先的坟茔岂容他人践踏？祖先的庙宇岂容他人焚烧？祖先的子女岂容他人蹂躏？今天的中国人也还把自己的国家称为祖国——祖先之国。这正是中国人爱国主义的原动力。

　　初一早晨是大拜年，走亲访友，这是沟通人际关系的最佳时机。巩固友情实属自然，巴结上司亦不为过，提着礼物登门造访以化解仇怨也最为有效。初二亦然。初三则是女人回娘家，男人陪同，孩子跟随，热热闹闹，夫妻之间的矛盾也烟消云散。十五闹元宵，更是大事，历来就有"小年大十五"之称。吃元宵，闹花灯，猜灯谜，看社火，听大戏，逛庙会……真正是中国人的狂欢节。别的地方我不清楚，在甘肃的张掖市以前要在城门口塑两个跪着的泥人，从头顶至腿部有一个空洞。人们就在空洞中燃烧柴草，大人过来要往里吐痰，孩子过来要往里撒尿。人谓之秦桧夫妇。孩子们从小就刻骨铭心：不能当卖国贼。这是极为有效的爱国主义教育。

　　清明是仅次于过年（春节）的重大节日，因为清明本是一个节气,所以具体的日期并不固定。这一天最重要的内容就是扫墓上坟。这是对祖先的祭祀,不论王公贵族还是普通百姓,都要到自己的祖坟上去,烧香叩头,洒扫祭奠。这是对祖先恩德的回报,也是对自己血脉的确认,更是对家族团结的巩固。在中国所有的节日中只有这一天是必须到祖坟上去的,因此格外重要。

五月五,端阳节,又叫端午节,这是纪念伟大的爱国主义诗人屈原的节日。吃粽子,插艾条,赛龙舟,当然更要听老人给孩子讲屈原的故事。端阳节原为一个祈福免灾的地方节日,但因为屈原死于端阳,所以后人便以这一天为纪念屈原的节日,并使之成为一个全民族的爱国主义的节日。为了一个失败的政治家、一个自杀的诗人而建立一个节日,这个节日又能成为一个巨大的文化典型,在人类的历史上,除了三大宗教的创始人之外,恐怕是绝无仅有了。

七月七,也叫七夕,就是乞巧节。这是纪念牛郎与织女的节日。牛郎织女的故事可以说是中国最为著名的民间传说了,这个美丽的故事对女性的影响远远大于男性,所以这个节日也就成为女儿节。这一天人们会反复地讲述牛郎织女的故事。这个故事讲述的正是生活在男耕女织的、男性强权的父系制时代中的女性最为向往的爱情——"两情若是长久时,又岂在朝朝暮暮"——嫁一个真正爱自己的男人,虽然有点悲凉。据说在这一天人间看不到喜鹊,喜鹊都到天上搭鹊桥去了。如果睡在葡萄架下,夜深人静的时候就可以听到牛郎与织女的哀诉。如果下雨,那就是他们在哭泣。因为是为女性准备的节日,女孩子在这一天还有自己独特的工作——乞巧,也就是向织女讨要灵巧。搭建彩楼,陈列瓜果,并以彩线穿七孔针,因为织女的针线活是最好的。如果能看到织女星就会更好。这真是世界上最精致的节日了,如此地通俗又如此地雅致,如此地虚幻又如此地真实,如此地悲凉又如此地美丽,正如一个纯情的少女一般。

八月十五,中秋节。中国自古就有以形象论道的传统,月亮的圆满在中国人眼中很自然地就转换为家人的团圆。中秋节因此而成为一个仅次于过年的家人团圆的节日。月月都有十五,为何唯独八月十五成为节日?首先是因为农事已过,在农业国家,只有在农民空闲的时候,节日才能牢固地建立起来。其次,天气渐冷,严冬将至,所有在外的人都应该回家了。"露从今夜白,月是故乡明。"(杜甫《月夜忆舍弟》)古人的漂泊之悲,绝非今天所能想象。道路艰辛,人烟稀少,音信不通,生死谁告?尤其是到了冬天,不说天寒地冻,豺狼虎豹,就是一个小小的头疼脑热也会要了人的性命。虽然是一个农业国家,因为太大,外出之人的悲苦全然掩盖了农业丰收的喜悦。自古以来诗人们歌唱的都是秋天的悲凉。如:"悲哉!秋之为气也。萧瑟兮,草木摇落而变衰。"(宋玉《九辩》)"多情自古伤离别,更哪堪冷落清秋节。"(柳永《雨霖铃》)"枯藤老树昏鸦,小桥流水人家,古道西风瘦马。夕阳西下,断肠人在天涯。"(马致远《天净沙·秋思》)所以中秋具有格外的意义——回家!然而总有回不了家的人,就连旷达的苏东坡也在感叹:"月有阴晴圆缺,人有悲欢离合,此事古难全。但愿人长久,千里共婵娟。"(苏轼《水调歌头》)中秋的月,因为秋天的萧瑟而格外地清亮,中秋的月也因为回家的心理而格外地感伤。中秋成为中国人思乡的典型象征。

九月九,重阳节。在中国的文化传统中,奇数为阳数,偶数为阴数。九为最大之阳数,因为两个九相连,所以叫重阳。这一天要登高,喝菊花酒,头插茱萸,这是为了辟邪。据南朝梁代吴均的《续齐谐记》所言,汝南人桓景随费长房学道。一日,费长房对桓景说九月九日你家中有灾,宜以绛囊盛茱萸以佩肩,登山,饮菊花酒,可消灾。桓景依其言,举家登山。傍晚回家,家中鸡犬皆亡。此后众人皆仿之,遂成风俗。九月九日是秋末,天气凉爽,正是登山的好时机。而消灾辟邪又正合中国人的心态,于是相沿成习。1989 年中国政府又将这一天定为老人节,以示尊老、敬老之义,重阳节因此而更为热闹。

十月一,送寒衣。八月十五人不归或人未归,到了十月一已进入冬季,于是演成了送寒衣的习俗。在古代,战争与徭役大都在秋天进行。因为只有等到秋天粮食入仓,农民才能从土地上解放出来,朝廷才有士卒与民夫可以派遣。在春秋战国时期,虽有边患战乱,但因当时地域较小,战乱的规模也不大,秋天出征已备有冬装,尚未见送寒衣的风气。秦汉之后国土扩大,士卒远征,民夫也不得不远行,一年两年回不来,甚至三年五年回不来,朝廷也只好派专人运送寒衣。于是每年的秋天开始,征夫的妻子与家人就开始制作冬衣。制作冬衣先要对布料进行浆洗,也就是要在捣衣砧上拍击。这就是“长安一片月,万户捣衣声”(李白《子夜吴歌》),“九月寒砧催木叶,十年征戍忆辽阳。”(沈佺期《独不见》)这是非常悲苦的时期。民间传说中的孟姜女就是给丈夫送寒衣时得知丈夫的死讯而哭倒长城的。与人间的送寒衣相随,这一天也成为对死去的亲人的纪念日。直到今天,每年的农历十月一,很多人家都准备一些纸做的棉衣在焚烧,以求自己的祖先能有一个暖和的冬天。

腊月二十三,俗称小年。这一天的主要任务是送灶王上天。灶王按级别说是个小神,但他的威力很大,人人都怕他。他有一个毛病——喜欢住在百姓家中,而且要住在灶房里,一家一个,全国合起来仍然是一个。他的责任是监管百姓,其实女人更怕他,因为灶房是女人的天下,灶房出了问题,当然首先要问责女人。女人在灶房里不敢骂人，被他听到了是要受惩罚的。腊月二十三是他上天向玉皇大帝汇报工作的日子。他要向玉皇大帝汇报每家每户在一年中的表现，这是人人都怕他的原因——可见家家都有问题。这一天家庭主妇早早就开始准备给灶王的饭菜，随家庭经济条件而定，丰俭不一。但糖糕是必须的，而且要粘。据说灶王贪吃，吃了糖糕就粘住了他的嘴，有坏话也说不出来，于是只能"上天言好事，回宫降吉祥"了。从这一天开始，就算是进入过年的阶段了。一般人家就只待在家中不出去干活，杀猪宰羊，收拾场院。借出的东西一定要收回，来年才能守得住财。欠人的东西一定要还，来年才能不欠债。到了年三十就应该颗粒归仓、柴草入库了。

腊月三十，除夕。真正的大年来到了。除了前面所说的祭祀先祖之外，一般的北方人家还要包饺子，以图吉利。饺子既象征着财富——元宝，又象征着团圆。这中间也有中国人独特的智慧：包饺子时，如果饺馅完了，只剩下饺皮，那就象征着明年有穿；如果皮完了，只剩下馅，那就象征着明年有吃。如果皮也用完了，馅也用完了，怎么办？中国人就说了："这象征着来年有吃有穿！"反正是个吉利！

这是一个完美的圆。当然还有一些小的节日，不再叙说。

中国的传统节日，仔细看，都发生在农闲或农忙时的间歇阶段，决不会有农忙时节的节日。因为黄河流域是中华民族的发祥地，所以农忙与农闲都是指的中原地区。另外，这些节日的中心目的都是祭祀祖先以团结家族，教育后代以孝敬老人，沟通亲情以关爱他人，纪念屈原、祭祀祖先以弘扬爱国主义精神。这是中华民族赖以生存与发展的精髓，而这一切又都是通过人人都参加、人人都全身心地参加、人人都极为愉快地参加的形式体现出来的，因此影响巨大。而这一切现在都开始失去往日的辉煌，有些节日、有些传统已经不复存在了。

中国节日的不足之处在于大都是以家族为背景而展开的,现在家族的形式在城市已经看不到了,在农村的多数地方也已经消失了。汉民族的节日缺乏社会性的狂欢,缺乏社区性活动,缺乏室外的集会。只有闹元宵、赛龙舟、登山属于群体性的活动,其他都在家庭、家族中进行。在家族与大家庭实际上的消失、个人独立性日益强大的今天,这种建立在家庭与家族基础之上的传统节日也就渐渐失去了过去的影响力与凝聚力。年轻人更愿意参加西方式的节日,如情人节、母亲节、父亲节、狂欢节、圣诞节等等,因这种节日要么简便易行,如情人节、母亲节、父亲节;要么非常热闹,如狂欢节、圣诞节。

日本的节日更是非常之多。最隆重的节日当数新年。这个新年虽然在公历的元月 1 日,但实际上就是过去的春节。新年的前一天,也就是 12 月 31 日被称为大晦日,也就是年三十,这完全是沿袭着中国古老的惯例。但因为已经把农历计算改为公历计算,所以虽然称为大晦日,明月当空的景色也并不罕见,只是沿用着古老的称呼而已。这一天的晚上,人们早早地吃完年夜饭,就来到各地有名的寺院,在门前排起长长的队列,等待午夜的祈祷。夜里 10 时左右,人们排着整齐的队伍依次在佛像面前祈祷、抽签、撞钟。午夜 12 时僧侣们开始撞钟,共 108 次。低沉而洪亮的钟声在日本各地同时响起,祈祷着来年的幸福。

元旦是过年的第一天,除了在家中吃喝,给孩子们发年钱之外,最重要的事情仍然是去寺院与神社祈祷。因为是新年的第一天,所以这种祈祷被称为“初诣”。日本人对佛教与神道教充满虔诚,到处都是人山人海,有名的寺院与神社每天都有数以百万计的人前来祈祷,每个人也都去不同的寺院与神社祈祷。这种热闹的场面大概要持续半个月左右。

1月15日是成人节,不管生日是哪一天,只要当年年满20岁的青年都要在这一天穿上整齐华丽的和服参加神圣而隆重的"成人式"。从这一天开始他们就成为成年人了,具有了选举权与被选举权。一切都在鲜明地告诫着孩子:你已经长大,应该负起自己的责任了。20岁行冠礼,这是中国周代的礼仪制度,日本的成人节明显地受到了这一传统的影响。有意思的是结婚的法定年龄是18岁,而且如果父母同意,女孩子16岁也可以结婚。我曾与日本人开玩笑,说日本的婚姻法是孩子婚姻与包办婚姻,因为18岁不是成人,那就是孩子,父母同意才能结婚,那就是包办婚姻。日本人说就是这个规定,不能说就是孩子婚姻与包办婚姻。那是什么婚姻? 不知道。

2月3日是"节分",也就是冬季和春季的分界线。为了驱鬼与迎接新春,人们都要到神社与寺院中讨要炒熟的豆子。在晚上,打开窗户,一边向外边扔豆子,一边还要在嘴里念叨:"鬼出去,福进来。"同时还要吃下与自己年龄数相同的豆子以求一年中身体健康。这一天之所以重要完全是因为这一天是祈求吉祥、免除晦气的日子。普通的日本人并不把这一天当作是春天的到来,虽然第二天就是"立春",从理论上说是春天开始,但对百姓来说,真正的春天的到来还是"春分"。传统能保留则尽可能保留,在日历上立春之日是不能变的,但因为到了春分才会真正感到春天的来临,所以在实际生活中春分才是春天的真正开始。只有到这一天,日本人才会说:"春天来了。"这是典型的"感情用事"。

3月3日是"女儿节",实际上就是女性的节日。女人们在家中摆上一个阶梯形的架子,架子上摆15个人形偶像。最上边一层是天皇与皇后,以下依次摆着执政官、乐队、车舆。两边则插满了桃花,使人想起《诗经》中"桃之夭夭,灼灼其华。之子与归,宜其室家"的诗句。女人们都穿着和服,在家里招待客人与朋友。女孩们还会在河水中放上纸折的小船,小船中有纸做的小人,这个小人代表的就是自己。一边祈祷,一边让小船在水中漂走。小船带走的是晦气,留给自己的是幸福。这里明显地体现出日本人的灵魂观念:过去的肉体随小船漂走了,留下的自己当然成为新生的肉体,灵魂也就会因为附着在新生的肉体上而获得新生。在中国,农历的三月三日是上巳节。《太平御览》引《韩诗外传》:"郑国之俗,三月上巳之日,此两水上招魂,被除不祥也。"到了三国时代上巳节就固定在三月三日了。《荆楚岁时记》:"三月三日,士民并出江渚池沼间,为流杯曲水之饮。"也就是在曲水(人工修成的小水渠)中放入盛着酒的酒杯,任之漂流,流到谁面前谁喝酒,这就是"曲水流觞"。最著名的当然就是王羲之参与其中并写下了《兰亭集序》的故事了。"被除不祥"与"曲水流觞"在日本就演化为以小船载走自己的晦气。

3月21日左右是春分。春分节气前后的一周被称为"彼岸",同时也是扫墓的节日。这里所谓"彼岸"是说春分时节春天由彼岸来到人间,驱赶寒冷,真正的春天到来了。与此相应,秋分时节则是秋天由彼岸来到人间,炎热结束。这与日本神道教的彼岸是两回事,但这又正是扫墓的时节,对日本人而言,死了的人都去了彼岸,所以与宗教总算是有点关系。

4月的日本没有什么大的节日,但却是日本人出门最多的时候。日本的樱花在整个4月随着天气的变暖,由南而北,渐次开放。日本人对樱花有着格外的热爱,人们或举家外出,或与朋友相约外出,各单位也组织起来集体外出。在美丽的樱花树下,聊天、吃饭、喝酒、唱歌。不去赏樱花,在日本被视为一件非常古怪的事。

4月29日是"绿日",草木葱茏,绿色满目。这一天也是昭和天皇的生日。根据日本的传统,在位天皇的生日就是国庆日,而前一任天皇的生日就变成了一个普通的节日。再前任的天皇就不计算了。

5月3日是"宪法纪念日",4日是"国民休息日",5日是"儿童节",连放三天假,被称为三连休。加上绿日,一周之内有4天法定休息日,这一周就被称为"黄金周"。各单位都通过对工作日的调整使休息日更加延长。因为是一年中气候最好的时节,黄金周就成为旅游的最佳时期。一时间可谓"天下大乱",到处都是车与人。从上世纪90年代开始,每年去海外旅游的日本人都在千万人次以上,而黄金周期间正是外出人数最多的时候。5月还是品尝新茶的季节,有88夜(生长88天)之称的春茶开始上市,极有"人气"。

5月5日在以前被称为端午节,但这个节日从来没有纪念过屈原,一直是男孩子的节日。现在被称为儿童节,名义上女孩子也有份了,但在节日的活动中却没有女孩子什么事。在这一天,家中有男孩子的家庭都要在门前竖起高高的旗杆,上面挂上一连串的鲤鱼旗帜。这种旗帜的做法是先用布缝一个筒,再把筒画成一条鲤鱼,在画有鱼头的一方用竹条做一个圈,撑开布筒,系上绳子,一排排地吊在旗杆上。风吹起来的时候,就鼓起了布筒,鲤鱼也就随风飘扬了。在日本的电影中经常能看到这种"旗帜"。鲤鱼在日本极有人气,这是因为根据中国的传说鲤鱼跃过龙门便可以成为龙。这是日本人"望子成龙"心态的极好表现。另外,在家中也会搭起一个类似女儿节时的架子,摆放的却是武士的铠甲与男人的用品,也是希望孩子长大后能成为一个男子汉的意思。还要洗菖蒲浴,以去除晦气,也吃粽子、粘糕,但仍然与屈原没什么关系,只是沿袭着中国传统的形式而已。

6月是日本的梅雨季节，没有特殊的节日。

7月7日是七夕节，这是中国牛郎织女故事的传统。这一天孩子们会把写有自己愿望的纸条系在竹叶上，与中国女孩子的"乞巧"完全相同，据说是很灵验的。在竹子上还会挂满各种纸折的装饰物。

从7月1日至15日被称为"中元"，这是在一年中看望、感谢对自己有过关照与帮助的人的最好时机，也是商家发财的机会。中元是中国的称呼，特指7月15日，日本人把中元改为15天，并使之成为感恩的节日。在中国这是祭祖的日子，在唐宋时期就有了。南宋人周密在《乾淳岁时记》中说："七月十五日，道教谓之中元节，备有斋醮等会。寺僧则以此日做盂兰盆斋，而人家亦以此日祀先。""盂兰盆"是天竺语，意为"解民于倒悬"。传说释迦牟尼佛的弟子目犍连尊者以神通见到自己的母亲在地狱受苦，如处倒悬，求释迦牟尼佛超度。释迦牟尼佛要他在七月十五日备百果，供养十方僧众，可使其母解脱。佛教徒居此兴起盂兰盆会。中国因为祭祖主要在清明节，所以盂兰盆节并没有真正兴盛起来。

日本的盂兰盆节是在8月13日至16日，在农历七月十五日前后。这是非常有趣的一件事。日本在明治维新之后所有的节日都改遵阳历，只有盂兰盆节仍然保留着农历的影子。可能是因为祭祖毕竟是"彼世"的事，人间不可随意更改吧。这是与新年相当的大节日，也是佛教的大节日。另一个有趣的现象是如此重大的节日却不放假，大概是因为假日都是给活人安排的，死去的祖先是不需要假日的。但人们还是要"归省"——回到老家去祭祖，各单位也都会尽可能地给职工调休。从13日开始，人们就在家中摆放着祖先的牌位与佛坛，摆放着各种供品，并在门前燃起火堆，引导已经成为神的祖先从彼世回家团聚。夜晚,在开阔的空地上搭起高高的架子,有人在架子上有节奏地击鼓,男女老少都穿着和服排成圆圈,缓慢而认真地跳着优美的舞蹈。16日是送祖先的日子,人们把可以漂流的灯笼放在河中,任其漂流,给回去的祖先照亮道路。放"河灯"也是中国中元节的传统。

9月23日前后是秋分,意味着秋天从彼岸来到人间,与春分时一样,也都有扫墓的任务。另外,9月的月圆的一天是日本人赏月的日子,实际上就是中国农历的八月十五日——中秋节。但这一天对日本人来说并无团圆的意义,只是赏月、吃喝、游玩。这是因为日本国土狭小,也没有中国古代那么多的徭役、那么多的外出不归的离别之苦的缘故。

10月没有什么重大的节日,因为气候很好,所以日本的国民体育大会在10月举行。各学校的运动会、企业的运动会、城市的运动会也都在这时候举行。另外日本人的婚礼大都是在10月举行,在日历上都印有吉利与否的字样,与中国古代的皇历相仿。在吉日人们或在神社、或在教堂举行结婚仪式,然后在宾馆或餐厅请客吃饭。有的神社为婚礼而建起了宾馆,有的宾馆则在大厅里建起了简易的专为婚礼准备的教堂与神社。

11月3日是文化节,这一天在皇宫中举行隆重的颁奖仪式,由教育大臣为那些在文化事业中作出了突出贡献的人颁奖。博物馆、美术馆、音乐厅、电影院都变得非常热闹。各学校也都举行自己的艺术节。

11月15日是七五三节,这是为7岁、3岁的女孩和5岁、3岁的男孩准备的节日。在这一天全家人都带着孩子一起去神社参拜,穿着专门制作的新衣,参加由神职人员主持、操作的仪式,在获得各种祝福之后全家人一起吃饭庆贺。这对儿童的成长具有非常重要的作用,孩子会感觉到人生的神圣并鲜明地感受到生活的乐趣。

12 月是一个非常忙碌的月份,人们为了新年的到来打扫房屋、采购年货、发送贺年卡,各个学校与单位都在举办各种各样的"忘年会"。在晚上到处都能看到喝得醉醺醺的人们。忘年会的意思很好,就是通过一场宴会,忘掉一年来的不愉快与烦恼,以一种良好的心态来迎接新的一年。这对处在紧张的心理压力下的日本人是一种最有效的放松,因此一场宴会下来,大多数人都醉醺醺了。从新年开始又是一连串的迎新会,同样是醉醺醺的,这是预祝在新的一年有个好的运气的意思。

12 月 23 日是现任天皇的诞生日,也就是国庆日。31 日是大晦日。这同样是一个完美的圆。

在对日本的这些全国性节日进行清点之后就会发现,日本大多数节日都明显地受到中国文化的影响,但内容都有所变化。最明显的就是团圆与祭祖的内容减弱而消除晦气的内容增多。

除了这些全国性的节日之外,日本还有一个与中国极不相同的传统,这就是各地有各地的"祭"。祭就是祭祀,因为各地有各地的神社,每个神社又有自己的神灵与传统,渐渐地"祭"便演化出各种各样的不同的节日——地方的节日。县有县祭,市有市祭,很多街道、社区也有自己的祭。人们经常能在不同的地方看到一群人聚在一起热热闹闹地吃喝,就是在过这种名目繁多的"祭"。

另外,几乎所有的日本青年都在过情人节、狂欢节、圣诞节,与中国青年一样,并不关心节日的宗教意义,而只是喜欢这些节日给自己提供的玩乐、狂欢的机会。需要特别提一下的是日本的情人节。情人节的日期与内容与中国相同,因为原本就是西方的节日,当然要根据西方的习惯。但日本人在情人节前加了一个非常有趣

日本女儿节人偶

日本武士

的前奏:在情人节前一个月,女孩子要给自己喜欢的人送礼物——巧克力。为了避免直面男孩子的胆怯与尴尬,女孩子要准备更多的巧克力同时送给上司、先辈与其他朋友,这叫"义理巧克力"。因为巧克力人人有份,所以分发的时候皆大欢喜。如果她心仪的男孩子对她有意,则在情人节的这一天正式回赠巧克力。如果得不到回赠,那就是拒绝。这个方法实在是太妙了,只有极端重视"耻辱"的日本人才想得出来。

日本人确实非常喜欢过节,因为节日提供给日本人的一是祈求平安与健康、免除晦气的机会,这对于具有浓厚的宗教情感的日本人来说是非常重要的。二是提供了与他人交往的机会,在节日里人们有了足够的理由进入他人的生活之中,有了足够的理由向他人敞开自己的胸怀。人们有了共同的话题,上司不再那么一脸严肃,部下也不再那么毕恭毕敬。但即使是如此,日本人也还保持着自己的本性,过节也非常认真,该穿什么衣服、该吃什么饭菜决不乱来,该去什么地方、该会见什么客人仍然按部就班,有条不紊。

第六章

教育

◎ 历史的回顾

中国:学在王官,有教无类——官学与私学——科举时代的教育——西式学堂的兴起,壬寅学制与癸卯学制——壬戌学制,现代教育的形成——新中国的教育

日本:法隆寺学问所,《学令》二十二条——大学寮与国学——私学与寺院的学校,寺子屋——开设西学与《学制》的颁布——《教育敕语》与国家神道——现代教育

◎ 中小学教育

中国:稳定的教学班,班主任与班委会,分专业教学的师资——划片招生——升学的压力与教学难度的攀升——重"主课"而轻"副课"——升学压力下出现的问题

日本:对教学班的定期调整——小学教师每人一个班,讲授该班的所有课程——中学教师分专业教学——教师轮岗制度——严格执行文部省规定,不允许变通——学生间的欺负与被欺负

◎ 大学教育

中国:对理论知识的重视——大学的定位与区分——高等教育的大众化——教学水平评估——教学班仍为基本教学模式——教育的男女平等

日本:机会均等与男女分业论——为女性开设的短期大学——自由的大学教育模式——以创造、保留技术为使命的大学企业——办学条件与后勤保障——大学法人制度

北京国子监辟雍

奈良法隆寺

历史的回顾

根据儒家的观点，"人性本善"，但现实中又有很多不善的人，儒家认为这完全是因为后天教育不良的结果。孔子说过："性相近也，习相远也。"(《论语·阳货》)通过教育造就人就成为必要的手段。儒家的另一个代表人物荀子则提出"人性恶"的观点，因为人性恶，所以更要加强学习。荀子的《劝学》就是著名的篇章。孔子从教育的角度、荀子从学习的角度都在强调教育与学习的重要性。

孔子之前"学在王官"，孔子开门授徒，"有教无类"，开创了"私学"的先河，文化知识开始流播于民间。此举可谓功莫大焉。随着封建统治政权的日益成熟，学校教育也渐渐形成官学与私学两大系统。在其成熟时期，根据管理权限，官学可以分为中央官学与地方官学两种：中央官学包括国子监、太学，也包括一些专门的学校，如武学、医学、算学、艺术学等等。地方官学则分为州(府)学、县学、乡学。官学系统中的教员都是正式的朝廷官员，有俸禄，有品级。私学则是各种书院与私塾。隋、唐之后，除了中央官学中的专门学校之外，所有学校都是以孔孟之道为主要教学内容，其目的也都是为了参加科举考试，出仕为官。不能中举者，大都又成为私学的先生。

在科举制度中，儒家的经典是最为重要的考试内容，因而在各级各类学校中，经书成为最基本，也是最重要的教科书，道德教育成为最主要的教学内容。其次则为史书，因为史书记载着历史上的政治制度与各种人物的功过成败，是统治手段与治国之术的教科书，所谓"以史为镜"、"以史为鉴"。子书与集部书则为扩展知识、涵养情操之所需，并非科举之重点。

经书与史书记载的都是祖宗之法。在宗法制与小农业经济的社会中，祖宗之法是最可宝贵的财富，都是切实有效的宝贵经验。但同时，经书又是无需证明也无法证明的，是天经地义、万世不灭的真理，而史书更是无法实践、无法重现的，所以中国古代的学校教育也就只能是从书本到书本，从概念到概念。所谓读万卷书、行万里路，也不过是为了更加证明经书与史书的正确，而且也早已经不是学校教育的内容了。相形之下，自然科学知识并不重要，也就不可能成为学校教育的主要内容。

自鸦片战争以来的帝国主义列强对中国的欺凌，使这个老大帝国迅速沦落为半封建半殖民地国家，这种变化极大地刺激了自满自足的中国人。面对西方的坚船利炮，中国人痛感技不如人，于是提出"师夷之长技以制夷"的口号，学习西方的科学技术，倡导"中体西用"，开始兴办西式学堂。从 1862 年恭亲王奕䜣在北京开办"京师同文馆"，到 1892 年湖广总督张之洞在武昌开办"自强学堂"的 30 年间，官方兴办的新式学堂达 30 余所之多。1902 年和 1904 年，清政府先后公布了《钦定学堂章程》和《奏定学堂章程》（即壬寅学制与癸卯学制）。第一次根据学生年龄，把新式学校的教育分为初等教育（蒙学堂、初等、高等小学堂）、中等教育（中学堂）和高等教育（高等学堂、大学堂、京师大学堂）三个阶段。在各阶段都分别设有普通、实业、外语、师范等类别，全学制 20—21 年。这一时期的学校教育基本采用的是日本的学校模式。教学的主要内容一是传统的道德与礼教，二是现代西方的科学文化知识。1905 年清政府撤销国子监，建立起了中央教育行政机关——学部，废除科举。以科举制度的废除为标志，现代教育开始形成。

这时期的一个显著的特征是重视对日本的学习。日本通过明治维新迅速成为资本主义列强的事实给中国人以极大的震撼与刺激,以张之洞为代表的维新派提出赴西洋不如赴东洋的主张。受此影响,1898年8月光绪皇帝谕军机大臣:"现讲求新学,风气大开,惟百闻不如一见,自派人出洋留学为要。至于留学之国,西洋不如东洋。诚以路近费省,文字相近,宜于通晓。且一切西书均经日本择要翻译,刊有定本,何患不事半功倍。"留学日本竟成风气。

1911年10月辛亥革命爆发,中华民国建立。1912年1月,临时政府设立教育部,蔡元培任教育总长。当月教育部即公布了《普通教育暂行办法》和《普通教育暂行课程之标准》,对清代末年教育制度与教学内容进行了调整与改革。学堂一律改称学校,废除清末的教科书。确立中学为普通教育,取消中学的文理分科制度。此后又连续公布了《学校系统令》(包括《小学校令》、《中学校令》、《大学校令》、《专门学校令》、《师范教育令》)、《实业学校令》、《实业学校规程》、《国民学校令》、《国民学校令施行细则》、《高等小学校令》、《高等小学校令施行细则》等一系列法规。1922年11月以总统令的形式向全国发布了《壬戌学制》。《壬戌学制》确立了小学6年、初中3年、高中3年、大学4—6年的教育制度,并采用选科制与学分制,注重儿童、少年、青年的身心发展特点。但由于时代与经济的局限,实际上一直到新中国建立之前,小学教育的普及率也只达到了20%。

新中国建立之后为提高国民的文化素质,一方面抓学校教育,另一方面在全国开展扫除文盲的识字运动,取得了非常突出的成绩,具有非常积极的意义。毛泽东提出的教育为社会主义建设服务、教育与生产劳动相结合的原则得到了积极的贯彻。但因为一百多年的战争与战乱导致的国力贫弱、知识分子稀少等原因,现代化教育仍然步履艰辛。再加上后来的"左倾"思想的影响,新中国的学校教育走了一大段弯路。只有自文革结束改革开放之后，才真正走上了迅速发展的道路①。

日本教育的兴起是在汉学传入日本后的事情。据日本《古事记》与《日本书记》记载，公元285年百济国王仁来到日本，向朝廷献《论语》10卷，《千字文》1卷，朝廷聘请王仁为师，这是最早的记载。被认为是日本文化创始者的圣德太子（574—622）于607年修建法隆寺，并在法隆寺中研习学问。这就成为后来的法隆寺学问所，被视为日本学校的前身。

根据《日本书记》的记载，671年（天智天皇十年）百济人鬼室集斯被任命为学识头（文教、学校的行政长官），意味着国家设立的学校正式形成。701年（大宝元年）文武天皇发布《大宝律令》，其中关于教育的有《学令》22条。根据《学令》的要求，在京城设大学寮（简称大学），在各藩国设国学。学科分为经学、音学、书学、算学四科。任务非常明确，即为统治阶级培养官吏。经学为主要课程，教材为儒家经典。音学为汉文读音，书学为汉字书写。算学为专门课程，学习计算方法。经学的教科书分为大、中、小经。《周易》、《尚书》为小经，《周礼》、《仪礼》、《毛诗》为中经，《礼记》、《春秋左氏传》为大经。《孝经》与《论语》为必读书。各种教本的版本都有明确规定。学生要有成就必须选修两部以上中经。大学寮只收贵族子弟，主要是五位（品）以上官吏的子弟与东西史部的子弟。朝廷在毕业生中公开选拔各种官吏。但在现实中执行的主要还是"荫位制度"，也就是根据父祖的功劳给其子孙安排官职。国学由各藩国设立（当时日本约有16个藩国），其形式与教学内容皆仿照大学寮执行，主要任务是为藩国培养官吏，亦可设医学与药学。

《大宝律令》还规定，除大学寮之外在式部省下设典药寮、雅乐寮、阴阳寮等教育机构,以培养官吏之外的专门人才。《大宝律令》的规定非常详细,也很具体,与中国的国子监相比,更能体现出日本文化的特征。《大宝律令》在日本的教育史上具有非常重要的地位,从此开始,日本的教育制度被法律化。

在此后的奈良时期(710—794),随着统治者的逐渐成熟与文化的全面发展,社会上兴起了诗文热潮,朝廷中亦需要更加实用的人才,于是在728年(神龟五年)朝廷便在大学中增设了文章博士,讲授文章道。所谓文章道就是写文章之道,在此之前学习汉文主要还是学习中国文化与知识,文章博士的设立标志着日本对培养自己的写作人才的重视。这一时期,私塾教育与家庭教育也开始受到人们的重视,天平年间政府对民间办私塾与家庭教育的行为进行鼓励,并规定学生在私塾学习时衣着与伙食费可按大学标准执行。

到了平安(794—1192)初年,大学的设置出现了变化。确立了明经道、明法道、算道、文章道4科。821年文章博士(教官)的品级从传统的正七位下上升为从五位下,而当时的明经博士为正六位下,明法博士为正七位下,算博士则为从七位下。文章博士地位最高,甚至超过了经学博士。此时在社会上流行着"三船之才"——作文、和歌(日本诗)、管弦——的风气。这三项才能成为贵族教育的重要内容,再配以优美的姿容,便是平安时代理想的贵族形象。愿意学习文章道的学生迅速增加,朝廷不得不对此进行严格限制。但在荫位制度下贵族子弟学习经学的精神与热情并不能与中国古代的学子相比。各藩国的国学则因为政治的混乱而最终消失。

在大学寮任职的教官大都出身于有"家学"的世代之家,各有特长,如文章道、明经道、明法道、算道等。藤原氏家族因为学识深厚,出了不少官员,其他贵族便竞相效仿,多在自家的私宅里设立学校,培养自己的子弟,也接受本族的子弟。一时间私学大盛,著名的有文章院、弘文院、劝学院、学馆院、讲学院等。这一时期佛教寺院的教育也得到了极大的发展。从8世纪开始,各县就分别设有培养僧尼的寺庵各一所,成为名副其实的佛教学校,经费由朝廷负担。平安时期因为朝廷重视佛教,僧侣地位很高,为扩大影响,各寺院也都积极开门授徒,培养了很多高僧和学者。

女子不能入学,但贵族家庭中的小姐则可以在自己家中学习文化知识。《源氏物语》的作者紫式部就是这一时期出现的女作家。

其后从镰仓时期(1192—1333)至战国时期(1467—1573)的四百年间则是武家的天下。幕府统治建立,武士地位上升,天皇大权旁落。此时的教育主要表现为武士教育与寺院教育,贵族式的学校教育明显衰落。武士教育以武艺为主,主要在武士家庭中进行,同时也非常注重对武士精神与道德的教育。主要是忠于主君、奉佛敬祖、为名誉而重死轻生的教育。因为下层武士缺乏文化修养,所以在镰仓幕府的中后期,对武士的文化教育也渐渐受到重视,武士的文化水平得到很大提高。

佛教中的对痛苦的忍耐与对生死的超脱对武士具有格外的意义,所以寺院也就成为武士学习文化知识的理想的场所。同时寺院也开始招收世俗子弟入学,传授文化知识与读写能力。此时的寺院加强了对佛学的研究与整理,把抽象难懂的佛教哲学通俗化、简约化,浅显易懂。各种新教派相继产生,并在民间产生了重大影响。

此时的学校中最有影响的是足利义兼(? —1199)创立的足利学校。学校聘请名僧为校长,只讲汉学,不教佛学。学生众多,据说最多时达到 3000 多人,成为当时影响最大的教育机构。

安土桃山时代(1573—1603)时间非常短暂,没有什么影响。其后的江户时代(1603—1867)则是对近代日本产生过重大影响的时期,其教育也具有明显的特点。江户时代仍然是幕府统治、武家统治,但开创者德川家康非常重视教育的作用,家康之后的统治者亦非常重视教育。在江户时代出现了很多官办与民间创立的学校,各种学术思想也非常活跃,影响巨大。江户时代的学校大致可分为幕府直辖的学校、各藩的藩校、平民的乡校和寺子屋、各种私塾等。幕府为了巩固自己的统治,非常强调儒学的重要,并将其上升为儒教。教学内容主要是经书(四书、五经、三礼)、史书(《左传》、《史记》、《汉书》、《通鉴纲要》等)、诗文。藩校的教学内容与幕府直辖学校相同,主要是儒学与武艺,藩校数量很多,据说至少在 300 所以上。

幕府后期,随着西方经济与武力的入侵,为改变落后的局面,幕府学校的学科改为经科、中国史科、日本史科、刑政史科,还增设了天文、地理、算术、物理等内容。同时还开办了洋学所、种痘所、讲武所、海军所等专门学校,讲授西方知识与科技。藩校也开始重视西方科技与文化的教育,有的是在教育中增加"西学"的内容,有的是在藩校中附设"洋学校"。同时也出现了医学、语言学、军事学、现代工业学等专门学校,据说共有 18 所。

江户时代的等级制度要求"兵民分离",武士与农民必须分别居住在不同地区。为了加强对村落的管理,领主在村落中设立了"村役人",以替代武士的管理。这些管理者根据领主的指令行事,这就需要学习各种文化知识以了解领主的指令。另外商业渐渐发达,在商业往来中商人也需要记录与计算,于是普通百姓也就有了较为强烈的学习欲望,寺子屋应运而生。寺子就是寺院中学习的学子,但此时的寺子屋进行的完全是世俗化的普通教育,办学者大都为农、工、商等平民阶层的人。虽然称为寺子屋,实际上与寺院已经没有什么关系了。明治时期,据文部省的调查,当时的寺子屋约有16000多所,但据寄田启夫推测约为3—4万所。教学内容以实用为主,主要是读、写、算的能力的培养,所以在当时又被称为"手习所"。通常是7、8岁入学,学习期为3—5年,教材多为自己编订,也学习一些社会知识,以个别教学为主。寺子屋可以视为日本近代小学的前身。

明治政府于1871年8月"废藩置县",同时设立文部省以管理全国教育。1872年9月颁布日本现代教育制度的第一个法律文件《学制》。根据《学制》的规定,全国分为8个大学区,每个大学区设32个中学区,每个中学区设210个小学区。这样全国共设有小学53760所。而以前的寺子屋也都开始转变为现代的小学。中学学制6年,其中上等(高中)3年,下等(初中)3年;小学学制8年,其中上等(高等科)4年,下等(初等科)4年。

在《学制》发布的前一天,发布了太政官布告《关于奖励学事的被仰出书》,明确阐释了《学制》的指导思想。这就是:形成以立身出世为目标的个人主义的人间形象;国民皆学主义;强调学问的实学主义(智力教育主义);教育费用由民间承担主义。这一指导原则成为日本19世纪80年代学校教育的基本方针。文部省又于1879年9月发布了参考美国地方分权教育行政制度而建立的被人们称为"自由教育令"的《教育令》。《教育令》主要是针对小学教育而发布的,其中明确规定了儿童的"就学义务",每年4个月,4年中学习16个月。

此时由于日本的自由民权运动日益高涨,终于使明治政府转向了对学校教育的干涉,于1880年9月发布了被称为"干涉教育令"的《改正教育令》。《改正教育令》规定了对教师品行的检定规则，教育课程的制订权归文部省，还发布了禁止书目与教科书的申报、认可制度。其目的是要保证传统的等级制度与天皇的至尊地位不受侵犯。这是由明治维新初期的开明教育转向以后的国家主义、军国主义教育的第一步。在《改正教育令》中将小学的初等科改为3年，增加了中等科，也是3年，高等科2年，小学学制仍然是8年，但分为三个阶段。并规定就学义务为3年②。

1890年10月30日天皇的《教育敕语》公布。《教育敕语》对日本的影响极为巨大，自发布之日起到二战结束这几十年间，不仅成为日本教育的基本法，实际上也成为国家神道的思想基础和天皇制教化国民的准绳。例如在开头即言："朕惟我皇祖皇宗，肇国宏远，树德深厚。我臣民克忠克孝，亿兆一心，世济厥美，此乃我国体之精华，教育之渊源亦实存于此。"这是对天皇神国的极端强调。其后又有："一旦如有缓急，则应义勇奉公，以扶翼天壤无穷之皇运。"要求国民为天皇与帝国而奉公灭私，对军国主义精神的培养起到了极为重大的作用。时至今日，在靖国神社门口还可以随意取得《教育敕语》的文本，可见它与军国主义的关系。它与《大日本帝国宪法》、《军人敕谕》一道成为军国主义分子的有力武器，最终把日本引向了战争。

二战之后，美国盟军司令部发布的五大改革中，教育改革赫然在目。日本于1946年11月3日公布新宪法——《日本国宪法》，确立了主权在民、放弃战争、保障人权三项基本原则。1947年3月31日公布了《教育基本法》，第一次以国民的名义与法律的形式宣布"教育民主"，以民主主义教育取代军国主义教育，以法律主义取代敕令主义。1948年《教育敕语》被正式废除。日本的教育进入了现代化的轨道。

注释：

①本节数据与基本资料均取自史朝主编：《中日民族传统文化与教育现代化的比较研究》，河北大学出版社，2004年2月版。

②本节的资料均取自寄田启夫、山中芳和：《日本教育史》第3章，ミネルヴァ书房出版，1993年1月版。

中小学教育

中国的普通中等教育分为两部分——高中和初中，统称为中学。以前的完全中学是指既有高中又有初中的学校，也有只设置初中的学校，都被称为中学。自九年义务教育全面实施以来，高中与初中开始分离，即高中与初中开始独立办学，但还是统一被称为中学。日本则一直是分为两类学校，高中被称为"高校"，初中被称为"中学"。小学6年、初中（中学）3年、高中（高校）3年的633体制，以及"九年义务教育"制度，两国都是一致的。入学年龄与课程设置也大致相同。在义务教育阶段实行的是划片招生的原则，即在同一社区的孩子都上同一所学校。高中（高校）不属于义务教育，所以不划分招生社区，只要属同一地区的学生都可以自由报考。两国在这一点上也完全一致。

文革结束后恢复高考，中国的教育开始了迅猛的发展。教育部虽然始终在强调要培养德智体全面发展的学生，但面对望子成龙的家长，大多数学校却不得不以升学教育为核心。实际上从省、市、县、区、乡各级教育行政部门的负责人到中小学校的领导与教师都在努力追求着高考的升学率。因为这是社会最大，也是最急迫的需求，而且这种需求还会继续下去。只不过因为近10年来大学扩大招生规模，高等教育由精英教育转向了大众化教育，上大学已不再像以前那么困难，所以现在转向了对重点大学的升学率的追求。

造成这种现象的原因很多，中国传统中对文化的重视，对"文革"中否定文化知识的逆反，"文革"中一代青年人失去上大学的机会的遗憾，现在学生就业的困难，职工下岗的压力等等都是其原因。从小学开始，家长们就在要求自己的孩子成为好学生，考试成绩是最重要的指标，教师要求孩子的首先也是学习要好。这造成了中小学教学内容与难度的不断攀升，部分内容完全超过了孩子所能接受的程度。例如在小学二年级的数学配套练习中就有一个三角形加一个正方形等于5，5减三角形等于2，问正方形等于几这样的练习题。这已经完全是代数题了，即使学生学会做题，也没有多大的意义，因为学生还不可能理解代数的意义。三年级第一学期的学生要学习人民币元、角、分的换算关系，同样超过了大多数学生对数字关系的理解水平。语文教学中的大量的反义词、近义词以及阅读理解更是让学生难以应付，有很多内容不要说学生，就是学生家长，甚至教师也难以回答。教学难度的攀升必然促使家长去购买各种各样的学习辅导资料，逼迫孩子去学习。从小学开始中国的学生就背上了沉重的学习负担，知识的难度也远远高于日本的小学教学内容。在教育行政部门的强力要求下，近几年这种现象有了一定好转，但望子成龙的家长们仍然不肯罢休，在课外还把孩子送进各种各样的音乐班、绘画班、书法班、舞蹈班、外语班、写作班去学习。中学更是为了升学的目的，在不断地增加学习的分量与学习的内容。

中小学都是以固定的教学班为单位进行教学的，有班主任，也有班委会。班主任由教师担任，班委会由学生组成，包括班长、学习委员、文体委员、组长等等。学生一旦被编入某个班级，绝大多数会随班毕业,中途调整班级的人非常少。其利在于学生之间可以长期相处,加深沟通与交流,互相帮助,共同进步。同班同学是中国人在家庭之外获得的第一社会资源,对大多数人来说也是人生中最为重要的资源。教师也可以更多地了解学生,掌握学生的学习与思想状况,更有针对性地进行教育与帮助。其弊则在于学生不能在更大的范围内与更多的学生进行交流,缺乏与陌生人打交道的能力,也难以在更多的教师的教导下学习。在教学中,不仅中学教师分专业教学,小学教师也都是分专业教学的,也就是教语文的只教语文,教数学的只教数学,教体育的只教体育等等。一名教师只教一门课程,但同时要教好几个班级。只有教师不足的学校才会出现一名教师教几门课程的现象。

以前小学升初中也要考试,以分数录取。在九年义务教育法全面执行之后,小学升初中不再考试而是划片招生。这在最大程度上保证了教育的公平,学校也不再区分重点与非重点。这在很大程度上减轻了小学的教学压力,使小学生的学习负担在一定程度上有所减轻。但是不同的学校之间还是存在着一定的差距,以前的重点学校的教学条件、教师水平与学生来源还是明显优于一般学校。通过各种关系进入一个好学校仍然是一个难以回避的事实。在教学条件、师资条件好的学校中教学班普遍过大。在西部省区的好学校中,超过70名学生的教学班级非常普遍。这明显地违反了教育部的规定,超越了班级教学的极限,但人人都无可奈何。而有些学校,尤其是城乡结合部的乡村学校,生源明显不足。中学也普遍存在着这种现象。

近几年中国的大学教育已经实现了大众化。2007年所有省份的毛入学率已经超过国际公认的15%的大众化标准,全国平均数达到22%,发达省份已普遍接近或超过50%。仅就这一点而言,中学升大学的压力有很大缓解，但人们又把目光对准了重点大学。中学的升学压力并没有因为升学率的提高而明显减轻。为了保证初中升高中（尤其是升入重点高中）与高中升大学（尤其是升入重点大学）的比例，中学教学的分量也没有丝毫减轻。很多学校在高中三年级为了保证升学率，大都取消或基本取消了教育部规定的但升学时不考的课程，并在星期六、星期天，在节假日补课或追加课时，城镇家庭的学生中还大面积地存在聘请家教或上补习班的现象。"应试教育"依然明显存在，"为了让孩子们上个更好的大学"成为这样做的最有说服力的理由，并得到了社会的普遍认可。教育行政部门虽然也在干涉这种行为，但效果并不明显，因为这是社会（家长）普遍的要求，在一些不发达地区，这也是基层教育行政部门希望的现象。高考的难度也因此居高不下。

学生们更是以能考上一个重点大学为荣耀。在大学教育大众化与毕业生就业市场化之后，大学生早已失去了"天之骄子"的头衔，毕业后等待他们的是残酷的就业竞争。他们已不可能再如他们的父辈一样，只要上个大学就有一份体面的工作，坐办公室也不再是人人都能享受到的待遇，有些人还会因为各种原因而难以就业。重点大学、本科院校、专科院校毕业生的就业也随着学校的层级与名声的高低、就业岗位的层次与难度在变化，所以上个好大学仍然是学生最大的理想。

社会、家长、学校都在支持学生努力，学生自己更是在努力，中学的教学难度也在不断加深。中国的中学生参加国际上的各种竞赛，成绩都非常突出，发达国家的中学生也难以相比。与之相连的必然结果是各类中学在主干课程之外的其他活动要比发达国家少得多，尤其是学生的课外活动。虽然教育部有规定，但大多数高中都悄悄地减弱或取消了高考不考的教学内容，甚至课程。不仅如此,高中教学还普遍存在着从高中二年级开始文理分科的现象,这意味着从高二开始教育部规定的教学计划就被打了折扣。不管是文科班还是理科班,都只开高考要考的课程。课外活动从初三开始基本上就没有了,偶尔出现的活动也是为了适当调整学生学习的压力。这种现象非常普遍,尤其是在不发达地区更为明显,要说政府主管部门不知道恐怕没有人会相信。对于注重本质与变通的中国人来说,上高中的目的就是要考大学,不考大学就应该去上中专或中技。既然要考大学,考上大学,进而考上好大学就是本质,为此而牺牲其他一些"副课"正是一种"合理"的变通。因为经济、文化发展的地区性不平等本身就造成了中小学教育的不平等,变通可以说是对这种不平等的缓冲。实际上当大家都这么做的时候,这种缓冲早已失去了意义,但不做只会吃亏。

学校与社会对教师的水平与能力的评价主要看升学率,这也促使教师对学生的学习给予格外的关注。学习不好的学生往往会受到包括教师与同学在内的各方面的压力而抬不起头,并因此引发了一连串的问题,如自卑、厌学、逃学、出走、孤僻、暴躁、内向,甚至还有自杀等等。学生之间也存在打架与欺负的现象,主要是因为个人之间的恩怨或情绪的发泄,抱成团有目标地去欺负某些人的现象虽然也有,但并不多见。

日本同样实行九年义务教育,公立的小学与中学(初中)也是划片招生。学校也以教学班为单位进行教学,但每年都要对教学班进行一次调整,同年级的学生在各个班级之间进行调换。没有一个班的学生能够同班六年或三年,这是一个规定。同学之间不排名次,班级之间不排名次,学校之间也不排名次。对学校的认可完全在于社会。小学教师什么都教,一个班只有一名教师任教,不仅要教所有的课程，也要对班级的所有事项负责。只有少数学校会配有专门的音乐、体育、美术教师，负责全校的相关课程。中学教师分专业教学，与中国相同。公立学校的教师有轮岗制，在一所学校里工作几年之后就会调到其他学校去任教，有时还会到很远的地方去任教。没有一个教师会一辈子在一所学校里教书。这样做最大的好处就是所有学校的教学水平基本相当，有效地保证了教育的公平。

　　班级没有重点非重点之分，学生也没有优生差生之别，而且只要是同年级的学生就有可能在某次调整中同班。这样做有利于学生平等思想的形成，有利于相互之间的交流。但更重要的恐怕还在于可以最大限度地化解、避免学生之间的欺负与被欺负的行为。不利之处也很明显，教师对学生的学习与思想状况不清楚，对学生的优缺点不掌握，很难对症下药，解决问题。实际上因为学生的频繁调班与教师的定期转岗等因素，再加上只重规则而不重思想与不干涉他人隐私的文化传统，日本的教师与学生之间的关系并不是中国式的亲密，而是规则下的尊重与服从，学生中存在的不良现象与学生的心理压力难以得到教师有效的批评与帮助。在日本要想成为一名教师非常艰难，但当上了教师之后又缺乏一种有效的激励机制与淘汰机制，在没有升学评比、成绩评比的状况下，再加上教师的转岗制度，教学的优劣就只能靠教师的良心了。

　　日本的中小学非常注重集团精神的培养。事实上，日本古代的村落政治中就建有"若者（青少年）组"、"若者连"等伙伴组织，正是在这些组织中，日本人受到了自己人生中最早的集团精神训练。日本历代的教育制度中也都把集团主义精神作为教育的中心与主要内容之一，现在也还是如此。"集团主义的教育内容，要求学生明确自己作为班级、学校、家庭、地区社会甚至世界中的日本人的一员,正确处理好自己与所属各集团的关系。"①例如中小学生在举行运动会的时候,往往全班同学一齐上阵,并不是比赛谁是冠军,而是要求人人参与,在小学还要求家长也参与其中。近年来在日本的小学中有一项体育比赛,名字叫"30 人 31 条腿"。30 人排成一排,第一个人的右腿与第二个人的左腿绑在一起,第二个人的右腿与第三个人的左腿绑在一起,以此顺延,直到第 30 个人,共 31条腿,只有协调一致才能跑得快。终点是一排高高的垫子,冲刺时一起扑向垫子。这项比赛还具有了国际的性质,在每年的全国比赛中都邀请一支外国队参加。据说 2005 年邀请的是中国的少林寺队,结果少林寺队以绝对优势而取胜。现在这项活动在中国的一些学校也开展起来了。这项活动的目的非常明显,就是培养孩子们的协作精神与集体荣誉感。

日本的孩子还必须参加学校的各种"部"的活动,这种"部"就是中国的"兴趣小组",不论是体育、音乐、美术、舞蹈,还是花道、茶道、书道之类,每个学生都必须有自己的特长。与中国不同的是,这种"部活"(部里的活动)最直接的目的并不是学习某种特长,而是培养学生的集团精神与集团意识。教师对参加这些活动的学生打分,计算"点数",类似于中国的"操行评语",在升学考试中具有很重要的作用。这些活动中的优秀者与积极参加者在集团内就会受到尊重,就不容易受到欺负,甚至可以支使或者欺负新来的人或不行的人。此外,与世界各国一样,在学生中还普遍存在众多的朋友圈子,对中国人而言,这才是真正意义上的"小集团"。日本学生中的欺负与被欺负都是这种小集团进行的。

文部省规定中小学每个班不能超过 40 人,在日本就没有一个41 名学生的教学班。如果有,那就是违犯了教育法,要受到严厉的处罚。中小学的教学都在严格执行着文部省的规定,因为这属于九年义务教育时期,所以是最基本的国民素质教育,它培养的就是具有基本的国民素质的人。教学内容相对于中国来说要简单得多,也要全面得多。小学的算术课就是教会基本的加减乘除,会进行基本的运算,能解基本的算术题就行,在运算时允许使用计算器。小学六年级的算术题的难度不如中国五年级,甚至四年级的题。语文也是学会写字,学会读课文,学会基本的写作就行,并不要求过多的背诵与熟练的写作。

与中国不同的是对实用的东西很注重。日本的小学生都会看地图,寻找方位、寻找路线的能力很强,这一点中国的很多高中生也比不上。小学生都懂得基本的交通规则,认识基本的交通标识,会干很多家务活。日本的"爱国心"的教育也非常感性化,首先是要求学生知道日本著名的风景区、著名的食品、著名的工业产品等等,对小学生来说这是非常实际、真实的。不讲什么大道理,也没有什么理论,就是培养学生作为一个日本人的自豪感。生活教育则是从小学一年级开始就要求学生自己穿衣服,自己系鞋带,长大一点就要帮家里干家务了。在日本接受别人的帮助是很丢人的事情,即使是小学生也不例外,所以学生的自立能力很强。所有的中小学生都必须穿校服,在东京地区的冬天,中小学生也都穿着单裤与裙子,很有点不怕死的味道。成年人也是如此,上衣可以穿得很厚,下身只穿一条单裤,即使再加一条线裤也会被人笑话。

学校的一切都按部就班,有条不紊。即使马上就要参加升学考试,今天的音乐课、美术课也还是必须参加的,否则就会被扣点——基础教育评价分,这会影响到学生的升学。因为升学的最终依据是考试得分与教育评价分两项指标。

日本对等级的重视直接导致了对学校牌子的重视,名牌大学的毕业生会得到更多的机会,甚至特权。东京大学是日本的头号大学，"日本战后的首相中，有一半是东大产物，五分之四的高级官员和全部大公司经理也出身于此"②。高考被称为"考试地狱"并不是因为上大学难，只要愿意，高中毕业生上大学还是很容易的，这与中国相同。难的是上名牌大学，在考试地狱中煎熬的大都是为了上名牌大学的学子，这也与中国相同。为此日本的高校（高中）也在悄悄地改变着策略。2006年日本文部省在检查高校教学时发现全国有75所高校在教学中省去了部分教学内容，主要是历史、地理等课程的内容，因为这些内容在升学考试中不考。文部省对此非常关注，要求这些学校在学生毕业前必须补足相应的内容与课时。因为高考已经迫在眉睫，所以此事引起了社会的广泛关注。学校要求减免一些课时数，各个政党也展开了辩论，提出各种妥协方案，但文部省就是不同意。最终还是由学校补足了这些课程才算了事。

此事在日本闹得沸沸扬扬，很多中国留学生认为没有什么大不了的，这么做是有"毛病"。这也确实是日本的"毛病"，正是日本对纪律与制度的严格遵守使得这个问题被严重化了。因为文部省是根据教育法提出的要求，所以没有人能指责文部省，变通在这里行不通。但学生和家长都很担心高考受影响，校长们不堪重负，有一个校长因此而自杀了。

因为学校的教学完全是根据文部省的规定进行的，文部省的规定当然是面向全体学生的，而考上一所名牌大学又是所有学生的理想与愿望，所以在课外参加各种"私塾"的补习就成为非常普遍的现象。"私塾"在日本遍布大街小巷，比比皆是。据说有30%以上的小学生、70%以上的初中生与高中生都在这里补习各种功课。

日本的中小学生中存在的最大的问题是学生之间的"欺负"。

孩子从小学到大学都是在教师与先辈的影响下生活、学习的，不论教师与先辈的为人如何都必须服从。日本是一个崇尚等级与强者的国家，如果学生过于弱小或没有进入某一"集团"（朋友圈子），就会被看不起，就会受到欺负。而受欺负的学生往往得不到同学们的关心与帮助，甚至也得不到教师与父母的帮助，孩子们也不肯将学校发生的事告诉教师与家长——这是很丢人的。实际上这种求告会使人更看不起自己，而且也难以获得多少实际的帮助，因此时有学生不堪凌辱而自杀的事情发生。但是没有见过因不堪凌辱而进行报复性杀人的报道。更多的孩子则是一方面在忍受着，另一方面则通过各种方式在努力，等待将来有一天超过凌辱自己的人。这从另一个方面也说明了日本人的自强精神之强大，因为他没有退路。即使是孩子，被"集团"或者是朋友圈子抛弃也是非常可怕的事，"在一生中他惧怕被伙伴抛弃甚于惧怕暴力"[③]。

在90年代初，中国与日本的一些孩子在内蒙古草原上进行过一次徒步拉练比赛。结果是中国的一些孩子没有走到目的地就放弃了，有的还是被自己的父母用车接走的，只有部分孩子走到了目的地，而日本的孩子全部走到了目的地。《中国青年报》还为此进行过一场讨论，很多人都认为这是中国学校教育的失败。实际上这并不完全是学校教育的问题。在这场拉练比赛中，每一个日本孩子都属于这个集团，任何一个孩子都不能给这个集团丢脸，不仅仅是要为集团争得荣誉，也是因为不能脱离这个集团。否则他将会在集团内部受到惩罚，他会被人欺负，被人看不起。中国孩子则没有这个问题，走不动就不走了，没什么大不了的。虽然也会受到嘲笑，但这种嘲笑并不会对他产生严重的影响，而且这个临时组建的集团也不会长久，比赛完了也就解散了。在行动之前没有足够的心理准备，考虑的只是好玩，结果只能是失败。那些坚持到底的孩子则是因为具有顽强的毅力与自信,并没有恐惧与不得已。中国孩子的表现更多的是因为个人的因素,日本孩子的表现完全依靠的是日本式的集团精神。

日本学生中有种种欺负包括殴打与勒索,但更多的还是十几个甚至几十个学生联合起来不理睬某一个学生的行为。这种不动声色的"拒绝",对日本人,尤其是孩子心灵的伤害是很深的,其程度之强烈不仅是中国的孩子,也是中国的成年人难以想象的。这正是日本不同于中国的一个极为重要的方面。除了性格内向所造成的孤独之外,独来独往、特立独行,在中国的学生中往往被视为"有个性",在日本则因为其不能融入某个集团,反而更容易受到排斥,受到欺负。另外,家庭特别优越或特别不幸的孩子也会被孤立或被欺负。

与成人世界不同的是在成人世界中被欺负的往往是集团内部的弱者与孤独者,在孩子的世界中被欺负的往往是小集团外部的弱者或孤独者。日本的孩子中有很多是在被一个集团欺负的同时也在依靠另一个集团欺负着别人。这都极为强烈地刺激着日本人从孩子时代起就非常关注自己所属的集团,每个人都必须归属于某个集团,否则就会受到欺负。与此相应,日本的孩子极少转学。只有在新生入学时一齐进入学校的,才会成为这个大集团(全体学生)的成员,并进入不同的小集团。中途转来的孩子很难被集团接受。如果说家庭中的规则是集团主义心理的第一个基础,那么孩子们的欺负与被欺负可以说是集团主义心理的第二个基础。作为个人,日本人的心理是脆弱的,但作为集团,日本人又是强大的。

对于施虐者来说,当然还有自己的心理因素。例如在日本学生中的调查就表明施虐者自身是"没有值得信赖的朋友"、"没有倾听自己想法的老师"、"父母没有倾听自己的想法"的情况明显多于其他人。实际上,孤独者更容易欺负人或被人欺负,而且往往是兼而有之。在日本出版的《中文导报》2006 年 11 月 23 日刊登了一篇《校园欺负自杀愈演愈烈》的文章,文章称:在一项有关校园"欺负"的调查中共有 6400 人回答,其中对他人实施过精神虐待或受到过精神虐待的小学生中男女比例各占 60%;初中生中男生占 46%,女生占 60%;高中生中男生占 24%,女生占 41%。在对其他学生实施过虐待的调查中,没有值得信赖的朋友的学生是其他学生的 2 倍(女生)和 1.3 倍(男生)。没有人倾听自己想法的学生是其他学生的 1.6 倍(女生)和 1.7 倍(男生)。父母没有倾听过自己的想法的学生是其他学生的 1.7 倍(女生)与 1.9 倍(男生)。集团对孩子的重要在这里得到了证实。

在中国电视节目中播放的日本儿童动画片《机器猫》中的大熊就是一个强壮的儿童,他可以随意地欺负同伴,而康夫因为弱小经常受到他的欺负。但康夫因为有机器猫的帮助,所以在有机会的时候就会对大熊进行报复。这一切在成年人的世界里非常自然,所以日本的中小学生在受到同学的欺负时往往得不到家长的支持与帮助,即使得到帮助,也不过是口头的一些劝说与安慰。因为家长不仅没有办法来处理这种既不犯法又普遍存在的现象,在一定程度上也认为这是促进孩子拼命努力的最为巨大的动力,因为每个人都有过类似的经历。对于遭受欺负的孩子来说,父母的这种"不帮助"也容易引起父子之间的对立与疏远。因为女孩子比男孩子更内向,所以女孩子在受欺负之后也更容易把欺负转移给他人。在调查中就发现女孩子欺负与受欺负的比例大于男孩子,当然也可能是女孩子更容易说实话。男孩子与女孩子之间似乎没有欺负与被欺负的现象。

很多日本孩子都有过被欺负与欺负人的经历,只有少数人才会把这种欺负引向极端,也只有极少数人才会对极端的欺负进行极端的反抗,这种反抗就是自杀。日本是一个极端重视外部评价的国家,自杀就是把虐待者送上良心或社会舆论的审判台,让虐待者一生都受到良心与社会舆论的谴责。这大概就是这些缺乏对人生的全面认识与对生活的深刻理解的孩子的自杀心理。

注释:

①史朝主编:《中日民族传统文化与教育现代化的比较研究》,河北大学出版社2004年版,第170页。

②克里斯托弗:《日本精神》,见《丑陋的日本人:日本文化的明与暗》,山东画报出版社,2006年5月版,第104页。

③鲁思·本尼迪特克:《菊花与刀》,九州出版社,2005年1月版,第203页。

大学教育

在中国的文化传统中,只有高精尖的理论才叫学问。"大学者,大师之谓也。"有大师的学校才能被称为大学,大师就是学识渊博、见解独到、思想深邃的学者。重理论而轻实践始终是中国大学的明显特征。文革中间的开门办学使这种现象走向了另一个极端,实践成为最重要的内容,而理论只不过是对成功实践的一种解释,甚至是一种无用的解释。更有甚者:"知识越多越反动。"文革之后的大学教育再一次以更为强大的势头回归于理论教学。在这种风气之下,不仅是名校、综合性院校,其他学校也都在追求理论的高精深。近十年来,经过对大学教育的改革,创新型、研究型、教学型、应用型的学校,职责渐渐明晰,社会对人才的选择也走向理性,各个学校也开始认真地进行反思,走自己的道路,建立自己的竞争优势。尤其是由中等专业技术学校升格为高等专业技术学校的高职类院校天然地保留着明显的技术型与技能型特征,其优势已经变得清晰而明显。中国的高等教育可以说实现了合理的布局。

上大学,始终是中国人最大的理想。文革之后恢复了高考,这对中国人来说更是一个极大的刺激。因为刚刚经历过文革,高等院校的基础非常薄弱,招生能力很小,在20世纪80年代全国只有4%左右的高中毕业生能进入大学,而能进入高中的初中毕业生还不到50%。高考的竞争也就非常激烈。日本虽然也有"考试地狱"之说,但比起中国当时的竞争也只能是"小巫见大巫"了。不论进入一所什么样的大学,对当时的中国人来说都是一件非常值得自豪的事,而且大学毕业后就会有一个稳定、体面的工作,就会成为一名"国家干部"。在这个时期大学生被人们称为"天之骄子",可见其荣耀。

从20世纪90年代后期开始,中国的大学进入了高速发展的时期。学校的数量在增加,层次在提高,规模在扩大,目前已进入到大众化教育的阶段。进入大学学习对很多地区的高中生来说已经不是什么难事了,但升入重点大学又成为必争之战。随着招生规模的扩大,大学毕业生越来越多,理想的工作岗位也就相应地越来越少。在日益严峻的就业形势面前,重点大学的毕业生具有明显的优势。虽然大学教育已经进入到了大众化的阶段,但高考的压力没有丝毫的减轻,"考试地狱"仍然存在。但熬过考试地狱,升入大学之后,大多数学生的学习压力明显减弱。对他们来说,毕业后的去向成为最为重要的问题,传统的实用理性的精神得到充分的发挥,最典型的就是专业的核心课程一定要学好,其他课程则是学到什么样算什么样，只有外语不能马虎，因为针对外语的考试有非常明确的要求。

中国大学非外语专业的英语四、六级考试非常难，但即使过关也难以张口。中国学生的外语大都是"哑巴外语"，是"语法外语"，在"文革"之前就是如此。研究生入学外语更难，大概普通的英国人、美国人也不会比中国学生答得更好。学生在上学期间大部分时间用于外语的学习，致使专业课程的学习也受到很大影响。大概是因为报考研究生的人数过多，外语考试的难度仍在提升，而且外语成绩如果达不到某一个规定的标准，专业成绩再好也不能被录取。以至于出现了外语专业的学生考其他专业的研究生要比其他专业的学生考本专业的研究生还要容易的现象。因此各个高校对外语的教学也就格外关注，这在一定意义上又出现了中学存在的"应试教育"。

日本也是一个非常重视英语教育的国家。在日本，如果能有一口流利的英语，那可是一件非常值得自豪的事情。但日本并不对考试做硬性的规定，重要的是能进行口语的交流。日本大学毕业生的口语水平要比中国的高，但对考试的要求不如中国严格。日本有一批极为优秀的外语翻译人才，他们能在极短的时间内翻译出版欧美国家最新的著作。很多书在初译时并不精细，如果社会有需求，那就重新翻译、精心翻译。这有效地保证了专业技术人员对外国技术与理论的需求，也使这些人不需要花更多的时间去学习外语。

中国的高等教育经过近十年的高速发展，一些潜在的不足也开始明显起来，如学校建筑面积不足，教学、科研设备欠缺，一些新增专业缺乏专业的积淀，师资，尤其是有经验的教师短缺等等。教育部进行的教学水平评估与人才培养水平评估就是为了解决、改变这种现象而采取的措施,在实际运行中非常有效地改变了这一现状。虽然受经济发展水平的制约,大多数学校的经费与设备还难以全面满足教学、科研的需求,但总的来说,中国的高等教育已经走上了一条可持续发展的道路。

中国的大学与日本的大学最不相同的就是中国的大学生都要住在学校的集体宿舍里。这使大学背上了沉重的包袱。新中国建立之后,所有的单位都是国营单位、国有单位,职工的生老病死、吃喝拉撒,甚至衣食住行、生儿育女都要由单位负责。所谓单位就是一个小社会,社会就是一个大单位。大学更是如此,不仅是所有的教职工,就连所有学生的生活也要由学校负责。因此学校的后勤曾是一支庞大的队伍,20世纪90年代后期开始的后勤社会化改革使这支队伍大为压缩,但真正实现社会化还需要一个较长的时间。另外,学校层面上的行政机构很多,行政人员也很多,院系的权限并不很大。

学校基本上是以固定的教学班为单位进行教学的。有很多学校实行学生的选课制度,也就是学分制,由学生选择听什么课,学校规定学分,修够了学分就可以毕业。但在实际操作中,修不够学分不能按时毕业得到有效的执行,而修够了学分提前毕业的并不普遍。传统中的教学班仍然存在,必修课程与集体活动仍然是以教学班为单位进行的。班级中有学生组成的班委会与教师承担的班主任,负责学生的学习与生活的管理。因为各地经济发展的不平衡,学生的就业存在不同的困难,因此学生的就业也要求学校承担相应的责任,尤其是经济欠发达地区与非名牌学校,学生的就业成为衡量一所学校教学质量的重要指标。

教师的职称数额是由政府部门确定的,确定的基本依据是学校中各类专业技术人员的总量、学校的类型与层级,以及硕士点、博士点的数量。职称限额确定后各种职称的具体岗位由学校自行设置,所以各级、各类学校的岗位设置有很大的不同,不存在日本式的一个研究所只允许有一名教授的情况。

大学的招生完全依据学生高考的成绩进行,只要有资格参加高考,除了个别学院与专业因为特殊的限制之外,男女学生之间没有任何差别,招生录取只重考试成绩。因此在大多数学校中男生与女生的比例基本相当。差别主要在于专业特征,例如工科类专业男生多于女生,而外语类专业女生多于男生等等。

日本自古以来就把女性的社会责任定位为家庭主妇,女性的任务就是为男人服务,并从属于男性。这与中国古代的传统相同,但日本执行得更为彻底。二战结束之初,美国教育使团对日本二战前的不平等的教育制度给予了强烈的批判,日本也开始了民主教育的时代。在《教育基本法》与《学校教育法》中都明确规定了男女受教育机会均等的原则,这一原则在上个世纪 50 年代也得到了普遍的执行。但受传统的影响,大学生中女生还是非常稀少。

进入经济高度增长时期之后,也就是 20 世纪 60 至 70 年代,为了保证企业职工对工作的全身心投入,也是因为家制度传统的影响,社会上出现了要求女性回到家中完成家庭任务的呼声。"产业社会要求妇女所应起的作用,一是生产未来的劳动力,二是守护作为社会保险阀的家庭。随之,社会上出现了以'女性特殊论'为基础的'男女分业论',要求男子献身于工作岗位,而把'为男性休息提供服务'看作是女性存在的价值。认为理想的女性应当作为勇敢的家庭主妇'一手包揽家务和育儿';'作为家庭的女神,努力创造明快、温暖的家庭气氛';'设法操持好家计';'家庭之外发生的事情一切都让男性去办,自己专心于家庭和家庭成员的事情'。这种观点是以'为产业社会带来更多利益'为前提的'新贤妻良母主义'。因而实行'真正的女性教育',即贤妻良母教育的呼声高涨起来,同时出现了'女大学生亡国论'等论调。"①社会开始鼓励女性回到家中去伺候丈夫,这正符合日本社会中男女分工的传统。为了迎合这种呼声,社会上也迅速办起了很多短期大学,学制多为二年。这种短期大学主要是为年轻女性服务的,主要专业也是家政、教育、艺术等等。20 世纪 80 年代之前大学生中只有 5% 左右是女生,从 90 年代开始女生的比例明显提升,男女青年接受高等教育的比例大致相当,但男性主要是在四年制大学中学习,女性更多的是在二年制大学中学习,男性多在工科与自然科学领域学习,女性多在家政、教育、艺术等社会科学领域学习。家庭主妇仍然是女性的第一社会角色。

日本大学的教育非常自由,教学班级只有一年级才有。这时候学生主要是上一些基础课,同时也开始听一些关于"zaimi"的介绍。"zaimi"并不是具体课程的名称,而是一种教学形式,既具有选修课的性质,也具有一定的研究性质。占用的课时很多,课程的门数也很多,可以同时选修好几门。在这里,学生要学习很多相关的课程,还要学会做实验,学会收集资料,学会写论文,要在一定的时候"发表",也就是在讨论中宣读自己的论文,技术性、操作性很强。经过这种课程的训练,日本学生的搜集资料、捕捉信息、实验与动手的能力都很强。一般来说,从二年级开始,日本学生就在教师与先辈的指导下开始学习搜集资料与动手完成一些具体的与专业相关的任务,到了三年级、四年级,就可以指导同一个"zaimi"中的晚辈了。

开设此类课程的教师一般都是教授,有自己的研究室,学生就在研究室里上课。一般的学生的集体性活动,除了学生社团之外,都是以"zaimi"为单位进行的。实际上从二年级开始教学班就消失了，只有一些必修课仍然是上"大课"。"zaimi"与中国的学分制相同，只要读够了"点"就可以毕业。日本大学中同班的概念远比中国淡，注重的是同级生。因为选修哪个"zaimi"由学生自己确定，而这种选择又不受年级的限制，尤其是在社会科学领域，同一个"zaimi"中往往有不同年级的学生。高年级的学生当然是先辈，不能轻易称之为同学。同学就是同级生，而不是同班生。这种概念在小学就已经形成了。日本是一个等级森严的国家，先辈永远都是先辈，决不能像中国的同学一样轻易对待之。任何人都有先辈和后辈，所以人们的心态并没有什么不平衡。

中小学生中存在的抱成团来欺负同学的现象在大学并不明显，这首先是因为学生渐趋成熟的缘故。而且随着大学"国际化"的深入，各国的留学生也在逐渐增加，留学生的评价对日本学生的行为的改变也是一个很重要的因素。这就是因为前文说过的日本是一个非常重视外部评价的国家。但等级的差异仍然是不能改变的，高年级学生对低年级学生仍然可以发号施令，仍然是无可非议的先辈。

在20世纪80年代之前，每年的4月，也就是新生进校的时候，学校里都会举行各种各样的迎新宴会。在宴会上先辈就会不停地向新生劝酒，往往是菜未上齐，新生已经躺倒一片。这也是医院最为紧张的时候，在学校里就安排有救护车以防不测。现在这种现象不多见了，首先是不用救护车了，从中可以看出日本的风气随着"国际化"的深入也在发生一些变化。

学校里有各种各样的学生社团，文艺类的、体育类的、学术类的非常繁多。例如体育类的就有柔道部、箭道部、航模部、棒球部、橄榄球部等等，很难搞清楚究竟有多少。学生对各种活动兴趣极大,学校里始终有人在组织各种训练与比赛。也有各种政治性的团体,日本政府有什么重大的举动,或者某种党派与团体做出什么决定,在校园里都会有不同的反应。要么是大型的横幅标语,要么是集会与演讲,也有人到处散发传单。

大学生的学习一般来说并不紧张,在经过了考试地狱的煎熬之后,进入大学的学生们都有一种放松感,大学的教学也相对宽松。日本的企业与用人单位在招收新员工时重视的是员工的责任心与服从意识,重要的是什么学校毕业的,而不是在学校学习了什么。因为严格的规则、对集团的忠诚,以及极为优秀的劳动工具与生产流程早已成为一个框架,足以使每一个人都迅速地成为合格的职工。甚至有些单位在招收新员工时关注的不是大学毕业的成绩,而是当年高考的成绩,据说是因为高考的成绩更能说明一个人的基本素质。当然优秀的学生在就业时还是有优先权的,教师会对优秀的学生进行积极的评价与推荐,这对学生的就业很重要,同时这也是教师的责任。

对于日本的大多数企业来说,现代化的生产线需要的是精益求精的操作者而不是传统意义上的优秀的技术工人,这在一定程度上影响到了大学的教学。一般来说,学生的学习热情与职工的工作精神相比要弱一些,这已引起了日本政府的关注。日本政府认为"团块世代"(二战结束后的头10年出生的人)是在日本经济高速发展时期成长起来的一代人,他们具有最为优秀的技术与实践精神,现在这批人正在陆续退休。随着他们的退休,优秀的技术正在消失,因此大学应加强对学生的技术创新能力的培养,企业也应保留部分最为优秀的工人,以使这些技术得以传承。

日本政府还要求大学要产学研结合,这被称为"产学连携"。目前大学创办的企业已经达到1500多家,这些企业的主要任务是创造新技术,保有新技术。因为企业的目标是利润,风险太大的科研企业不愿承担。企业支持的科研也有时间的要求,如果一项科研在五年内不能转化为商品,企业就不会投资。这些风险性的、基础性的科研任务主要由大学来承担,大学的企业也因此成为风险性最大的企业。据统计,大学的科研54%为基础性研究,36%为应用型研究,10%为开发性研究。

特别值得一提的是日本人在进行科研的过程中,在集团内部是互相通报的,自己做到什么程度、怎么做的,都会在一定范围内进行讲解,互相之间也会进行研讨。这对于提高研究水平、加快研究速度极为有利。因为有耻辱感的约束,极少有人,或者说没有人敢于对他人的成果进行剽窃。日本人经常向其他国家的人谈起这一点,而且非常自豪。这也是集团主义精神的一种表现。

在大学里,教授的权力很大,招生计划与专业建设基本上是由教授说了算,教授的研究经费也很充足,而且支配权也很大。工资虽然不是很高,但在社会上极有地位。只要听到某人是大学教授,一般市民都会格外尊敬。大学设有教授委员会,学校的发展方针由教授委员会决定。教授退休年龄为65岁,而其他人员则统一为60岁。每个研究所只有一名教授,在这名教授退休前再有本事的青年人也不可能晋升为教授。在教授的晋升中资格仍然是最为重要的因素之一,所以年轻教师在选择自己的研究方向与教学部门时不能不考虑研究室的人员构成,否则就只能苦熬了。

日本的教师做学问非常认真,也非常细致、非常具体。例如日本学者妹尾达彦在他的《唐代后半期的长安与传奇小说——以李娃传为中心的分析》一文中,专就李娃的住宅位置画出了两张地图。一张是当时长安的全图,较略;另一张是李娃住宅的位置图,很详细。这种认真细致的研究态度确实是很多中国学者所欠缺的[②]。

日本的大学教育到今天运行的成本还是比较低的。没有中国式的后勤部门，后勤主要是用一些临时工，搞些卫生、食堂之类的事情。没有学生宿舍，在国立大学中也只有少量的留学生公寓。学校的行政机构很少，人员也不多。学部（类似于中国的院系）权力很大，从招生、教学，一直到学生的毕业都是由学部的办公室负责管理并最终完成的，而且学部的大多数行政办事人员都实行聘任制，一般都是工作三五年时间就离开本校，受聘于其他学校了。只有教学人员与具有一定级别的管理人员是稳定的正式员工。

学校的占地面积与建筑面积都不大，这当然与日本的国土狭小有关，但从根本上说还是讲求实效的结果。实际上北京、上海等大城市的土地之紧张不亚于日本，但中国所有的大学都必须具有一定的占地面积，否则即为办学条件不合格。如果根据中国教育部对大学的验收评估标准，日本的学校几乎都不合格，因为不但占地面积与建筑面积不够，图书馆藏书也不够。对日本的大学而言，图书馆的藏书量并不是最重要的，最重要的还是全国图书馆的联网与流通，这一点日本的图书馆确实做得非常好。从技术的角度出发，也是非常有意义的。日本的各类图书馆都有自己明确的定位与服务对象。如有特殊要求，则可以由图书馆通过网络借阅，非常方便。大学的实验设备非常先进，也非常充足，尤其是向学生提供的实验项目与实验时数中国的大多数学校无法与之相比。在日本，学生只要愿意，任何时候都可以与教师联系做相关的实验。

2001 年日本成立综合科学技术会议之后，重点考虑的是科学技术的走向与国民生活的关系。此后日本政府才开始对大学的硬件设施提出了统一的要求，并给予一定的经费进行了校园的改造与维修，增加了部分建筑与场地。

日本政府还对国立大学进行了改革,建立了大学法人制度。国立大学也不再是国家的事业机关而成为独立法人。以前大学教师都是公务员,现在也不再是公务员了。大学改革后,政府的财政拨款在逐年减少,大学有了危机感,任期制人员在渐渐增加。任期制人员是指与大学签订协议,但并不成为大学的正式职工的人员。这类人员的工资略高于同等水平的大学教师,在协议规定的年限内必须完成预定的任务,不能完成任务就会被解聘。如果任务完成得好可以续聘,也可以要求转为正式职工。这都是引进竞争机制的做法。

注释:

　　①史朝主编:《中日民族传统文化与教育现代化的比较研究》,河北大学出版社,2004 年版,第 163 页。

　　②参见《日野开三郎博士颂寿纪念论集·中国社会制度文化史的诸问题》,中国书店,1987 年版。

第
七
章

生
活
方
式

◎ 人际关系

中国：人情是人际关系的核心——人情带来的快乐与烦恼——关系网与人情债——圈子内部的评价重于外部的评价——人情与变通

日本：互敬互让与客气中的距离——为了不影响他人而自我封闭,亦不承受他人的干扰——日常生活中的具体表现

◎ 家庭生活

中国：万恶淫为首,百善孝为先——夫妻关系必须服从家族利益——渴望美满的婚姻——小家庭的出现与夫妻矛盾——子女是维系家庭的首要因素

日本：夫妻分工,各尽其责——"主人"与"家内"——女性怀孕必须辞职——父母与子女的关系——"熟年离婚"与晚年人生

◎ 社会服务

中国：小农业文明缺乏社会服务的观念——计划经济时代的大锅饭与单位的"小社会"性质——市场经济的形成与服务水平的提升——社会服务尚不完善

日本：耻辱感文化中的人际关系与社会服务——服务的精细、全面与完善——图书馆、博物馆、医院、交通——原宿的青年、街道上的施工者

◎衣食住行

衣

中国：琳琅满目的古代服装与等级森严的着装制度——实用便捷、彰显个性的现代服装

日本：源于唐装的和服与模仿唐朝的着装制度——现代服装——中日着装的差异

食

中国：民以食为天与食文化——无酒不成席与酒文化——共餐制与家族主义传统

日本：古代对唐朝饮食的模仿——饮食为视觉而制作——"阶级食事的解放"——《触秽令》禁食四条腿的动物——酒文化

住

中国：以土木为原料的古代建筑——天人合一的哲学传统与顺遂天意的政治伦理——天下衙门朝南开与四合院——园林中的假山水与真自然

日本：以木材为原料的古代建筑——各种建筑皆无永恒的观念——防震而怕火，灵巧而不隔音——幽雅、精致的建筑风格——规则高于自然的庭院风景

行

中国：土地的广大与战争、徭役的频繁，"行路难"成为民族的心理情结——模仿天象建立的古代都市阡陌纵横——现代都市仍然十字路口众多——地铁与轻轨列车

日本：古代无外敌入侵，亦无远距离徭役，没有深沉的漂泊之苦——地形复杂，道路曲折——新干线的建设与特点

人际关系

中国的道德源于宗法制度中的"人道亲亲",中国传统的人际关系源于小农业经济中的"聚族而居",中国人的人际关系也就自然地体现着"情"的特征。道德的核心是孝与仁,而孝与仁则以情感为基础,孝的情感基础是人道亲亲,仁的情感基础是恻隐之心。可以说人情是中国传统道德的派生物,是家族制度的衍生品,要想取消中国人的人情观念是非常困难的。

中国人际关系的核心是一个情字,甚至可以说中国人的世界是一个人情的世界。这个情,含义很广,亲情、友情、交情、人情、情面都在其中。骨肉之情与生死之交是情,合于社会交往与为人之道是情,以礼待人、礼尚往来是情,对一个根本不相识的人笑脸相迎是情,"拿人的手短,吃人的嘴软"是情,为了某种目的而进行的特殊交往也可以算是情。

亲情与友情使中国人活得有意义,活得充实,活得痛快、爽气。逢年过节与亲友团聚,没事的时候找朋友喝酒、聊天,有了困难,打个电话就会有人来帮忙,自己能给朋友办点事也非常开心。"有朋自远方来,不亦乐乎?"(《论语·学而》)对很多人来说,朋友是人生中最大的一笔财富。没有朋友,中国人会觉得很孤单,很无趣,也会被人看不起:一个没有朋友的人肯定有某种"问题"。

在20世纪70年代之前,城市大多是四合院式的住宅,农村到今天也还保留着聚族而居的形式。在注重人情的中国,邻里之间互相帮助、互相照顾成为做人的最基本的原则,这叫"远亲不如近邻"。有了困难而无人帮助在中国是很没有面子的事,甚至是生活不成功的标志。夫妻有事把孩子托给邻居的奶奶来照管,月底缺钱找隔壁的大叔借一点,来了亲戚家里住不开就在别人家里住几天,夫妻吵架找大叔大婶哭诉,孩子淘气找朋友诉苦……"来而不往非礼也",在他人有了困难的时候自己也义无反顾,出手相助。这种人际关系是最让人留恋、最让人舒心的人际关系了。随着市场经济的日渐成熟,随着传统的家族式住宅与四合院的消失,随着单元式住房的普及与邻里间公共空间的消失,随着人口流动与生活节奏的加快,随着手机与互联网等沟通方式的普及,这种传统的生活方式与乐趣已经所剩无几了。

在日常交往中的人情也能给人以很大的乐趣,最普通的交往是建立在无功利的基础上的,如共同的兴趣、爱好、性格等等,构成了各种各样的圈子——棋友、牌友、渔友、车友、酒友、发烧友等等。另一种则是同学、同事、战友、老乡等等。一般来说这些关系都是较为单纯的,是以情感为纽带的,但有时也会伴随一些麻烦。既然是朋友,当然应该有难同当,有福共享,不帮忙是不应该的,"熟人所托,不得不办"。如果拒绝就是不懂人情,没有人情味。有些时候这种交往甚至具有一定的"强迫"性质,例如去干一些自己本不愿意干的事,或者去参加一些自己没有时间去参加的活动等等,但碍于情面不得不去,不得不干。至于陌生人或不熟悉的人,因其热情或客气也需要花一定的时间与精力去应酬,好在礼数到了就可以了。

为了某种目的而进行的交往是最麻烦的,是朋友就应该互相帮忙,如果在交往之后仍然不能给对方以某种帮助,就会受到谴责。反过来也一样,"熟人好办事",如果有各种各样的交往,自己做事就可以得到一定的帮助或照顾,在一定程度上还可以通过这种种人情得到一些没有这些"人情"的人得不到的好处。甚至在很多时候为公家办事也是"熟人好办事",需要私人的关系来疏通。"一个篱笆三个桩,一个好汉三个帮","多一个朋友多一条路,多一个冤家多一堵墙","在家靠父母,出门靠朋友",说的都是这些事。

在宗法制的传统中公与私的界线本来就不分明,不论是公事还是私事都是熟人好办事,所以在处世为人中"多栽花,少栽刺"成为一种原则。很多人在反对"走后门"的同时,自己也在"走后门"。走后门是世界性的现象,日本也有,但只有中国最为普遍,首先就是因为这个"情"。可以说这是中国人际关系的一大特色。人情也因此成为普通中国人最大的社会资源。"熟人多,有门路"甚至成为一些人的"职业"。这些人专门以建立自己的"关系网"为能事,利用各种机会与关系来建立、扩大、巩固自己的关系网,利用这种关系网来为单位、为他人,当然最终还是为自己来办事、谋利益。有些单位,尤其是条件差或者处在困难时期的单位也在利用这些人,甚至是在重用这些人,因为他们确实也能给单位带来一些利益。既然人情成为一种资源,在使用这种资源的过程中也就会形成一种"债务",这就是通常所说的"人情债"。求某人帮了忙就等于是欠了人家的债务,这是要还的,如果不还,或者不认为欠了债,是要受到指责的。当然这种指责在"人情"的影响下一般不会当面进行,但帮忙者心中会有得到回报的预期,不论是吃个饭,还是送个礼,不论是口头的答谢还是日后的专门报答,总得有个态度。在这个"态度"中私交的程度是最重要的,交情深报答就简单,交情浅报答就复杂。在日常交往中也会有"人情债",如同事、朋友家中的婚丧嫁娶都是要"搭礼"的,很多人都保留着当时的"礼簿",回礼时原则上是不能比收到的礼金少的。这一点和日本人很像。

对中国人来说,单位(集团、圈子)内的评价是最重要的,这正与古代的家族传统相一致——内外有别,所以在单位之内人缘要好,这叫"具有群众基础"。评选先进、民意测验,包括提拔干部都需要群众基础。建立在朋友、同学、老乡、熟人基础上的稳定或不稳定的圈子中也一样。越是小圈子越是注意自己的形象,越是扩大越是无所谓。这正是"人道亲亲"传统的遗存:越近的越亲,越远的越疏。出了单位或圈子就不一定了,因为单位或圈子之外的人不能把自己怎么样,他们对自己的评价并不重要,除非这个人对自己的单位具有一定的影响。这时候道德的水平就成为至关重要的因素。很多时候,在单位内部一个守纪律、讲卫生的人,在其他公共场合,尤其是无人认识自己的场合,时不时地会表现出另一种样子。耻辱感对人的约束力降低是因为耻辱对人的打击主要作用在圈子内部,在圈子之外,因为无耻而受到打击的可能性很小。这是因为中国人集团意识薄弱,社会对个人行为的评价也主要针对具体的个人,一般情况下并不与其所在的单位相联系。这是中日之间很明显的不同。在日本,集团外部的评价重于集团内部的评价,因为这关系到集团的形象,集团的利益永远高于个人。而每一个具体的个人在集团外部也就代表着集团,人们对个人的评价往往是与他所在的集团联系在一起的,就像中国人总是愿意将一个人的表现与他的家庭联系起来评价一样。一个给自己的集团抹黑的人就是一个给集团带来耻辱的人,他就会受到集团的惩罚,他就必须去洗刷这个"污名"。

变通是中国人处世为人的又一大特点。在普通百姓的日常交往与工作关系中,变通地处理事务有很多是因为事务所牵扯到的个人。如果一件事对人人都有好处就不需要变通,除非具体工作的人员觉得太麻烦或者能力有限,在自己认为无伤大局的情况下偷偷地改变一下工作程序。只要问题解决了就没有人关注此事,如果问题没有解决好才会被要求重做。困难最大的还是牵扯到具体的个人的那些事务。中国的道德在历史上就在柔化着法律的力量,是缓和人际关系的最有效的手段,而在具体的善恶判断与是非判断中,二者往往又会形成抵触,所以因为人的原因而进行某种形式的变通自古就是一种传统。这种变通既有对政策的破坏,也有对人的关怀,孰是孰非,一旦与具体的个人联系在一起,就难以断言。这是人际关系中最难以处理的事。有些事是掌权者为了群众或当事人的利益而自觉地做出的变通,这种变通大都会得到人们的赞赏与支持。有些事则是当事人想要超越规定的界线而要求的变通,办事人或碍于情面,或无可奈何,或为了某种目的,或不愿得罪人等等,在人情的压力下进行变通。

中国的人际关系确实给了人们一个非常有效地化解生活与工作压力的力量,它使人们不再孤独,不再恐惧,它使人们能够更有效地克服困难,渡过难关,使人们能够生活得更加美好与温暖。但它也在削弱集团的力量,也使很多人对原则、规定、制度,对公正、正义、良知失去了敬畏。以至于有些人因为情的干扰,情愿或不情愿地利用手中的权力来为他人谋取私利或为亲属、朋友而犯罪。

人情在很大程度上早已成为中国人的生活方式,其中的是是非非也难以一言以蔽之,我们只能期望随着法制的普及与深入人心,随着人事制度的改革与职业道德的强化而使其能更加合理,更加符合今天的社会生活准则。

对耻辱的重视使得日本人格外拘谨,人们做事既要充分地完成自己的责任与本分,又不能超越或达不到规定的标准,严守疆界,"既不多,也不少"。这种传统造成了日本人际关系的简单明了与互敬互让。在这种传统中长大的日本人使这种互敬互让成为一种生活方式而不再是一种外在的束缚,例如面对那些自己一生中也不可能再次遇到的陌生人，同样会给予应有的礼貌与尊重。这种互敬互让并不完全是出于对他人的尊敬，其中也有对他人指责的恐惧，因此在完成了各种礼节之后中国人往往会感受到某种客气中的距离。

日本人的礼节非常多，这是世人皆知的事。日本人对外人极为客气，见了人点头哈腰，不停地鞠躬，而且在一般情况下总是要鞠最后一个躬，害得别人也不得不跟着他不停地鞠最后一个躬。说话大都在使用"敬语"，外国人最怕这种语言，好好的一句话，一用敬体，你就什么也听不懂了。初次见面或专门拜访什么人都必须带礼物，旅游或出差回来也要给同事们带点地方特产。这纯粹是礼节性的，并不需要花多少钱，如果礼物过于贵重，会让人觉得不愉快，因为这成了"强人受恩"。无端地受人之恩对日本人来说是非常难受的事情，因为他必须为此付出更大的代价，此事自古皆然。"每户人家一年中有两次按照讲究礼节的方式把某件东西包起来作为六个月前接受之礼品的回礼……但是日本人是最忌讳用更大的礼物来回赠的。回赠'纯天鹅绒'并非名誉之事……如有可能就用书面记录记下复杂的相互交换关系，不管这些交换是劳力还是物品。在村庄里这些记录有的是由村落首领作的，有的是由劳动组合中的一个人作的，有的则是家庭和个人记录。"①记录的目的就是为了在适宜的时候做出适宜的回报，这种回报类似于还债，既不多，也不少。我第一次去日本时，在迎新会上为了交朋友，我递给邻座的日本"同学"一支烟，他以非常惊诧的目光看着我。我解释说："这是中国烟。"他接过烟，马上还给我一支日本烟，既不多，也不少。这使人想起《论语·阳货》中的故事：阳货想见孔子，孔子不见。阳货便送给孔子一只蒸熟的小猪。孔子正好不在家，回来后虽然不想见阳货，也只好趁其外出而去其家中拜访，不想途

中相遇。这就是礼。"往而不来,非礼也;来而不往,亦非礼也。"(《礼记·曲礼上》)

日本人在日常生活中表现得非常精细,非常拘谨。例如,说话非常客气、守信用,不影响他人的正常生活,不给别人带来任何麻烦。注意公共卫生,不大声喧哗,不在他人的门口与窗下停留,不直接拒绝他人的要求,不正面反对他人的意见等等。在公共交通工具上只要能不与他人挨着坐,决不挨着他人坐。要么低头看书,要么专注于手机,要么一心在听 MP3,要么闭目养神。因为直视他人在日本被认为是极不礼貌的行为,所以在公共场合从不四处张望,尽量避免与他人的视线相遇。这当然可以说是一种公德,但从中国人对道德的理解来说,这不过是在避免出错,与源于品行与修养的道德没有关系,只是保持一种适度的距离而已。有些年轻人一坐在座位上就紧紧地闭上了眼睛,不管周围发生什么事,不到下车眼睛就是不睁,因为睁开眼睛就会有麻烦。例如面前有位长者,该不该让座?当然应该,但这位长者未必就会领情。在蔑视弱者的日本,承认衰老就是承认自己是一个弱者,除非确实是年龄很大或身体不佳的老人。自己让座,对方又不坐,这就是耻辱,就是不自重。为了避免耻辱,干脆来个什么也看不见,什么也不知道,实际上就是封闭自我。即使在家中,说话的声音也不大,说话声音太大,会干扰他人的生活。日本的现代建筑已经有了极好的隔音设施,但小声说话的传统仍然非常鲜明。

与此相应的就是别人也不能干同样的事情来影响自己。如果有人干了影响自己的事情,例如说话声音太大,影响到自己,日本人就会非常生气,非常愤怒。因为这是对自己的不尊重,这使自己蒙受了耻辱,他也就由一个潜在的被批判方转为一个显在的批判方。2007 年日本的电视中报道了一位"噪音大妈"在家中大声喧哗,播放音乐,引起邻居的不满的事件。在受到邻居指责的时候,这位大妈变本加厉,在晒被子的时候用力拍打,制造噪音,还与人吵架,邻居只好将其告上法庭。因为这种事情在日本非常罕见,所以在法律上也缺乏这方面的详细规定,法庭一直拖延了一年才对其判处一年的监禁。又因为她已经被拘禁了一年,宣判之日就是释放之时,不大像话,于是改判为一年半。

因为不能给别人带来麻烦,自己也不愿意受到他人的干扰,所以日本人极少"串门"。据说日本最大的产业并不是钢铁、汽车、电器等传统工业,而是"pa - qin - gao",也就是"角子机"。玩这种赌博机的场馆可以说到处都是,不仅玩家众多,而且税收不菲。玩游戏者大都是蓝领工人,很多人的双休日基本上就泡在这里。一方面是因为赌博的刺激,另一方面也是因为独特的人际关系。根据日本的规则,家庭生活中的一切都由女性负责完成,双休日的男人在家里本身就是一个多余的人,不但无事可做,而且碍手碍脚。对于隐私的极度关注又使日本人不愿意也不能随意进入他人的生活,所以对于文化程度不高而又长期处于紧张的工作压力之下的蓝领来说,在这里寻求刺激,正是一种解脱。

日本人不论做什么事都要先确定一个日程表,非常具体细致。同学或同事一起出门游玩,即使只是一个短暂的游玩,负责联系的人也必须非常明确地在日程表中注明某日某时某分在什么地点会面,然后乘什么车、几点到什么地方吃饭、住在什么地方等等。越是细致、精确,越是能让日本人放心。虽然说天有不测风云,不可预见的情况很多,但有没有日程表对日本人仍然是最为重要的。如果没有详细的日程表,就不安全,就有紧张感。我与日本人一起外出时,有很多次因为天气、交通等发生了变化,按中国人的思维完全应该调整日程,但只要有可能继续行动,日本人是不会改变已经拟定的日程的,哪怕这个游玩变成一个纯粹的在雨中的行走。

养宠物是日本人的一大爱好。在大街上遛狗,人们总是带着水壶与塑料袋。狗的粪便会被装在塑料袋里带走,并把地面擦干净。狗尿会用水壶里的水冲洗干净,以减少臊气。这种事,处处都可以见到。在任何时候、任何场合,只要给别人留下了麻烦,就会受到指责,就会给自己带来耻辱。

在日本,说情之事也是有的,但前提是必须达到基本要求,如果要日本人破坏规则去说情非常困难。日本人最讨厌说谎,因为在人际关系中人们并不干涉他人隐私,你愿意怎么干、愿意怎么生活是你自己的事,是否告诉别人也是你自己的事,可以不说,可以回避,可以沉默,但说谎是不被原谅的,这关系到一个人的名声。不打听他人的隐私也是一个规则,这一点在日本人对留学生的态度中也可以看出来。日本人与留学生交往,出于礼节,出于关心,也会询问对方家庭的一些基本情况,例如父母亲是否健在,妻子是干什么的,孩子多大了,上几年级等等,不会更深入。如果留学生愿意介绍,当然也会认真听,但也是出于一种礼貌,听听而已。留学生在迎新会上做自我介绍也主要是介绍自己的专业与兴趣爱好。正是这个原因,要使外国人了解日本人或使日本人了解外国人都很困难。

日本人也有非常乐于帮助他人的时候,因为拒绝他人是非常不礼貌的事。最典型的表现就是问路。如果迷了路,向日本人打听,只要他知道,一般情况下一定会非常详细地告诉你怎么走、路上都有哪些标志、大概需要多长时间等等。如果距离不远,有时候还会有人领着你去目的地。如果他有事,例如要赶车,就会很有礼貌地告诉你请你另找他人。我曾在银行的大厅里见到过一个日本女人教一个外国人填写表格。这个女人在这个外国人低头填写表格时满脸的不耐烦,因为这个外国人对日语实在是一窍不通,怎么说也解释不明白,而且也过于纠缠。但当这个外国人抬头询问时,这个女人马上又是满脸笑容地进行解释,这是因为不能拒绝他人。

前文说过中山治在他的《无节操的日本人》一书中认为日本人大都是"情绪原理主义者",这在人际关系方面表现得也很分明。例如日本人明显地比中国人更喜欢在电影院里看电影,在体育场里看比赛,在图书馆里去读书,在各种节日里去参加活动。在这种种共同的行为中日本人感受到的"共有情绪"是中国人难以感受到的,这是在一个更高的原则下共同具有的心理情结,是一种充实感与安全感。这是一种奇怪的现象:一方面是在公共场合日本人为避免不必要的麻烦,避免被他人指责,更主要地表现为自我的封闭;另一方面则是热衷于在电影院、体育场、图书馆,尤其是在各种庆典场所去感受某种共同心理。其实二者并不矛盾:自我封闭是因为强大的耻辱感文化的压力使人人都处于一种格外谨慎的行为方式之中;感受共同心理则是因为强烈的集团意识使人人都具有因成为某一个集团的成员而自豪的心理。在日本看不到在世界各国都普遍存在的因为支持某一球队,互不相识的球迷彼此亲密无间的现象。日本的棒球比赛,在卖门票的时候就区分了不同球迷的阵营,在买门票的时候就要申明自己支持哪一支球队。在比赛中,支持同一支球队的球迷坐在同一个看台上,拼命呼喊,热闹非凡,明显地能感受到某种集团精神的强大,但互不相识的球迷之间并不交谈。共同心理与自我封闭同时出现在日本人的身上正是因为独特的人际关系。

刚到日本的中国人都会觉得日本人非常有人情味,因为他们非常客气,也非常有礼貌,尤其是工作人员的服务非常到位。但生活久了就会明显地感受到人与人之间的距离,在日本的中国留学生心情并不像想象的那么舒展。一方面是因为日本人说话总是非常客气，始终没有中国式的"朋友气氛"，另一方面则是在节假日与课余时间很难找到一个可以聊天的人。在日本生活确实很自由，没有人来管你，除非你犯了规，犯了法。无处不在的社会服务也没有求人的必要，但也因此使人觉得有一种悬在半空中的感觉，四周抓不到墙，空落落的。如果想要进入日本人的生活圈子中去，你就会感觉到有一道无形的"玻璃墙"在阻挡着你，能看到，但进不去。

注释：

①鲁思·本尼迪特克：《菊花与刀》，九州出版社，2005 年 1 月版，第108 页。

家庭生活

中国古代的家庭（夫妻）生活必须服从家族对血脉的要求，婚姻是家族延续的需要，既有传宗接代的因素，也有扩大家族势力的因素。因此婚姻并不是个人的事，必须遵循"父母之命，媒妁之言"。虽然男女恋爱的事并不罕见，但自由结婚的事却非常稀少。

在家庭生活中家族的利益高于一切，血缘的纯洁至关重要，婚外性行为也就必须被禁止。虽然有妓院，但生孩子是不行的，"杂种"是中国人骂人最重的话语。"万恶淫为首"，因为淫会造成血缘的混乱；"百善孝为先"，因为孝维护着家族的稳定。孝的最重要的内容是传宗接代，延续家族的香火是中国家庭最为重大的责任，所以"不孝有三，无后为大"（《孟子·离娄上》）。"重男轻女"首先是因为只有男性才能传宗接代，只有男性才能扩大家族的势力。在现代中国，推行计划生育难度最大的就是那些没有生出儿子的家庭，尤其是农村家庭中没有儿子就是没有后代，就是对不起祖先，必须生个儿子，家庭才能稳定。当然对于农村家庭来说，"养儿防老"也是一个非常重要的因素，但只能是第二位的因素。

淫与孝关系到家族的利益，也就不再是小家庭（夫妻、父子）自己的事情，又因为家族是古代中国最基层的社会组织，所以官府也就会对淫与孝进行干预。干预小家庭的私生活是一个传统，在"文革"中表现得最为鲜明。到现在，各个街道与单位也还在评选"五好家庭"、"文明家庭"等等。这显然是在干预家庭的隐私，但没有人认为这有什么不好，因为这对维护家庭的和谐、巩固伦理道德具有积极的作用。当选者也非常满意，因为这证明自己及家人是有道德的人。

在 20 世纪 70 年代之前，结婚与离婚都必须具有单位的证明，如果没有工作单位，则必须具有街道或生产队的证明才能办理。如果单位、街道、生产队不出具证明，实际上就是不同意，那就既不能结婚也不能离婚。尤其是离婚非常困难，因为这是关系到社会稳定的事，"闹离婚"的夫妻也非常少见。因为难，所以要闹，不闹根本就离不成婚，即使闹了也未必就能离得了，因为人们总是要做各种各样的"思想工作"。一般来说，提出离婚的一方要受到社会舆论的谴责，男人提出离婚就是"陈世美"，女人提出就一定是"潘金莲"。只有在"文革"中那些分属于"不同阶级"的夫妻中的属于革命的一方提出要求，才能较为顺利地离婚。到 80 年代离婚不再需要证明，而结婚只有到本世纪初才不再需要单位与街道的证明。

孝，首先是要有孝心，由于舆论的压力而被动地孝敬老人在中国没有什么好名声。但中国的社会服务远没有日本的完备与深入，在孝敬老人、干家务、管孩子与搞好工作之间，人们往往会感到一种无奈与无助。老人们也因为过去的四合院变成了新式的单元房,大多数城市中的老人不再与自己的子女一起生活,同时也失去了与其他老人交流、谈天的机会而变得孤独。子女们因为不停地在自己的"小家"与父母的"大家"之间奔走而疲惫,如果父母生病住院就更是如此。孝敬父母之心虽然还在,但实际侍奉父母已经越来越难。现在,第一代独生子女的父母已经相继退休,四个老人、两个孩子、一个孙子的家庭越来越普遍。

中国人非常渴望能得到美满的爱情、能得到美满的婚姻。在中国流传最广、影响最大的"四大民间传说"就是孟姜女、白蛇传、牛郎织女、梁山伯与祝英台。从《诗经》中的民歌开始,汉乐府民歌、南朝民歌、明清时代的民歌以及大部分民间传说都以爱情为主要内容。随着西方文化的输入,爱情更是得到了最为充分的渲染。虽然在家族主义的影响下,男尊女卑难以更改,但相亲相爱却始终是夫妻生活中最高的理想。宋代诗人陆游与唐婉的爱情悲剧始终是人们同情并喜爱的故事。

新中国建立之后,在政治上"男女平等"、"同工同酬"得到了较为充分的体现。城市中的女性与男性一样大都有自己的工作,男女职工的工资也基本相同。农村的女性也与男性一样参加生产队的劳动,只是在大多数地区男性比女性的工分略高一点。"男主外,女主内"的思想依然普遍存在,但在现代城市的一般家庭中,"主外"的事情几乎没有了,家庭生活就是柴米油盐,家务也必须由双方来承担。男人更多地成为妻子的助手,在家中不但要教育孩子、孝敬老人,还要干各种家务。在古代因为对血缘与传宗接代的重视,从宋代开始,尤其是在清代,男人对女人的贞节的关注走向畸形,贞节成为比生命更为重要的事情。"饿死事小,失节事大。"男人可以嫖娼,为此有妓院存在;女人不能不守节,为此有贞节牌坊。这构成了中国男人独特的性心理:在性行为中男人沾光,女性吃亏。在男女平等的时代,很多男人都在自觉地"怕老婆",就是因为此。这在一定程度上化解了很多矛盾。

夫妻感情永远都是家庭中最为复杂的事情。过去因为离婚会带来一系列的麻烦,夫妻感情出了问题也都忍着,因为"家丑不可外扬",而且家庭暴力如果发展到一定程度,家族、单位、街道都会介入。虽然家庭中的各种问题仍然存在,但这些干预还是有效地保证了家庭与家族的稳定与平和。现在因为大家庭的解体,小家庭也就失去了父母与亲人的干预,夫妻之间的矛盾也就容易失去控制。紧张的工作与教育孩子、繁重的家务、赡养老人的义务、家庭经济的支配权等等都成为夫妻冲突不可避免的因素。

其次是社会的干预基本消失,单位与邻居不再因为某个家庭的吵闹与矛盾而苦口婆心。道德的谴责虽然存在,但已经失去了过去的力度,家庭暴力如果达不到一定程度也很少有人过问。总体来说,现在中国家庭中的矛盾与问题要比过去多,表现也比过去明显。年轻人追求个性化的生活、追求现代化的生活是一个趋势,但因为经济水平、社会服务、社会保障等事业尚未达到发达国家的水平,所以这种追求中往往伴随着某种潜在的危机。

渴望爱情自然地走入婚姻,渴望在婚姻中长久地保持爱情,渴望爱情与婚姻成为一个整体,这是中国人对婚姻的最高理想,但这种理想的实现非常地渺茫。恋爱的时候不懂得人生,懂得人生后又失去了恋爱的机会,这可以说是现代人的宿命。钱锺书在《围城》中说,婚姻就像一个城堡,外面的人千方百计想打进来,里面的人千方百计想打出去。理想的婚姻确实不多,所谓成熟与幸福也不过是能够真正认识人生的缺憾,而以亲情与宽容来对待婚后的生活。这应该是大多数中国人对待家庭的态度。

孩子仍然是维系中国家庭的最为重要的因素。在中国的传统中,孩子不仅仅是在延续着血脉,也还有"养儿防老"与"多子多福"的原因。儿子多,家族势力就大,在村落中就有地位。在独生子女的时代,这种传统的心理就转化为对子女的各种期待。为了子女,不仅父母在牺牲,爷爷奶奶也在牺牲。第一代独生子女的父母正是"文革"中失去太多机会的一代人,他们把自己的所有希望都转移到了孩子身上,希望他们能改变命运,获得更好的人生。在这种心理之下,他们把极大的精力投向了孩子。为了孩子省吃俭用,很多父母在子女结婚时花尽了自己所有的积蓄,甚至债台高筑;为了孩子牺牲自己的休息时间,双休日陪孩子学音乐,学绘画,学舞蹈,学英语,甚至上大学(在学校周围租房住,专门照顾孩子);为了孩子或离婚,或坚持不离婚等等。

生活本身就存在缺憾,再加上当代社会中男女双方政治、经济地位的平等,谁离开谁都可以独立地生活,用不着去乞求谁、依靠谁,离婚也就不可避免地比过去增多。但这种增多并没有形成大面积的离婚,首先是因为在家庭生活中孩子的地位变得更加重要,只考虑自己、不考虑孩子的人不是没有,但为了孩子而牺牲自己仍然是一种普遍的现象。

日本在成为经济大国的同时不可避免地走上了国际化的道路,外国的,尤其是欧美国家的思想意识与价值观念不可避免地渗透进了日本人的心中,这对于传统的家庭生活构成了巨大的威胁。日本人对夫妻感情一向讳莫如深,在各种各样的数也数不清的社会调查中明显地缺乏对夫妻生活与夫妻感情的调查,因为这种调查很难获得真实的情报。但是现在一部分年轻的丈夫已经开始自觉地承担一些家务却是一个事实,在二战以后出生的男人在退休之后也开始承担一点家务了,这在日本是一个非常深刻的变化。

现在日本人的家庭生活基本上还是维持着传统的形式，社会的规则仍然是家庭关系的基础。丈夫在家里具有绝对的权威，但并不具体地管理家务。女人是家庭的管理者与"工作者"，家中的事务由女人一手完成。男人的世界在自己的工作单位，女人的责任就是管好这个家，给丈夫提供一个良好的休息场所，并做好家中的一切工作。家中的事务都是女人说了算，孩子上什么中学、考什么大学都由妻子来决定，甚至丈夫口袋里应该有多少钱基本上也是由妻子决定的。男人每天很早就起来上班，中午在单位吃饭，晚上回家也很晚。很多人就不愿意早早回家，在某种意义上按时回家意味着事业上的不成功，因为他对单位并不重要，所以大家都在自觉地加班。回来后就是吃饭、洗澡、看电视、睡觉，家庭就像一个旅馆。现在大多数男人依然在遵循着这种传统，很多人并不真正关心妻子的情感，也不关心子女的学习。妻子为丈夫服务、为丈夫提供一个良好的休息场所也并不一定意味着对丈夫的"爱"，首先还是因为这是一种责任、一种规则。当然，这么说绝不意味着日本的夫妻之间没有爱，而只是要强调一下日本的夫妻生活与中国的夫妻生活之间的差异：中国人更重伦理——家庭重于夫妻情感；日本人更重规则——责任重于夫妻情感。相对于欧美国家而言，中日两国的家庭生活都是比较稳定的。不同之处在于中国人认为爱情与婚姻的统一才是理想的人生，日本人则认为遵守规则的婚姻就是理想的婚姻，爱情与婚姻没有什么必然的联系，甚至干脆就是两码事情。

日本的夫妻关系中仍然存在着明显的等级，丈夫在日语中被称为"主人"，妻子被称为"家内"，与中国农民称妻子为"家里的"完全相同。即使是尊称对方的妻子，也是"奥样"。"奥"在日语中的意思就是"内宅"，"様"则是对人的尊称。说白了，仍然是"家里的"，不过客气一点而已。夫妻外出也没有互相挽着臂的情况，总是男人在前，女人紧随。在与日本人的交往中人们都会发现，虽然日本夫妻之间说话非常客气，但男人说过的话女人是从不反抗的，不管愿意不愿意。日本女人的温顺是世界有名的，因为在日本的文化传统中女人的责任就是服侍丈夫。

现在职业女性虽然有明显增加，但与其他国家相比仍然很少。日本没有"同工同酬"之说，条件相同的男女之间，男性的工资明显高于女性。女性如果怀孕就必须辞职，回家专心养育孩子，这与服侍丈夫一样也是社会责任。再加上日本人极端重视自己的隐私，普通人家从不雇用保姆，妻子也只能回家去照顾孩子。幼儿园也从来不考虑家长是否有接送孩子的时间，大都是上午9:00以后上学，下午4:00就放学了，在孩子上幼儿园期间母亲不可能出去工作。如果按每个家庭有两个孩子计算，等第二个孩子长大进入小学之后，母亲辞职也已经有十多年时间了。日本的工资制度中，工龄是一个非常重要的因素，但这个工龄必须是在本单位的工龄，跳槽与离职就意味着放弃工龄。等孩子长大之后再次工作的女性在地位与工资上都与自己同年龄的男人相差很远，而且丈夫仍然在为社会工作，自己也仍然要承担服侍丈夫的责任，所以大都不再正式就职。

从上世纪90年代开始女性接受大学教育的比例明显提升，与男性基本持平。因为学历的升高、西方价值观念的影响与家务劳动中电气化程度的提升导致的家务劳动日益减轻等原因，很多女性已经不再满足于以前的生活方式。虽然女性依然在照顾孩子、服侍男性、维持家庭的正常生活，但在孩子长大之后很多女人走出家庭，建立起了自己的社会群体。这种群体并不如中国式的松散，往往类似一个组织，例如读书会、花道会、茶道会或各种其他文化群体。其活动也体现着日本特有的规则性，计划性很强，很多程序并不亚于中国的工作单位。女人们已经开始选择或建立自己的新的生活方式。最典型的就是2006年有5000多名50来岁的妇女从全国各地赶到东京的成田机场去欢迎从韩国来的一个名叫裴勇俊的歌星，机场交通为之堵塞。这可以说是女性生活发生重大变化的一个典型事件。

现在的年轻女性在就职之后，为了不影响自己的工作，往往不愿意过早地结婚，平均结婚年龄高于男性，达到28岁（男性为26岁）。婚后也不愿意早生孩子，因为怀孕就会失去工作。即使是标准的家庭主妇也不愿意多生了，现在的日本已经进入到了"高龄化，少子化"的时代。据有关方面预测，百年以后日本的人口将比现在减少50%左右，这个估计很明显是在夸张，但这正是危机意识格外强烈的日本固有的心态。虽然日本政府在鼓励多生孩子，生育孩子有各种补贴，生育越多补贴越多，但青年人还是不愿意多要孩子。已经有一些小学因学生太少而改为养老院了。

现在日本家庭中的夫妻关系仍然维持着过去的传统，但离婚率则明显升高。日本政府早有规定，夫妻离婚，家产平分。2006年又增加了一条，丈夫退休后的退休金也必须平分。这一下很多女性等到丈夫退休之后马上提出离婚，这被称为"熟年离婚"。"熟年"是指50至60岁的年龄，这是儿女都已成人，父母大都去世，自己的心理、生理也开始衰老，渐渐步入老年的时期。在中国这是夫妻生活最为稳定的时期，即使是吵吵闹闹多年的夫妻大都也安静了下来。但在日本却成为一个离婚高峰区，确实很有"日本特色"。

据2007年的新闻调查，有些男人退休后居然不与妻子一起吃饭，理由是口味不同（因为在单位长年吃的都是一些快餐），有些家庭是妻子先做自己的饭，然后丈夫再做自己的饭。6月17日是父亲节,2007年的父亲节,电视台在街头采访时,有青年表示要给自己的父亲买做饭用的刀,因为父亲想要自己做饭。妻子也见不得这个突然多余出来的人,成天在家里晃悠,什么也不干,碍手碍脚,生活好像乱了套。再加上丈夫的退休意味着服侍丈夫不再是公的社会责任而只是私的夫妻情分,是否继续为丈夫服务完全是私的事情。丈夫的退休金又可以平分,离婚的便多了起来。因为有财产的继承问题,离婚后的夫妻一般不再结婚,要么独自生活,要么与他人同居。更多的还是夫妻仍然住在过去的房间里,只是各人过各人的日子,井水不犯河水。

　　日本人对子女的态度也是公私分明的。抚养孩子是自己的事,在公园里、在街道上随时都可以看到母亲对孩子的关爱与呵护。教育则是政府的事,日本人在家庭生活中很少管孩子的学习。家长要做的就是教育孩子要"知耻",要自立,要遵守规则。这就是在规则中生活的日本人的态度,该谁管的事就是谁来管。面对"考试地狱",大多数父母都是在孩子还在上小学的时候就把孩子送进各种各样的"私塾"里去,一直上到考完大学。孩子有什么事、有什么困难也很少与父母沟通,基本上都是靠自己去解决,即使是在学校受到各种欺负也只能自己去解决,其结果便是自立性更强。这明显地是受到了"古者易子而教之,父子之间不责善"(《孟子·离娄上》)的影响。孟子认为父亲不应直接教子,孩子应该由其他人来教,因为父教子必然要因孩子之"不善"而责备之,这会引起父子之间的对立。日本的父子关系本来就是等级关系,如再以"不善"而责备之,父子关系就会更加疏离。

　　日本的家庭暴力到底有多少,在绝不干涉他人私生活的日本是无法说清楚的。家庭暴力只有发展到触犯刑律的时候,才会在新闻中见到。从新闻报道看,日本人的家庭生活中亲情成分比中国人要少。在报道的暴力事件中,家庭暴力比其他社会暴力要多。2007年5月15日一位17岁的少年杀死了自己的母亲,第二天提着母亲的头去警察局自首,引起了极大的振动。一方面是因为耻辱感文化对人的压抑很重,不良情绪缺少发泄的渠道,另一方面也是因为日本家庭中的规则严格而亲情淡薄,所以家庭暴力往往是在长期的压抑中突然爆发的,恶性事件所占比例很大。中国也存在着各种极端的、恶性的家庭暴力事件,但与日本相比,还是要少得多。

日本有一种"一户建"的住宅,其中有"二世代住宅",也就是二代成年人的住宅,建筑结构完全是二家人的布局。或者一层是老人住宅,一层是儿女住宅;或者一半是老人住宅,一半是儿女住宅。老人在一起生活,儿女和自己的子女在一起生活,各过各的日子,各算各的账,家庭关系明显比中国疏远。日本的社会保障体系非常完善,几乎任何事情都有相应的服务机构,子女并不需要为父母提供多少具体的帮助,老人完全可以独自生活,但也正是因为此,老人的生活才更为孤独。这种孤独的另一个重要的原因是离开了自己所属的集团,这意味着失去了自己的根,所以对一些德高望重的人物,人们会想方设法为其保留一个哪怕是虚假的职务。

因为日本的医院与公共汽车对老人免费,所以老人们经常去医院看病。据一些人讲,这些老人更主要的目的还是要找人说话,这使得医院的支出大为增加。从2006年日本政府开始改革这项制度,老人看病也必须自己支付一定比例的费用。去公园的老人并不多,因为医生与病人交谈是责任,所以他必须回答老人的问题,而公园中的游客并没有与他人交谈的义务。

社会服务

在中国的文化传统中"社会服务"的观念非常淡薄。男耕女织的农业社会并不需要太多的"社会服务"。新中国建立之后的各种各样的"国营单位"同样如此:所有的单位都要管职工的生老病死,都要管职工的配偶与子女的入托、上学,都要管职工的住房与思想品德。单位就是一个小而全的"社会",在某种意义上更像是一个"宗族"、一个"家族",这正是"以厂为家"、"爱社如家"的社会基础与思想基础,社会化的服务机构也就非常少。

对政府而言,绝大部分社会服务的任务都被"单位"完成了,政府也就只管一些单位不可能完成的服务,例如建立商店、餐馆、粮店、菜铺以及公共交通、大型医院、新华书店等机构。这些机构一经建立也就成为"国营单位",在内部与其他各种各样的国营单位一样需要照顾自己的职工了。

在计划经济的时代,一个单位只要建立起来就不能让它倒闭,因为在计划中它具有自己不可替代的社会任务。倒闭了,从理论上讲,这份任务就没有了承担的部门。既然单位不能倒闭,亏损也就不是什么问题,不论亏损到什么程度都会由国家来"买单"。单位不可能倒闭,那么职工也就不会失业。只要进入国营单位,一切都有了保障,此生不再为生存担忧。虽然传统的道德与政治理想在支撑着大多数人的努力,但"大锅饭"的负面影响随着时代的发展也日渐突出。对很多人来说"以厂为家"、"以社为家"就成为单位不能不管我。既然人民是国家的主人,当然也就是单位的主人,即使不努力,也不能让我饿死。不仅不能让我饿死,老婆、孩子也不能饿死。只要躺在国营单位这棵大树下，生老病死就得有人管，干不干都一样。

因为单位不能倒闭，所以部门的职责在物资匮乏的时代就成了职工手中的"特权"。干好干坏都一样，如何服务当然也就不重要了。"文革"中在一些地区甚至出现过顾客"自己服务"的现象——在饭馆吃饭，不仅要自己去窗口端饭，吃完饭还需要自己去洗碗，因为要别人为自己服务是"资产阶级思想"。

改革开放就是要打破铁饭碗、大锅饭，建立市场经济秩序就是要展开公平竞争。但在计划经济的手段已经不再万能，而市场经济秩序还没有建立起来的改革初期，服务行业利用手中的"特权"建立"霸王条款"就变得普遍起来。越是"吃香"的行业，越是"吃香"的单位越是如此。随着改革开放的日益深入，市场经济的秩序日渐好转，商品供应已经非常充足，"卖方市场"也已转变为"买方市场"，服务行业的良性竞争也就普遍起来。在经济发达的省市，第三产业的产值已经开始超过第一产业与第二产业，社会服务的水平与质量也有了明显提高。提升服务设施与服务人员的水平，大量地建立现代服务业的机构与公司，都取得了明显效果，霸王条款在很多地方已经绝迹。

现在中国人的服务意识与服务水平已经获得了极大的提高，各项服务设施与服务功能都有了明显的进步。尤其是在大城市，如果服务不到位，很多顾客都会发脾气，这正是服务水平提高的最明显的标志。但与日本相比，服务的范围、服务的内容、服务的设备、服务的态度与水平还是存在着很大的差距，这是在日本的中国留学生感受最为鲜明的地方。

这里有几方面的问题。首先，现代服务业毕竟是经济发展到一定水平的产物。中国经济发展的总体水平还明显低于发达国家,在奔小康的时代,大多数百姓对物质的要求仍然是最为急迫的要求。在这个阶段,社会服务的各种设施的不足与服务方式的欠缺还不可能成为非常突出的社会问题,传统观念中的服务就是伺候人的意识也还在一定程度上制约着中国人的观念。另外,在经济欠发达地区,人们还缺乏为各种服务支付必要的费用的能力。

其次,计划经济体制下形成的"小而全"、"大而全"的自我服务形式仍然在一定程度上存在。尽管现在社会上已经出现了很多咨询公司、会计事务所、法律事务所、物业公司、家政公司、物流公司、仓储公司等等现代服务机构,但很多单位因为原有建筑的封闭性与人事制度改革的滞后等原因,仍然保留着很多传统的内设机构,很多事务仍然是由自己的人员来完成。这不仅使人工成本增大,也使服务质量降低。单位不把这些包袱甩出去,现代服务业就缺乏足够的市场,也就只能处于"初级阶段"。

第三,中国文化中的把握本质、解决核心问题的思维方式使中国人容易忽视细节,而关注细节、把握细节却正是现代服务业的生命所在。例如很多物业部门在物业服务中对小问题、小毛病采取一种视而不见的态度,因为太琐碎,也不合算,而且业主们也可以自己解决,何必招惹麻烦?但正是这些细节使业主们失去了对物业公司的信心。曾经有一个时期,服务行业普遍提出"把顾客当上帝",听起来不错。可是这句话的主语是谁?企业。既然企业能封你为上帝,当然也可以把你从上帝的位置上拉下来。对很多顾客来说,与其没完没了地"打官司",不如不"享受"你的服务。

目前民生问题、百姓的生活质量问题已经成为国家非常关注的问题。2008年1月下旬发生在中国南方的特大雪灾中,中国政府动用了包括军队在内的各种力量全力以赴进行救灾。5月12日发生在四川省汶川县的特大地震灾害中,中国政府更是全力以赴,从中央到地方，从军队到各级政府为抗震救灾做出了极为巨大的贡献与牺牲，而在全国百姓自发的救灾过程中更能看到中国人对国家的热爱与对灾区同胞的关注之情。整个救灾过程充满了以人为本的精神与服务百姓的意识。百姓鲜明地感受到了政府的力量，同时也明显地感受到服务绝不仅仅是某些部门或行业的事，而是要由政府来统筹协调的事。但要完成全方位的社会服务还有很长的路要走。

日本的社会服务体系非常完备，服务水平也很高。保证这种高水平的服务体系的建立与运转的，当然首先是经济发展的水平，但更为重要的原因还是日本独特的人际关系。日本独特的人际关系对每一个人都具有极大的约束力，为避免受到指责，服务方首先要尽可能地提高服务手段的自动化程度，因为自动化程度越高，人与人之间的交往就越少，受到指责的可能性也就越小。其次，还必须尽心尽力地完成自己的服务职责。在这一点上，日本人堪称楷模，尤其是他们的服务态度以及设身处地替被服务者考虑的意识，让人感到非常愉快与舒畅，日本的社会服务因此而达到了极高的水平。

日本的服务主要体现在服务的完善与精细上。各种公共设施都非常完备，使用也非常方便。在较大的公共场所的出入口都摆放着各种各样的说明书与地图。每到一个新的地方，人们要做的最自然的事就是找一个出入口或者一个什么机构，索要一张周边地区的地图或说明书。在各种超市里也可以轻易地拿到这种地图与说明书。在各个路口都有各种各样的指示牌，有些指示牌上还有图案或照片，是专为不懂日语、汉字与英语的人准备的。即使对日语一窍不通的人也可以非常方便地生活而不用求助他人。

图书馆主要是公立的,藏书完全根据服务对象而确定。各图书馆之间联网,读者可以通过网络很方便地借到自己需要的图书。除了设在东京的国会图书馆与国立公文馆之外,其他公共图书馆都是开架阅览,不需要任何手续,可以自由进出。如果借书则需要借书证,办理借书证非常容易,只要是本地区的合法居住者就可以通过身份证办理。只需填一张表格,几分钟就可以拿到免费的借书证。还书就更为方便了,只要是从公立图书馆借到的书,在任何一个联网的图书馆都可以还,只要把书往服务台上一放,甚至是往还书的书柜里一丢,就完成了。

国会图书馆与国立公文馆是日本最高级别的图书馆,只能阅读不能借出。进入这两个图书馆需要办理进出手续,同样是出示身份证,填一张表格,就可以领到一张卡片,凭卡片进入。进入国会图书馆的大厅之后,把卡片插入计算机,输入相关书籍的资料,然后坐在大厅等候。传送带会把图书送到服务台,这时候大厅的电子屏幕上就会显示出调阅者卡片的号码,阅读者就可以取书了。有一次我去查阅资料,日本的老师帮我要了一本关于印度的民间故事与西藏的民间故事之间的渊源关系的书。当我的号码在屏幕上出现时,服务台说我要的图书很珍贵,只能自己到书库的阅览室去看。到了书库,服务员拿出一个小盒,盒里面是我要的书,非常珍贵,是孤本。

在国立公文馆则是凭出入卡片直接进入阅览室查阅书目。我查找的是"日本庆长刊·古活·第一种本的菅得庵手识本《史记》"。因为是手抄本,字体很大,八开本,焦黄色。纸张已经变脆,边角很容易断裂。我很小心地翻开封面,就有一股浓浓的墨香扑鼻而来。在翻阅之后我要求复印《十二诸侯年表》与小司马氏补写的《三皇本纪》。工作人员回答复印很难,需要两个星期才能完成。

两个星期后复印件就寄到了我所在的研究室。在国内也有类似的服务，但目前还没有这么方便。

日本的博物馆很多，有大有小，有的要门票，有的不要。小型的博物馆大都是专门化的，如陶瓷博物馆、马匹博物馆、船舶博物馆、港口博物馆、服饰博物馆等等。因为日本的历史不长，国土也不大，而且博物馆也太多，所以馆藏都不多，但服务设施很到位。各馆都有供参观者休息的地方，都有很多触摸式的电子显示屏，可以根据自己的爱好查询自己感兴趣的内容。一些小馆还有一些有趣的内容。例如在横滨的马博物馆就有装在弹簧架上的马鞍供参观者体验骑马的感觉，还有一个拉力器，可以测试一下自己有多少"马力"。通过一个望远镜式的东西还可以看到马的视野，非常奇妙。

最有意思的是京都博物馆的门前赫然写着穿和服者可以不买门票的规定，体现出了一个古都对传统的重视，京都的和服也是日本最有名的。东京上野的国立博物馆不仅对小学生免费开放，而且每一个参观的小学生还可以使两个成年人的门票打折。这是鼓励父母带小学生多参观博物馆的意思。正是在这些地方我们能很深地感受到日本服务的细致与深入，其中渗透着对本国、本地文化的宣扬与对儿童进行文化教育的努力。

小诊所到处都有，有病先去小诊所。如果是大病一般情况下由小诊所的大夫与大医院预约，并给病人介绍大夫。每个人都有一张医疗卡，进入医院后，先在大厅的计算机里插入医疗卡，计算机就会送出一个受信器，拿着受信器就可以到沙发上等候了。病人的信息会由计算机送到所有的相关部门，档案室通过专门的传送带把病人的病历送到相关的科室。因为一般都有预约，所以等候的时间不会久。大夫通过受信器提示病人进入门诊室。门诊室的后门连着治疗大厅,治疗、会诊可以随时进行。要进行某种检查,拿着医疗卡在计算机上一刷,手续就办完了。比如说要进行血液检查,计算机会根据医疗卡与大夫提供的信息在病人到达检查室之前就为检查室送出一个小抽屉,各种容器上都贴有病人的姓名与需要检查的项目及要求。护士抽完血之后,传送带又会把各种容器分别送到相应的检查部门去。如果需要住院,护士就会推着病床到门诊室接病人进入病房。病床做得非常考究,病人躺在病床上由护士推着进入病房。需要转科室,也是推着床走就行了。

日本最重要的公共交通工具是地铁和电车(轻轨列车),时刻表精确到秒。因为时刻表清晰,列车到、离站又非常准确,所以一般车站的月台也就非常狭小,而进出车站的检票口很多,接纳与疏散旅客的能力非常强。如果是坐轮椅的残疾人乘车,工作人员就会拿一个有坡度的木板铺在车门口,送残疾人上车,并通知残疾人下车的车站,对方就会在残疾人下车时拿着相同的木板接残疾人下车,并将其送出车站。

因为地铁与电车遍布全国,所以公交汽车的线路都不长,一般只有几公里。所有的公交车站的站牌上都有汽车到达该站的时刻表。公交车到达前一个车站时,下一个车站的时刻表上就会显示出公交车即将到达的信息。为了方便乘客上下车,车身会自动倾斜,降低踏板的高度。在车厢内的投币机上配有换钞机,可以把整钱换成零钱,每个座位旁都有按钮,按动按钮司机就会知道有人要下车。

在围棋世界里可以说是中日韩三足鼎立。日本的职业段位非常严格,与中国相同,但业余段位却比中国要松得多。在日本人看来,业余就是爱好,段位宽松可以使更多的爱好者参加进来。业余段位的比赛也很轻松、很热闹,只要愿意都可以参加,这当然有利于围棋事业的发展。中国却不行，业余段位并不容易获得，在获得之后还有各种各样的要求，这使很多爱好者对围棋组织敬而远之，实际上成为围棋事业的损失。日本的各种活动中心都是如此，参加者不管来学什么，都只是一种兴趣、一种爱好而已，来者不拒。"重在参与"在这里体现得最为明显。

在东京有一个叫原宿的地方，每到星期天这里就成了青年人的天下。日本各地的青年开着车，拉着各种扩音设备来到这里表演歌舞。警察封锁马路的两头，不许其他车辆通过。在马路中间，来自各地的歌手们搭起各种舞台来一展歌喉，还有一些跳舞的人在精心地表演着自己的绝活。成群结队的青年人来到这里为他们欢呼，为他们鼓掌，就和观赏大明星的表演一样。这里是青年人释放心理的紧张与获得自我价值的地方，没有一定的水平是不敢在这里随便上台的。虽然也是乱哄哄的一片，但没有人制造麻烦。可以说这里是青年人的心理发泄场，对于稳定社会的治安是很有好处的。这也是一种社会服务，因为青年人有这种需要。东京的涩谷就是一个专供青年人消遣玩乐的地方。

日本人进入工作岗位就意味着自己成了"孙子"，尤其是与"单位"之外的人发生关系的时候更是如此。比如说道路维修，在马路上进行维修的人员一定要用围布把施工的区段围起来，并在旁边用围栏圈出一条专门的便道，在便道的两边还要安排人员来引导通行者，当行人通过时他会一个劲地鞠躬致歉。各种维修都尽可能地在夜间或车辆稀少的时候进行，尽可能地减少对交通的影响。有一次我在日本街头的人行道上骑自行车（在日本骑自行车必须走人行道），遇到七八个人刚从车上卸下一个类似篮球架大小的铁架子，正在休息。当我骑到跟前时，引导者招手示意让我停车，然后吹哨，指挥众人抬起铁架向后退出一公尺左右的路面让我通行。

日本的大公司为了更有效地降低成本,把很多本来由公司本部做的事情转移到海外或托付给其他公司。世界各地的电话打进企业的咨询部门,实际回答者却可能在中国或东南亚的什么地方,这些回答者的工资远远低于日本国内的工资。很多企业的办公场所、公用汽车、办公设备都是租用的,因为租赁比购买要省钱。尤其是办公设备与汽车,租赁一段时间以后还可以由生产厂家更新。生产厂家因为有人租赁而扩大了自己产品的收入,租赁者因为租赁而省钱并始终在使用最新的产品,这成为企业通行的做法。在日本,可以说有需要就会有服务。

衣食住行

衣

　　因为历史的悠久与地形的复杂,也因为民族的众多与礼仪的繁盛,古代中国的服饰文化非常发达。可以说每个时代都有自己明显的特征,如秦汉的威严、六朝的飘逸、隋唐的华艳、宋明的舒展、清代的端庄等等,洋洋大观,琳琅满目。服饰自古以来就是等级的象征。孔子说过:"文质彬彬,然后君子。"(《论语·雍也》)贾谊在《新书·服疑》中说:"制服之道,取至适至和以予民,至美至神进之帝。奇服文章,以等上下而差贵贱。"服饰代表着等级,绝不可随意造次。

　　自近代开始,因受西方文化与工业化生产方式的影响,中国的服饰发生了巨大的变化,开始向西方化、实用化、便捷化方向发展,著名的中山装、列宁装就是代表,以后的毛式服装、军便服、工作服也是如此。在"文革"中因受"文革"政治的影响,在一段时期内军便服成为基本的服装形式,色彩也极为单一,千人一式,万人一式,表现出鲜明的时代特征。自改革开放之后,中国人的服装开始呈现出鲜明的个性化特征,真正是千姿百态、款式各异、色彩华艳。从色彩、面料、款式,再到穿着的方式与色彩的搭配都开始体现个性化、性别化、年龄化的特征。传统的中国古代的服装不再流行,也不被重视,大多数中国人的家中也早已没有唐式服装、对襟衣衫、旗袍、马褂了。

日本的服装由原始走向文明的第一次变化是在奈良时代(710—794)。当时的日本向中国派出了大量的遣唐使,这些使者把中国的文化带回日本。在建立律令制国家的过程中,受唐代政治与服饰的影响,日本政府颁布了《衣服令》,规定了朝服、礼服与制服的样式与等级。在样式上基本模仿着唐代的服饰,并仿照中国的服饰制度确定了朝服、礼服、制服的穿着规定与穿着等级。因受手工业发展水平的影响,当时的服装还非常简约。以后经过多次的改进与发展,在平安时代(794—1192)服饰走向华艳;到了镰仓时代(1192—1333),因为武家政治的兴起,武士的服饰得到重视,又一次趋向简约;到了江户时代(1603—1867)日本的和服最终定型。

日本的和服确实多种多样、色彩艳丽,给人以眼花缭乱的感觉,但仔细观赏又不免让人失望——更多的是色彩、图案、质料、做工的变化,款式却没有太多的变化。这既是因为日本人非常重视传统,也是因为在江户时代之前日本只是与中国、朝鲜保持着文化与经济的往来,对世界其他国家文化的接纳非常有限,缺乏与更多的异民族的文化交流的缘故。

进入近代之后,中国与日本都受到了西方列强巨大的军事、经济与文化的冲击,但在向西方学习、变法维新的过程中,思想负担与文化负担更轻的日本走在了前面。为适应工业化的要求,日本的服装开始向实用化、便捷化发展,并影响到了中国服装的改造。近代中国的服装大都是从日本学习而来的,而现在的一些小青年穿的怪异的服装与乞丐装大多也是从日本学来的。今天的日本人在日常的穿着上与中国人没有什么区别,中国留学生从中国带去的任何衣服都可以在日本穿,没有异样。

作为一个规则至上的国家,日本人与中国人最大的不同在于穿着的场合。日本的工薪族,尤其是白领阶层,上班时都是西装革履,衣冠楚楚,下班后与休息日则是便服与休闲装。这成为一个规则。穿着西装逛公园、逛商店的一定是外国人,而且大多数是去日本出差或考察的中国人。在各种各样的节日中,日本人一定会严格地根据节日的传统穿不同的服装,只是外国人分不清那些看上去完全相同的和服到底有什么差别而已。在这里可以非常清晰地感受到日本人对传统的保守与尊敬。据日本人讲,穿和服,尤其是女性穿和服都会有一种身为日本人的自豪感。女性的和服穿着起来非常麻烦,据说一个不求助于他人而能够独自穿上和服的女性就会被认为是一个非常能干的女性。在日本的大街上经常能看到一些穿着和服的女性,有些是从事服务业的职业女性,这是工作的要求,因为不易穿着,所以大都是在家中穿好后才出门的。有些则是家中无事的妇女在穿戴整齐后出门闲逛。

中国人在穿着的方式与规则上要比日本人自由得多,虽然在一些行业与部门上班时也有对工作装的要求,但一般来说并不严格。以至于遇到重大的庆典,领导要求下属穿"正装"时往往连领导自己也说不清到底什么装才算是"正装"。下班后与休息日穿什么更无所谓,逛大街、进公园、入饭店,穿西装、工作装并不是异类。

只有在一些特殊的场合才会考虑穿什么服装合适,但这也只是个"衣冠待人"的礼貌问题,与传统、规则没有什么联系。中国人也早已不再保有传统的唐装了,即使有些女性保有旗袍,也与礼仪无关,在什么时候穿取决于个人的爱好。

食

"食色,性也。"(《孟子·告子上》)"民以食为天",因为人口众多,自古以来饮食始终都是中国最为重大的事情。与此相应的是中国人的吃是世界有名的,中国也因此具有了世界上最为发达的饮食文化。中国在"走向世界"的过程中,最为突出的就是饭菜先行。

中国的饮食首先是原材料的品种繁多,可以说只要是能吃的就没有上不了餐桌的。飞禽走兽、鱼虾鼋鼍、花草根木、虫蛹蜂蛾,大概除了苍蝇蚊子之外,各种活物在中国人眼里都是餐桌上的美味,尤以广东人为最。世界上的各个民族大都有禁食之物,唯独汉民族没有禁食之物,而且还保留着某种原始的痕迹,例如吃各种昆虫等等。

其次是制作之精美与复杂,具体表现就是烹调发达。不仅是方法多样,如烹、烩、炸、烤、煎、熬、炖、烧、焖、煨、煲、汆、炒、煮、蒸、烙……其间细微差别,不仅外国人弄不清楚,大多数中国人也很难完全弄明白。各种调料更是难以计数,不仅动物、植物可以为调料,各种矿物质也可以入调料。在此基础上形成的四大菜系更是各有千秋。从选料、备料再到烹调,更是各有各的绝招。饭菜不仅味道要好,形状也要好,所谓色、香、味、形,缺一不可。此外,饭菜的名称还要吉祥,起码不能不雅。另外在不同的地区、不同的民族、不同的季节、不同的环境之中也形成了各自不同的习惯与传统,也有不同的特色与吃法。所谓"东辣西酸,南甜北咸"只不过是一个笼统的说法而已，实际上的差异与特色远比这个说法要复杂得多。

第三是"无酒不成席"。喜爱酒的国家并非只有中国，而且中国也算不上是一个最爱酒的国家，但只有中国，酒与饭菜结合的最为紧密。中国的"酒店"与"饭店"实际上并没有什么差异，都在干着既卖酒又卖饭的营生，虽然偶尔也会有一二间小小的不卖饭菜的酒馆，但并不多见。

这首先与中国的白酒过于浓烈有关。没有下酒菜，一般人喝不下去，所以只要喝酒就得有菜。在这种传统中，有了好菜也得有酒，所谓"无酒不成席"。更重要的当然还是因为人际交往的需要，在交往中要的就是热闹与喜庆，没有酒就没有气氛。喝酒，不能没有菜，饭菜过于简单也没有面子。"酒逢知己千杯少"，三杯下肚，话匣子打开，亲近的更加亲近；在猜拳行令或相互敬酒中，疏远的也渐渐和谐。主人是否大方、交友是否诚心、是否尊重客人、是否真正赔情道歉，在很大程度上取决于饭菜是否丰盛、喝酒是否"真心"。主人真心，客人也就实心。为了劝人多喝，各种酒令更是层出不穷，只要看看《红楼梦》就不得不惊叹中国"酒文化"的发达。因为有这种交际的功能，中国人有机会就吃。"不吃白不吃，吃了也白吃，白吃谁不吃。"但在很多时候，也是"吃了不白吃"，即使吃喝成为一种负担也不得不去吃。

第四是共餐制。众人围坐一张桌子，共同夹吃同一个碟子中的饭菜。使用筷子是为了在吃饭的过程中保持与饭菜的一种距离，不破坏食物的形状，这是对他人的尊重，与西方的分餐制与刀、叉、匙的分工明确有很大不同。在家族主义的传统中，家庭中的所有成员都是同一个祖先的后代，在餐桌上共同享受同样的饭菜正是团结家族的重要手段。而且长辈坐在上席，长辈未动的饭菜晚辈不能动,只有长辈夹吃之后,晚辈才能夹吃,这是规矩,也是教育孩子尊重长辈的具体实践。即使是工作餐,餐厅的服务生也会把每一道新上的菜摆放在上席的人面前。在《诗经》中就有对祭祀祖先时大吃大喝的歌唱,其中团结家族、宗族的作用不可低估。另外,因为每个人的饭量并不一样,在共餐制中饭量大的可以多吃点,饭量小的少吃点,也非常符合"情理",不会像分餐制那样因为某人饭量小而浪费,因为某人饭量大而挨饿。

在社会生活中同样也是只要一起吃饭,必然是共餐制,这里有一种中国人独具的向心力与凝聚力。离开了饭桌上的气氛,中国人的人际关系就失去了最基本的黏合剂和润滑剂。再加上酒的作用,饭桌对中国人际关系的重要性更是无以复加。也正是因为此,中国人在餐桌上的浪费也就格外惊人。以勤俭节约著称的中国人在餐桌上的浪费又抵消了所有节约下来的成本。实际上一直有人在试图改变这种"陋习",认为中国式的共餐制既不卫生,又充满浪费,应该提倡西方式的分餐制,但收效甚微。因为缘于人际关系需求的吃饭并不真正关注吃,关注的是"人缘"与"人情",与其分餐,不如不餐。

日本的岛国特征决定了日本从原始时代开始,就只能以捕捞海洋生物与采集野果为主要的食物来源。只有在大米传入日本后,才渐渐形成"主米副肉"的饮食结构。从大化改新开始,日本的贵族全面模仿中国唐代的生活方式,饮食也发生了巨大变化,不仅饮食结构向唐代学习,餐具也开始讲究起来,并开始使用筷子。同时又受到佛教不杀生的教义的影响开始以素食与鱼类为主。

到了平安时代,贵族生活开始走向华丽,饮食文化也开始走向形式主义。此时有名的《大宝令》结合日本与中国的传统,对宫中的祭祀与各种政治活动中的饮食行为做出了非常具体的规定。因为这种规定凸显着贵族的身份与特权,所以同时也就成为了贵族家庭生活中的饮食习惯。这种习惯主要表现为对食品的形状、装饰、色彩、器皿等等的视觉感受上,体现出来的是对奢侈与华美的爱好,而对于营养与口味则毫不关心。日本饮食是"视觉饮食","日本饭菜是为视觉而制作的",这种传统便源于平安时代。另外,受佛教的影响,还禁食动物性食品(特别是哺乳类动物),受中国祭祀文化的影响,各种斋戒日与禁忌日也非常多,实际上这个时代的贵族已经成为素食主义。

平安时代的贵族,一方面体现出极度的高雅与华贵,成为典型的形式主义与唯美主义;另一方面则是营养严重不足,体格虚弱,疾病众多,寿命短暂。樋口清之在《日本食物史》中谈到这一时期的文学作品也在追求一种唯美主义的感官享受,在各种小说、日记、纪行、随笔中充满了风花雪月、修竹清影与男欢女爱的描写,唯独没有对于食品的美味、饮食的快感进行过描述,说明这一时期的日本人重视的是饮食的等级而不是饮食本身。

镰仓时代是"武家支配"的时代。武士们为了练习武功经常参加狩猎活动,为了保持自己的体力必须吃肉,各种肉食渐渐增多起来。在此前,贵族一天两餐,农民才吃三餐,武士因为习武的需要开始吃三顿饭,此后一日三餐才成为社会普遍接受的形式。其后的室町、战国时代,社会动荡,战乱不已,等级制度受到严重冲击,自古以来的饮食等级规则也受到挑战。应仁之乱之后,农民、商人与下层武士也开始追求贵族阶级的饮食习惯与方式。这就是"阶级的食事的解放"。这一时期的料理注重新的制作方法与饮食卫生。据古拉塞(音译)的《日本西教史》记载:"日本人的食馔清洁而美丽。"①与此相应的是茶道也获得了充分的发展,茶道与饮食的结合形成了有名的"怀石料理"。

安土桃山时代虽然时间不长,但在日本的食物史上却很重要。第一是武士风、公家风、禅林风、庶民风混为一体,也就是饮食不再具有群体、等级与阶级的特征,贵族饮食中的各种烹调方法也开始普及于民间。第二是一日三餐制的完全定形。一日三餐成为被所有人接受的饮食习惯。第三是受中国与欧洲的影响,饮食结构发生了重大的变化,肉食明显增多,餐具也更为复杂、豪华多样。除了华美的形式之外,饮食的口感、味觉也受到重视。享受美食、享受游宴之乐成为一种风气,茶与酒成为饮食的重要内容。

江户时代是日本饮食文化的集大成时代。在安土桃山风气的基础上,实现了"日本料理"的定型。贵族饮食与寺院饮食完全通俗化,进入民间。贵族饮食礼仪也被民间所掌握,商人阶层与武士阶层更使宴饮与游乐成为生活的重要内容。为了提高饮食的品位,各地的特产也层出不穷,餐饮业获得了极大的发展。这一时期被日本学者称为"和食的完成期"。因为受武士与西洋人食肉的影响,食兽肉的风气也更普遍。为此德川幕府在元禄二年发出了《触秽令》,禁食除了兔肉之外的各种兽肉,理由是兽肉很脏。

在注重规则与形式的日本,外表的洁净就代表着灵魂的洁净,洗刷外表就是在洗刷灵魂,所以日本人爱清洁是举世无双的。兽肉不洁,就是不吃兽肉的最为充分的理由。这在日本之外的任何一个国家都是不可思议的,但在遵守规则的日本竟然也就真的不再食兽肉了。在很长一段时间内,"吃四条腿的动物"就是一句骂人下贱的话语。即使到了今天,日本人除了鱼肉、鸡肉之外,只爱吃牛肉,也吃猪肉,基本不吃羊肉。2006 年 11 月我在东京参加日本社团法人科学技术国际交流中心组织的中国政府派遣研究员培训会议,会议结束时交流中心安排宴会,是自助餐。会上有一个 30

岁左右的日本年青人指着摆放整齐的猪肉对我说:"以前日本人不吃猪肉,现在吃了。你们也会习惯于吃猪肉的。"

日本人的食品注意的是美观,正如人们所说"日本饭菜是为眼睛做的"。我见过的最奇特的一道菜是在一个木制的正方形盘子里铺一层碎石,盘子的四角插着四根筷子,每根筷子上穿着一条鱼。盘子的正中是一盏酒精灯,用来烘烤四周的鱼。为了美观,在一般的饭菜中总是要配一些花草来装饰,非常漂亮。为餐厅提供各种用来装饰饭菜的花草甚至成为一种行业。餐具不仅非常考究,而且种类繁多。日本料理也是分餐制,正规而讲究的日本餐,平均每个人所使用的碗碟都在二十多个。服务生不停地更换碗碟,但每个碟子里最多也只有一二样东西。饭菜的形式华美,味道却很单一。日本厨师的本事全在于刀工的精湛与饭菜样式的华美。做法大都很简单,以烹、煮、蒸、炸、煎、烤为主,还有大量生吃的菜与鱼肉。日本的电视节目中饮食的广告非常多,估计不下各种广告总数的三分之一。饭菜做得非常考究、非常鲜艳、非常漂亮,同时也非常注意对餐厅环境的装饰,给人的感觉是平安时代的唯美主义风格仍然具有明显的影响。

刚到日本的中国人大都认为日本饭菜不错,因为口味与中国不同,而且非常美观。但在日本呆上三四个月,尤其是半年之后就开始变馋,想中国饭菜了。主要原因就是日本饭菜味道单一,以清淡为主。

日本的小饭馆大都只卖啤酒,大饭店当然也卖各种酒,但日本人一般也不会在饭馆中醉酒。这很符合日本人对什么事都精心区分并按规则行事的特点:饭店吃饭,酒馆喝酒。日本有很多真正的小酒馆,主要是卖酒,也有一点小菜,因为日本的清酒非常淡,对味觉的刺激很小,不需要专门下酒的菜。日本人在吃完饭之后,常常去各种酒馆喝酒,或小酌,或酩酊。

日本人喜欢集体吃喝一点不亚于中国人,但这种吃喝主要限定在集团内部。形式也多种多样,在饭馆连吃带喝是吃喝,在饭馆吃完饭再去喝酒是吃喝,在下班前或休息时吃点儿点心是吃喝,下班后跟着领导去酒馆喝酒也是吃喝。逢年过节去吃喝,人员变动去吃喝,没有理由找个理由也去吃喝。这种种吃喝主要是为了融洽集团内部的人际关系而很少中国普遍存在的结交新的关系的内容。这都是由集团的封闭性与人际关系的单向性决定的。

日本人的劝酒非常有意思。原则上自己不能给自己倒酒,杯中的酒喝完了,应该由邻座的人来把酒满上。自己斟酒,对自己来说是贪杯,对邻座的人来说是失职,所以喝酒的时候要时时关注邻座的酒杯。如果要向长辈或先辈“敬酒”,必须是双手举着酒瓶向对方示意,请对方喝酒,待对方喝完后再为其加满酒。如果被“劝”者不喝了,只要示意不喝即可。如果是长辈或先辈向晚辈“劝酒”,只要拿起酒瓶来示意,晚辈无论如何也必须喝完杯中酒,然后恭恭敬敬地捧着酒杯等待对方斟酒。如果对方举起的酒瓶不放下来,就只能继续喝,再继续斟……因此要想灌醉一个晚辈真正是“易如反掌”。

住

中国古代建筑的基本材料是土木,所以建房被称为动土。土,主要指砖,因为砖是土烧成的。大规模修建房屋就被称为“大兴土木”。以土木为材料的哲学基础是“天人合一”。在天人合一的传统中,人是自然的一部分,应该与自然保持天然的亲和,应该顺应自然。在所有的建筑材料中只有土木给人的感觉是最为柔和的,没有金属的冰冷,也没有岩石的坚硬。岩石只能铺路、修桥,或充当房基。家庭生活中脚踩的地方要能接触到土(也包括砖),以接受"地气"。人源于泥土,归于泥土,在丧葬文化中,人死后也是装在"棺木"中"入土为安"的。在这里只有祖先的崇拜,没有宗教的迷狂;只有永恒的血缘,没有永恒的肉体;源于自然,回归自然。

因为是土木建筑,所以中国的传统建筑难以长期保存,现存的古建筑大都是明清以后的,明清以前保留下来的大都经过了历代的维修与改造才不至于湮没。这一点与欧洲有根本的不同。欧洲的建筑明显地受到了宗教的影响,在修建宗教建筑时考虑的就是永恒与不朽,所以以岩石为材料,修建非常缓慢,但建成以后却能长期保存。有些建筑因为战争、灾荒、瘟疫等原因,可以断断续续地修建几百年,改朝换代、刀光剑影都不能影响对宗教建筑的修建,从古希腊的神庙到中世纪的教堂无不如此。受宗教建筑的影响,再加上战争的频繁,贵族的城堡也都以岩石为主要材料。建筑材料、宗教精神与哲学传统的不同构成了中国与欧洲建筑的差异。

中国典型的传统住宅就是四合院。在农村会尽可能地坐北朝南,在都市只好面街而建,朝什么方向的都有,但只要有可能也要坐北朝南。"天下衙门朝南开",这是中国古代文化的原则,既是依北极星与周边星宿的布局而"顺遂天意"的结果,也是"负阴而抱阳"的哲学精神。古代建"城",如果因为地形的原因而难以扩大,宁可迁移或缩小面积,也要正南正北。这就是风水。

坐北朝南并不完全是因为星象、哲学与风水,实际上也是生活的需要,因为中国的风水在本质上就是以政治的需要与建筑的合理而与原始信仰相结合总结出来的"理论"。四合院是家族主义的典型体现,院内大都住着三代、四代人。如果是富贵人家,随着人口的增加与地位的提高,院落也会不断地在同一个纵轴线上向后延伸。再发展,就在纵轴线的旁边增加同样的院落,并使之与纵轴平行。各院落之间由通道连接,逐渐形成一个由结构相同的四合院组合而成的巨大的建筑群。

四合院的结构基本相同,大门尽量向南开,正规的是开在纵轴线上,也有很多是避开纵轴线,略向旁边移动。这主要是为了增加院落的使用场地,可以使院落显得大一些,也有减轻正面"压力"的因素。因为上至天宫,下至官府,大门都是面向正南,普通百姓的大门过于端正恐怕承受不了某种神秘的"压力",还是避开一点为好。这种压力究竟是什么,谁也说不清楚,反正是一种神秘的力量。

一般的大门内都有照壁,古代叫萧墙,至迟在孔子的时代就有了。照壁上或题字,或绘画,既为了美观,也取个吉祥,既是为了避免外人直视院内,也是为了避免院内的福气泄漏出去,外边的邪气穿透进来。如果大门开在院角,就不用建照壁了,因为进入大门首先看到的是厢房的山墙,山墙就起到了照壁的作用,一般也有题字或绘画。

照壁后是庭院,庭院的北面就是坐北朝南的上房。上房建在一个高台上,向阳,通风,光线也最好。这是家长住的地方。正中叫堂屋,是会客的地方,两侧是卧室。在古代,儿孙们早上起来的第一件事就是去上房给老人请安。因为上房地基较高,儿孙们都要仰着头才能看到父母,日积月累,父母的崇高地位也就成为一种自然的心理。在上房的左右还建有耳房,耳房较小,住什么人,做什么用,没有固定的规定,全看主人的需要与兴趣。院子的东西两侧叫厢房,是儿子与媳妇住的地方。厢房的结构与上房相同,正中是堂屋,两侧也叫厢房。

如果是两个或两个以上的院落相连,第一个院落就是前院,主要是佣人居住,客厅也在前院。第二个院落叫内院,是主人与子女住的地方。在四合院内会有各种花卉,有些院内还会有几棵大树,再大一些的组合院落中还会有自己独立的花园。

从近代开始,尤其是在北方城市中形成了大量的以四合院的形式建成的大杂院。大杂院仍然是四合院,因为居民大都是城市平民阶层,一家占有几间房子,人口很杂,所以叫杂院。但上房住的仍然是较有地位或较有钱的人,大多数情况下是大杂院的主人。这种大杂院中的人际关系一般来说都很亲密,打开窗户,院中一览无余。人们互相帮助,互相照顾,真正是"远亲不如近邻,近邻不如对门"。这也是老一代人最为思念的生活环境与生存方式。随着工业化的进程,城市人口也在急剧增加,现在四合院在大多数城市已经基本绝迹了,代之而起的是现代楼房的单元式住宅。

邻居间的交往曾是中国人最为重要、最为经常的交往,现代楼房中的单元式住宅不仅使大家庭不复存在,而且也因为失去了四合院庭院式的共同空间而极大地限制了邻居间的交往,就连孩子们的游戏也受到了很大的限制。家庭的封闭性明显增强。

世界上没有一个民族不热爱自然,但表现形式却有极大的不同。中国古代的大户人家大都有花园,有的还有园林。在这些花园与园林中同样体现着中国人的人生观念与生活情趣。在园林中,中国人总是想要更多地包容自然,只要有可能,就要有草,有树,有石,有山,有水,还要有山水草木的形态搭配,还要有亭台楼阁。咫尺万里,融四时景观、八方珍奇于一园,才叫理想的园林。在这一点上中国人真是贪心得很。

但这还不够,最重要的还要"自然",也就是要有灵气,有生机。这就是中国哲学中把握事物的本质、本真的精神的体现。一方面在制造"假山水",另一方面又要在假山水中体现"真自然",这成为一门大学问。草木要"自然"地生长,能不修剪就不修剪;山水要有"自然"的形态,能做到什么程度算什么程度。这一切最终都是为了让人的生活变得轻松，变得散淡，变得有品位，要让人能够摆脱社会规则的束缚而舒展天性、回归自然。在家庭生活中尽可能地休闲，尽可能地自然，尽可能地没有束缚，是中国人对家庭生活的另一种渴望。这与天地君亲师的社会规则并不矛盾，而是在追求这种规则之外的另一种更高的原则——自然的原则、天人合一的原则。

　　日本古代的建筑材料就是木材，不仅百姓、贵族的家庭是如此，寺庙、神社等宗教建筑也是如此。这首先是因为日本是一个多灾的国家，地震之频繁是世人皆知的。古代的日本人为防地震，以遍布日本的木材为材料来建筑房屋正是理所当然。另一个原因就是日本非常潮湿、狭长的国土，东边是太平洋的暖流，西边是西伯利亚的寒流，多雨雪，多台风，泥土更容易受潮。但是最根本的原因还应该是日本原始宗教的信仰。

　　前文已经谈过，日本的原始信仰中人的灵魂是不死的，灵魂寄托在人的肉体上，人死后灵魂就去往彼世，家中有人怀孕后灵魂又会回到亲人的母腹中再次降生人间。一切都在变动之中，每一个新的生命的诞生都意味着一个彼世的灵魂的回归人间。没有天堂与地狱，也没有一个至高无上的上帝，因此日本的宗教建筑也从来没有追求过永恒。恰恰相反，日本的宗教建筑追求的是不断的更新，就像人的灵魂通过肉体的死亡与再生而不断地更新一样。最典型的就是供奉着日本天皇的祖先神（天照大神）的伊势神宫，每隔20年都要拆掉重新修建一次。伊势神宫的地址分为相同的两块，一块建有神宫，另一块备用。每到拆修的时候，先在备用的空地上依照原样修建起宏伟的神宫，再把旧神宫拆卸下来，把木材分割为无数的小块，分发给所有的神社。信徒们也可以在神宫里无偿领取这些木块。这对于保留建筑的工艺、扩大神宫的威信、传播神道的信仰都具有极为重大的意义。宗教建筑尚且不追求永恒，人间的建筑当然更不会追求永恒了。

以纯粹的木材建成的住宅对日本人的性格具有极为重大的影响。因为潮湿，所以住宅的地板不能紧贴着地面，而是在木桩的支撑下悬空，距地面有 30 至 50 厘米左右的距离。人走在上面咚咚的，像打鼓一样。又因为家长具有极大的权威，这种咚咚的响声是不能允许的，自古以来日本人在家中走路就非常小心，生怕弄出什么声响来。所有的房间都是用木板与木制框架再糊以壁纸的推拉门隔成的，隔音效果很差，所以在家中说话的声音也很小，既有不敢打扰长辈的原因，也有担心外人知道自己隐私的原因。到现在，日本人最讨厌的还是噪音，高声喧哗是最遭人厌烦、最遭人忌恨的毛病。

住宅的屋顶是用树皮或草茎做成的，防水而保温，地上铺的榻榻米也是用草的茎秆做成的，隔潮、柔软而舒适，但所有这一切都极为怕火。日本的雷雨天气很多，雷电的轰击容易引发火灾。日本人又极爱洗澡，烧洗澡水与做饭、饮茶、点灯都需要明火，火灾成为日本最为常见，也最为可怕的灾害。火灾一旦发生，只能眼睁睁地看着房屋的燃烧。避免火灾的最好办法就是按规则做好每一件事，关注每一个细节。即使到了现在，日本人抽剩的烟头也是先要用水熄灭之后才扔进烟灰缸，一般情况下烟灰缸中都存有少量的水以熄灭烟头。中国人这样做是为了避免余烟呛人，日本人首先是为了避免火灾。日本人告诉留学生一定要熄灭烟头的第一理由就是"避免火灾"。

日本人的日常生活非常简朴，这与日本的经济水平、经济收入相比较就更是如此了。现代日本人的住宅中大都是既有和式房间又有洋式房间，不论哪种房间，家具与日用品都比中国家庭要简单。虽然家具的品质都很高，但没有中国人所刻意追求的豪华。尤其是和式房间，在榻榻米上摆放着一些简单的小桌或小柜就什么也没有了。所有的和式房间都严格地保持着传统的格式，都有一个壁橱，放衣物与铺盖。房间的门都是推拉式的，可以很容易地卸下来。

在纯粹的和式建筑中，这种推拉门几乎占据了整个墙面。把门卸下来之后房间就和庭院连成一个整体，坐在榻榻米上，就如同坐在庭院的连廊下一样。窗户都是用专门的纸糊的，中午时分，光线非常柔和。整个房间非常适合居住，幽雅而舒适。房间与房间的隔墙也都用木制的推拉门隔开，门上绘着艳丽的浮世绘。这里有一种特有的细腻的心灵感受。这与日本人重视"外部"甚于"内部"的心理并不矛盾，正是因为在"外部"的规则之中承受着过多的约束与压抑，在"内部"才更加重视心灵的放松与舒张。同样也是因为重视"外部"甚于"内部"，日本人对家庭的关注也远远没有中国人那么强烈，也不像中国人那样尽其可能，甚至是超其可能地对房屋进行装修，对家具与摆设求其完备与豪华。对日本人来说，"职场"永远是第一位的，家庭只能是第二位的；对大多数中国人来说则是家庭第一，单位第二。

在规则的日本，所有的房间都保持着建筑的原来模样，中国人普遍进行的对房屋的装修对日本人来说不可思议。只有拥有宅基地的日本人在修建自己的住宅时才会向建筑公司提出自己的要求。日本的各类建筑都非常精细，首先建筑材料是一流的，在整体形态上给人的感觉是厚实、坚固、柔和。自阪神（大阪与神户）大地震以后，日本政府对高层建筑提出了规定性的抗震要求。现在的住宅楼都以钢材为主要材料建造，混凝土主要用于地基的浇筑与必要的加固。建房时首先把大型的工字钢砸入地下,构成地基的基本框架,再用较小的工字钢组装楼体,就像是建筑桥梁一样,最后以钢板组装成墙壁、楼梯、地板等等。在室内与户外涂有各种保温、隔音的装饰材料,有些部分就像艺术品一样精致。

日本传统的庭院非常精致,因为主要材料都是木材,所以也容易制造得非常精致。院子不大,但很幽雅,庭院中充满着对自然的热爱。但在规则的日本,山水草木的自然却要让位于人为的规则,最高境界的庭院同时就是最高境界的规则。庭院的布局非常精细,与中国的园林相比较,整洁成为第一要素。中国的园林追求"自然",尽可能地像自然界的山水一般,所以较大,各个园林也尽可能地显示出自己的个性。日本的庭院则要保持一种比自然更整洁的形态,所以较小,树木也经过了严格的修剪,一眼望去,整齐而美观。在日本的住宅区散步,最经常见到的就是老头、老太太在修剪花草。

日本庭院中经典的代表是用白色的砂石铺成的"海洋"(人们更多地称其为水池,但我仍愿意称其为海洋,因为其中的"小岛"往往被称为"蓬莱")。这是在一片专门开辟出来的平整的空地上创造的景观。地面上平铺着一层黄豆般大小的白色碎石,然后用专门的钉耙在碎石上划出一道道整齐的弧形波纹,线条流畅而规则,这就是波浪起伏的大海。在海面上错落地摆放着一些专门挑选来的岩石,组成一个个小小的海岛。这些海岛的摆放极有讲究,要求做到不疏不散、不呆不乱、不即不离。在京都的寺庙里有一所庭院,不论从什么角度观看,那些海岛总是比游览书上说的要少一块,因为总有一块岩石会被其他岩石所遮蔽,真是让人赞叹。庭院中的灌木、乔木只要是在道路两侧或房屋周边,都会被精心修剪。基本的形式是圆形,或为球体,或为半球,或为圆柱,也有一些是立方体,总之都是非常规则的几何体,绝无斜枝旁逸。

行

中国因土地广大、地形复杂,行路难始终就是中国人的一个心理情结,在《诗经》的时代漂泊的主题就已经非常明显而突出。自古以来,出征、戍边、徭役、经商、游学、赶考……无不牵动着中国人的心灵,几乎无处不有的望夫石、望夫崖、望夫台、望夫山都在默默地诉说着这种相思的悲痛。诗词中比比皆是的思乡的篇章更是在歌唱着游子与思妇的哀伤。小农业文明造就了安土重迁、求稳怕变的传统。在中国传统的算命书中,出门远行、漂泊在外始终是命运不佳的原因与结果。但是"读万卷书,行万里路"又是每一个知识分子的夙愿,但即使是这种主动的出行,同样会给人以思乡的悲哀。马致远的《天净沙·秋思》:"枯藤老树昏鸦,小桥流水人家,古道西风瘦马。夕阳西下,断肠人在天涯。"正是对"行"的悲哀的最精彩的表露。

进入近代社会之后,虽然有了公路、铁路与航空,但因为人口的众多、国土的广大与地形的复杂,中国人出行仍然非常困难。直到 20 世纪的 80 年代,公共交通的运输能力仍然非常低下。车票难求、票价太高、理想的线路太少等等,仍然是困扰百姓的大事。从 90 年代后期开始到现在的十多年间,中国的公共交通发展之迅速令每一个中国人感到振奋、感到惊喜。现在中国高速公路的总里程已经与美国相差无几,达到 7.5 万公里。自 2000 年之后私家车开始以迅猛的速度发展,大有全民化的势头,旅游几乎成为全民族的爱好与行动。但与日本相比,公共交通的基础还很脆弱。2008 年春节前遍及中国南方的雪灾造成了整个南方交通系统的瘫痪就证明了这一点。中国的公共交通到现在仍然不够强大,每年春节前后的民工潮与学生潮都在考验着公共交通的能力。

在城市道路的建设上,中国比日本更像一个规则的国家。在中国的文化传统中,人间的一切都要模仿天空的星象,道路也必须南北、东西纵横交错。从奴隶制时代的井田制开始,就要求阡陌纵横了。因为"天下衙门朝南开"是顺遂天意,以保皇权永固的大原则,所以古代以官府衙门为中心进行的城市建设都是四方四正、正南正北的格局,后代的城市发展也只能在此基础上扩大,也必须遵循纵横交错的规则。这以北京、西安等城市表现得最为明显。

在计划经济的时代,整齐划一是一个明显的特征,道路的建设也都在继续着十字交叉式的格局。这种格局虽然整齐,但对汽车的分流并没有明显的作用。随着车流量的日益增大,堵车的现象日益严重。因为道路的规整,十字路口明显增多,这成为堵塞交通的重要原因。拓宽道路与修建立交桥虽然也有一定作用,但解决不了根本问题,甚至可以说解决不了大的问题。城市交通只有下决心以高额的代价修建地铁与轻轨列车才是唯一的办法,但要在全国普遍修建还需要一段时间。城际、省际交通现在已经出现了高速铁路,在不久的将来应该是能够从根本上解决行路难的问题了。

日本是一个岛国,实际上是一座海底大山脉的顶峰,东西狭窄而南北漫长。面积最大的本州岛的中部就是一条山脊,东边只有一条狭长的平地,西边平地更少。因为有大海的阻隔,在近代西方列强的坚船利炮到来之前,日本从来没有受到过外敌的入侵,也就没有中国古代的那种长期的戍边与徭役。又因为地域狭小,虽然在历史上发生过很多次内部的战争,但从来没有发生过民族的大迁徙,也没有科举制度,外出的游子并不多,没有真正的长期在外的漂泊者。即使是商人也因为地域的狭小而没有更远的路可以行走。除了那些被朝廷派往中国的遣隋使、遣唐使之外,人们都被各藩国的统治者紧紧地束缚在固定的地区与村落之内,一般的外出也不过是十几天或几十天的行程。

只有一些非常独特的人物,如日本古代的著名俳句作家芭蕉,为了感悟人生而自觉地漂泊。因为气候的温和与路途的有限,虽然芭蕉在日本的漂泊已经算是非常地艰辛了,但其伤痛之感也远远没有中国古人那么强烈。日本人以善于长途跋涉而著名,只是西方人的评价,其跋涉之艰难实在无法与中国古人相比,对于漂泊的痛苦与感伤也远没有中国人深刻。

日本是个多山的国家,没有中国那种广阔的平原,所以道路更多的是依地形而蜿蜒,阡陌的规则在日本无法实行。自近代之后,日本的道路修建也是依地形而建设,弯道众多。城市中的道路更是因为地形的复杂与私人住宅、私人占地的大量存在而不得不曲折多弯。只有主干道与高速公路才力求笔直,而且主要还是通过架空的办法来保持笔直。即使如此,在中国人看来日本城市的道路仍然有太多的弯道。但注重结果与工作细致的日本人却非常重视道路的畅通,在看起来毫无规则的道路上充满了无数的岔道,有效地缓解了主干道的压力,分流的能力很强。

外国人在日本开车,最经常遇到的问题就是迷路。那些旁逸斜出的岔道如果没有走过,最好不要试着去走,在不知不觉中天知道会把你带到什么地方去。日本的街道上也经常塞车,但没有加塞或占用其他车道的现象,人们都按规则停车等待,也没有乱打喇叭的现象,只是在静静地等待着道路的畅通。为保证上班不迟到,日本人在上班时基本不开私家车,而是乘坐公共交通工具,这也在很大程度上减轻了塞车的压力。

日本的交通工具中最具有特色的还是新干线,新干线是高速铁路客运干线的简称。在 20 世纪 50 年代后期,日本进入了经济高速发展时期,京滨(东京与横滨)至阪神(大阪与神户)的东海道地区成为经济发展的核心区,原有的东海道铁路已经难以满足这一发展的需求。为此,1957年日本运输省组建了有各方面的专家参与的"日本国有铁路干线调查会",就东海道铁路运输问题进行调查与研究。这个调查会最终提出了建立独立的高速铁路客运干线的设想。1958年12月,日本内阁会议批准了这一计划,新干线开始兴建。1964年10月1日,在东京奥运会开幕前夕,东海道新干线正式运营。这是世界上第一条客运高速铁路,当时的时速即达到了210公里。目前新干线运行时速在270至300公里之间,列车的试验时速已达440公里以上,最高试验时速据说已达510公里。

新干线运营的效果大大超过了人们的想象,它不仅缩短了经济发展区内的距离,加强了经济协作的功能,而且带动了一大批相关产业的发展。1967年,日本又开始兴建大阪至福冈的山阳新干线并于1975年开通。至此,日本东海岸的"太平洋工业带"正式形成。1970年日本政府颁布了《全国新干线铁路扩建法》,根据这个法令,到2015年,新干线将覆盖日本四岛(北海道、本州、四国、九州)。

新干线最明显的优势在于安全、迅速、正点、平稳,这要从新干线的技术特点说起。首先是列车的动力系统。新干线以电为动力,采用动力分散式,改变了传统的依靠机车牵引整个列车的方式,在每节车厢上都安装了电动机,由这些电动机来驱动列车。传统的机车牵引的方式需要增加机车的重量,越是沉重的机车越是需要坚实的路基,越是坚实的路基铁路的成本也就越高。另外,机车牵引下的列车在启动、制动、上坡、下坡、弯道时的震动与摇摆也非常明显,这都不利于列车的高速运行。采用动力分散式虽然增加了电力输送的费用,但同时也节约了铁路修建的成本,更主要的还在于极大地减轻了列车的摇摆与震动,尤其是在上坡与下坡、启动与刹车时更为明显。

其次是列车的控制系统。列车的控制系统由传统的空气控制改为电－空控制与再生控制。再生控制就是在列车刹车时各车厢电动机的接线方式会自动反接。此时电动机变为发电机,利用列车的惯性发电,电能直接反馈电网,不仅达到了节约能源的目的,而且在发电时,发电机还会产生阻力,有效地抵消了列车的惯性,从而起到制动的作用,列车也极为平稳。

第三是铁路的信号系统。新干线铁路按区段安装了被称为"ATC"的信号系统,这种系统能将列车行驶时铁路的各种振动信号转换为各种数据,反馈到"新干线综合指挥所",指挥所据此对列车进行宏观调控。同时"ATC"还将与各列车相关的数据转化为"车内信号"传输给列车,并在列车控制室的屏幕上显示出来。列车能够根据这些信号自动调整速度与运行状态,只要线路出现问题,前方发现列车,或者发生3级以上地震,列车都会自动停车。换句话说,新干线的列车已经完全实现了无人驾驶与安全、正点。之所以还保留着司机,只是为了更有效地保证对列车运行的监控。

新干线自1964年启用至今,没有发生过任何伤亡事故,被称为世界上最安全的列车。目前在主要干线上时速也达到了300公里,列车运行间隔也可以保证在3分钟之内。全国日处理车票能力在160万张以上。

1987年4月,为了更有效地提高全国各种铁路的综合服务能力,日本政府对国有铁路进行了大改革,新干线也完全交由民营企业管理。这次改革极为成功,不仅服务能力大为提高,而且运行成本也大为降低。新干线铁路在改革前每年的亏损都在一万亿日元

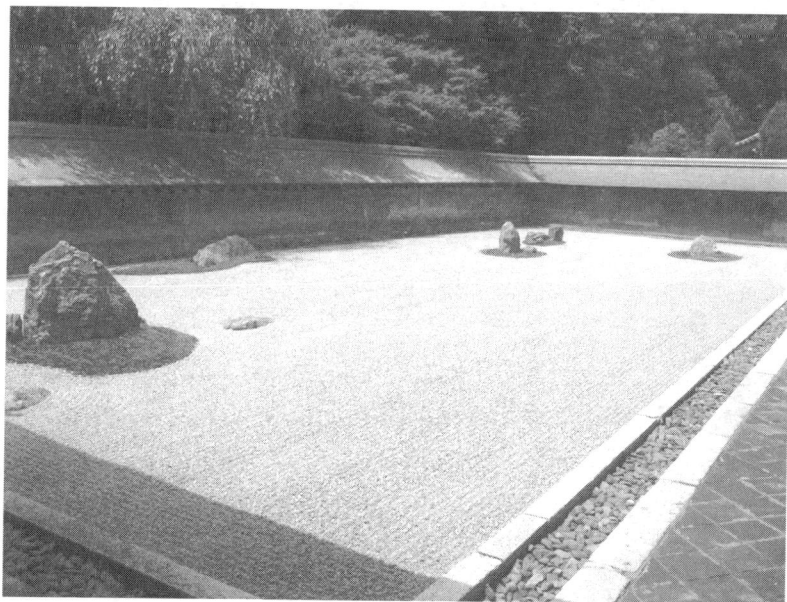

京都龙安寺的白砂石庭院

以上,完全由政府买单。改革后,企业不仅每年都能获得巨额的利润,而且上交国家的税收也都在数百亿日元以上。

根据日本运输省的判断,铁路客运的最佳竞争时间为 5 小时。也就是说,如果旅客乘车时间超过 5 小时,铁路就难与飞机竞争,因此提高速度就是扩大生存的空间。按新干线目前的时速 300 公里计算,从东京出发,在 5 小时之内已经可以到达本州的所有地方。

注释:

①樋口清之:《日本食物史——食生活的历史》,柴田书店,昭和三十五年版,第 20 次印刷,第 172 页。

第
八
章

文
学
艺
术
与
文
化
生
活

◎ 文学

中国：兴观群怨与《诗》关教化——俗文学在猎奇消闲中亦需含有教化作用——有伤风化之作皆被禁止——文学研究极重道德与社会价值之评价

日本：《古事记》与《日本书记》，《怀风藻》与《万叶集》——物语的兴起——江户戏作文学——松尾芭蕉的俳句——不关注社会问题的"私小说"——文学研究多在版本、源流、技巧的探究

◎ 书法与绘画

中国的书法追求个性——怪诞的得与失——日本的书法保持着传统的特征——规则的得与失

中国画的哲学精神——以灵秀为美，追求自由与神韵——日本绘画的特征——浮世绘以浓艳为美，在夸张与色彩中满足感官享受

◎ 文化生活

下棋：中国人喜欢热闹，扎堆，不分生熟——网络下棋终究没有这种人气——日本人喜欢安静，偶有看客亦观棋不语——网络下棋互不干扰，更为人们喜爱

读书：中国人喜欢在家中读书，随意自在——只有不能外借的书才在图书馆读，备考的例外——日本人喜欢在图书馆读书，在共同行为中感受某种共同心理

段子与漫画：收发手机段子是中国人的一大乐趣——幽默、调侃——网络公司收入不菲——日本人缺乏幽默感，喜爱更加直观与刺激的漫画——漫画成为一大产业

《源氏物语》绘卷

文　学

　　"诗以言志,文以载道"是中国文学自古以来的传统。"诗言志"(《毛诗·序》),这个志,既是志向,也是情感。孔子是最早的诗歌评论家,也是"文艺为政治服务"的最早的开创者。孔子说:"《诗》三百,一言以蔽之,曰:'思无邪。'"(《论语·为政》)"小子何莫学夫《诗》?《诗》可以兴,可以观,可以群,可以怨。迩之事父,远之事君。多识于鸟兽草木之名。"(《论语·阳货》)"入其国,其教可知也。其为人也温柔敦厚,《诗》教也……其为人也,温柔敦厚而不愚,则深于《诗》者也。"(《礼记·经解》)此后,在"诗关教化"的原则下,"发乎情,止乎礼义"(《毛诗·序》)成为诗歌创作的正道。

　　屈原因为胸怀国家、心系百姓而被历代文人所推崇,而不能关心民生疾苦、没有家国身世的悲痛、只注重一己的情感与哀伤的诗歌不是被讥为靡靡之音,就是被批评为过于柔弱,缺乏"风骨"。诗歌要能关注国计民生,要能抒发家国身世之痛,要能导引社会风气,要能批判黑暗与丑恶,才能得到社会的认可。杜甫也因此而被推崇为"诗圣"。词虽以婉约见长,但受人推崇的更主要的还是那些豪放词人,因为他们歌唱的主要还是家国身世之痛与慷慨报国之志。除《诗经》之外的民歌历来不被重视,因其大都为歌唱爱情之作,而且也俗而不雅。文人之作则要符合宗法制社会与政体的要求。李商隐、温庭筠等人的诗歌虽然也能获得人们的喜爱,但并不被推崇,诗歌被赋予了过多的社会责任。

　　散文从一开始就具有史学与哲学的内容,从甲骨卜辞、《周易》

卦辞、爻辞，到《尚书》、《春秋》、《史记》，从诸子百家到各种书表奏折，一律都被列入散文之中。这就是中国独有的"文史哲不分"。自有文字开始，识字就是贵族的特权，孔子开门授徒，虽然打破了"学在王官"的限制，但同时仍然在要求文章必须具有华美的外表与充实的内容，这正与贵族必须具有华美的外表与端庄的品行相同。所谓"文质彬彬，然后君子"(《论语·雍也》)。各种文章必须为国、为民、为社会，这是宗法制社会的必然要求。

在各种文章的体裁成熟之后，社会的内容、历史的内容、政治的内容、哲学的内容、记叙的内容、经邦治国的内容更多地交给了文章。诗歌也就放弃了《诗经》中曾有过的"史诗"的内容，承担起抒情、抒怀的任务。自《古诗十九首》之后，特别是曹植之后，诗以言志渐渐趋向于诗以抒情。但诗的抒情仍然保持着胸怀天下、心系百姓的特征，仍然是家国身世之情、社会疾苦之情、心忧天下之情。

汉字难以认读，书写更为复杂，所以诗歌与散文领域始终是文人的天下，中国的俗文学主要是小说与戏剧。因为文史哲不分的传统，散文，尤其是历史散文在很大程度上承担了叙事文学的功能。《左传》、《国语》、《战国策》、《史记》、《汉书》、《三国志》堪称中国最早的历史小说。而先秦诸子的各种哲学著作同样拥有大量的文学因素，寓言故事、历史故事、神话传说等等都大量地保存、发扬于其中。后代所说的小说的功能在这些著作中得到了充分的体现。正是因为这个原因，中国古代小说与戏剧出现得就非常晚。小说的出现最早也只能推到六朝时期，干宝的《搜神记》、刘义庆的《世说新语》为其代表。正如鲁迅所说："小说亦如诗，至唐而一变，虽尚不离搜奇记逸，然叙述宛转，文辞华艳，与六朝粗陈梗概者较，演进之迹甚明，而尤显者乃在是时则始有意为小说。"(《中国小说史略·唐宋传奇文》）唐代的传奇小说代表着中国小说的真正形成。因为传奇是"案头文学"，也就是需要读者来"读"的作品，没有文化的普通百姓仍然无法欣赏、无法享受。

到了宋代，随着城市经济的发达，市民阶层迅速扩大，说书开始出现。说书等俗文学的形式从一开始就是为了满足一般百姓文化生活的需求。追求新奇、追求有趣、追求刺激成为种种俗文学的主要特征。但作为一个有着悠久历史的以伦理道德为做人最高标准的国家，在说书中仍然包含了各种人生哲理、人生智慧、人生规范以及价值观念、道德判断等内容。既有消遣与娱乐，又有历史文化与人生智慧，同时也正可以借此传播道德与正义的说书就成为普通百姓最佳的文化生活形式。这正是中国古代民间最为重要的历史知识与人生教育的形式，一直到文革之前，大多数农村也还是如此。在这一点上，说书与今天电视的作用非常相似。说书的底本被称为话本，虽然很简略，但最基本的内容已经具备。在说书与话本兴起之后，唐代的传奇也就渐渐消亡了。与此同时，戏剧的萌芽也开始出现。

到了元代，因为元蒙统治者将国民分为蒙古、色目、汉人、南人四个等级，科举考试又时有时无，汉族知识分子失去了出仕为官、光宗耀祖的机会与可能，大批的失意文人便借着说书人的底本，借着自己对人生的认识来写话本、写小说、写杂剧、写南戏。文学就是人学，而人又是社会关系的总和，是有精神并受精神支配的物种，这些落泊文人在他们的创作中倾注了强烈的人生感慨，并保持了中国文化最基本的精髓。明清时代就是小说与戏剧的天下了。《三国演义》、《水浒传》、《西游记》、《儒林外史》、《红楼梦》、《长生殿》、《桃花扇》，洋洋大观。从近代开始，中国文学明显受到西方文学的影响，在救亡图存的时代要求中，"小说界革命"首当其冲，开始出现"政治小说"、"谴责小说",勇敢地承担起了教育百姓、唤醒国民的重任。"五四"之后的新文学运动更是以现实主义相号召,成为文学的主流。

从诗歌、散文到小说、戏剧,从西周时期到今天的中国,文学始终都与社会、政治、道德相联系。文学要具有道德教育的功能、认识社会的功能、惩恶扬善的功能、宏扬正义的功能,即使是抒发个人的情怀也不能违背社会公认的准则与伦理道德的标准。黄色小说、淫秽作品始终受到严厉的谴责与批判,文学作品必须具有社会教育的作用。正是在这个传统影响之下,中国人对文学艺术的研究也就非常重视其社会意义与文化意义。

孔子解释《诗经》时提出的兴、观、群、怨,事父、事君,多识鸟兽草木之名,以及《诗经》的教化作用,孟子提出的知人论事、以文逆志等评论原则与研究方法,仍然明显地存在于今天的文学研究之中。

如果忽略神话与口头文学的时代,日本文学的正式出现是在汉字进入日本 400 年之后的事了。在奈良时代(710—794)出现了以汉字书写的《古事记》与《日本书纪》。这两部书记录了日本古代的神话、传说、歌谣等口头的文学与历史,成为日本最为重要的两部经典。还出现了日本的第一部汉诗文集《怀风藻》和第一部和歌(日本诗歌)总集《万叶集》。

平安时代(794—1192)是日本贵族社会形成的时代,男性贵族追求高雅的汉文化,以能创作汉诗而骄傲,形成了一股"汉风化"的潮流。嵯峨天皇不仅喜好汉诗,还下令编纂汉诗文集,对汉风化具有直接的推动作用。后来的菅原道真(845—903)为提倡日本的文化传统,提出"和魂汉才"的观点,并私纂《新撰万叶集》。此后和歌渐渐壮大,诗集也不断涌现。和歌的主题亦由早期的模仿中国的"家国身世"转向了日本式的对恋情与景物的描写,风格趋向细腻婉约。

真正使日本诗歌走向世界的是江户时代著名的俳句作家松尾芭蕉。芭蕉的作品以禅宗理趣与人生感悟见长,并极善于精微地把握自然的瞬间美景与心灵的颤动,因此获得了巨大的文学声誉。但这种对生活与人生的深切体验、对自然景物的细腻品味,首先源于作者对禅宗哲理的领悟,以及他所处的时代的气息,再加上本人独特的经历与天才,使得他的俳句成为一种绝响。

平安时期的另一种文学形式是物语。物语就是传说与讲故事的意思,是用假名写成的小说,是地道的俗文学。女性贵族因为无缘汉文化的学习,只能在家中学习一些汉字和在汉字基础上创造出来的拼音文字——假名。这反而使这些女性能够创作更为日本化的小说——物语。物语文学最早分为传奇物语与歌物语两类。前者以《竹取物语》,后者以《伊势物语》为代表。传奇物语与一般小说无异,歌物语则是以和歌为基础创作的,是以散文与和歌的交替轮换组织而成的小说,很有日本特征。值得格外关注的是这一时期还出现了大量的日记文学。这些作品都是以散文与和歌的形式写作的,著名的有《土佐日记》、《亭子院歌会》、《蜉蝣日记》、《和泉式部日记》、《紫式部日记》等。作者大都是女性,《土佐日记》的作者虽为男性,但也假托女性之笔而为之。这也正好验证了前文所说的日本人在特有的人际关系中格外喜爱写日记的心理。

最为杰出的代表当然是紫式部的《源氏物语》与清少纳言的《枕草子》。《源氏物语》写的是源氏的婚姻与爱情生活,其中折射出了当时贵族生活的腐败与淫逸。《枕草子》是随笔,写的是作者在宫廷生活中的诸般感受与见闻。这两部著作在日本可谓家喻户晓,人人皆知,人们对它们的熟悉程度与中国人对李白、杜甫的熟悉程度差不多。它们也最为鲜明地体现出了日本古代文学的基本特征。

两位作者都是贵族出身的女性,皆为宫中女官,都具有极高的文化修养,尤其是对白居易的作品非常熟悉。《源氏物语》对爱与性的表现很有日本特征,有人比之为中国的《红楼梦》,实际上差异远矣。在创造"以哀为美"与细腻精微的审美风格上二者确有相似、相近之处,但在对社会人生的理解与表现内容的广度与深度上,《红楼梦》远远过之。对性的表现《源氏物语》更为直接与露骨,占据的分量也更大,仍然被认为是日本小说的经典之作。而与之相比更为端庄、更为严肃的《红楼梦》,在中国古代则被斥为"诲淫"之作,被列入禁书。这里最能看出中日两国对小说的理解。

《枕草子》是极佳的生活随笔,作者以日本女性特有的感受精彩地写出了对生活与自然的品味。尤其是对季节变换中的景物以及在景物中极为细腻的心理感受都表现得非常精美,时光流逝的哀伤,闲适生活中的闲愁,风花雪月、修竹清影中的寂寞,完全都是女性特有的感伤,很容易使人联想起《红楼梦》中的黛玉与妙玉。

因为男性贵族都在追求着社会中的声誉,都在表现着贵族的高雅,身份在社会规则中渐渐成为一种精神的牢笼,绝不能做出不符合身份的事情。倒是女性在封闭的宫廷与内宅之中可以任由自己的思想驰骋,可以在狭小的庭院中品味风花雪月,可以在寂寞的哀伤中咀嚼各种人生的内容。正是因为这个原因,日本的早期小说不仅作者大都为女性,而且日记体小说颇为流行。这也正能说明为什么在案头文学刚刚起步的日本,却能产生世界上第一部长篇小说《源氏物语》。日本的小说一开始就从女性的手中生长并达到了顶峰,情与哀,成为日本小说的基本特征。

表现武士精神的作品虽然不如表现情与哀的作品那么多、那么成功,但也是日本文学中一个非常重要的方面。最早的成功之作是镰仓时代(1192—1333)的《平家物语》。小说突出地表现了武士的精神与性格,在国与家、君与臣的矛盾冲突中强烈地突出了儒家的等级与忠孝精神,成为后世武士精神的最早缔造者,影响巨大。在此基础上日本的武士文学也蓬勃地发展了起来。即使是到了现在,日本的影视作品中关于武士的电影、电视剧亦非常多,有很多作品艺术性也非常高。

　　江户时代都市经济渐渐发达,町人(商人)势力渐渐壮大,对俗文学的要求也渐渐强烈起来。随着这种变化,追求享乐的所谓"江户戏作文学"兴盛起来。包括"假名草子"、"浮世草子"、"草双纸"、"洒落本"、"滑稽本"、"人情本"等多种类型的小说相继出现。这些小说都在用假名书写,通俗易懂,便于阅读,内容也大都是些青楼艳情、男欢女爱、风俗世相、诙谐风趣等等。也有一些历史故事、社会教化的东西,并不多,在承载社会教化方面无法与中国古代相比。

　　自近代以来,西方文学与文艺理论对日本的文学创作产生过很大影响,各种文艺思潮都被日本学者与作家所接受,如启蒙主义、写实主义、浪漫主义、自然主义、唯美主义、新现实主义、象征主义等等。学者在翻译、介绍各种文艺理论,作家则在学习西方的艺术技巧进行创作。这与中国的经历非常相似。在二战期间和二战之后也出现了一些反战与反对军国主义体制的作品,出现了无产阶级文学,但因为这些思潮与日本的传统文化具有较大的距离,作家难以把握,读者也难以共鸣。真正在日本文学中具有较大影响与突出成就的仍然是关于心理的细腻表现与精神的扭曲痛苦的作品,在一定程度上仍然沿袭着《源氏物语》以来的对情与哀的表现。

文笔的细腻与情感的忧伤构成了独特的日本小说的风格。例如森鸥外的《舞姬》，田山花袋的《棉被》，谷崎润一郎的《细雪》，川端康成的《伊豆的舞女》、《雪国》，三岛由纪夫的《假面自白》等等。这是在规则与集团主义压抑下的心灵的展现，完全属于个人的内容，因此被称为"私小说"。此类小说可以称之为日本文学的经典。此外如岛崎藤村的《破戒》，夏目漱石的《我是猫》、《哥儿》，芥川龙之介的《鼻子》、《河童》等作品，都极为深刻地揭示出了日本文化传统中的人际关系对人性的压抑，虽然明显地受到了西方文艺思潮的影响，但日本的传统与精神仍然占据主流，仍然是典型的日本小说。

　　在现实生活中，日本人读小说不过是消遣，写小说也不过是对自我心理的一种宣泄，其中并没有中国式的"文以载道"与干预生活的内容。日本学者对小说的研究，大多数也只是重视其版本、故事的来源与变迁，以及结构、情节、语言技巧等等技术方面的问题，而不是对其进行哲学的说明或去揭示社会学的根源。当然中国小说也有以情感宣泄为目的的小说，日本也有以社会问题为主题的小说，但在传统观念的影响下，两国的小说创作与研究走向了不同的道路仍然是一个明显的事实。

　　日本的动画片也非常发达，可以说风靡世界。在中国的电视台播放的外国动画片中日本的动画片占据了绝大部分。文学是想象的艺术，现代的动画片固然使孩子们更多地了解、接触到了古代的神话、传说、故事以及各种名著，但同时也因为画面的"具体"而使孩子们失去了想象的空间，失去了在秋天的夜晚仰望银河时所做的种种遐想。日本的漫画更是把这些想象的空间彻底扫荡干净，除了面对视觉的直接刺激之外，孩子们的想象没有了天地。

书法与绘画

  中国的书法具有悠久的传统,历史上也拥有众多杰出的书法艺术家。书法是线的艺术,人们往往能感受到书法之美,但总是说不清楚美的原因。在中国的传统中人们就用"味道"来表述对书法的感受,例如老辣、稚嫩、凝重、飘逸以及硬软、雅拙之类,虽然模糊,却总是能让人切实地感受到某种独特的风格。这不是理性的分析,而是感性的领悟。但现在也有一些书法家们总是说一些让外行人听不懂的话,而且动不动就抬出古人为自己壮胆,最常引用的就是扬州八怪。其实扬州八怪是以破坏传统来表现自己的反抗,世人对他们的认同也是基于同一个原因。这些字,因为是他们写的,所以值钱,其中蕴涵着他们的人生价值观念,因而蕴涵了独特的人生美感。书法之美在于人的心理感受,纯粹的线条之美不能说不存在,但并非书法最本质的特征,最本质的特征还应该说是某种说不清、道不明的"灵气"。文字本身的意义也是书法之美的重要内容之一。凡是有名的书法作品,必须是文字承载的内容、线条风格与结构布局的完美统一,这种统一正是一种灵气。多姿多彩的文字形式——甲骨文、钟鼎文、大篆、小篆、隶书、楷书、行书、草书,圆转自如的书写工具——笔墨纸砚,都给了书法家以极大的创造空间,书法家可以在情绪与心灵的指挥下挥洒自如,尽情地表达自己对艺术的理解。但现代书法渐渐走向了以怪为美的道路,因为传统已经无法超越,只能进行形式的变通。但文字承载的内容仍然沿袭着传统,所以常给人以不协调的感觉,只有少数人才能创作出精彩的书法作品来。

日本人也非常喜爱书法，书写的内容与风格也多沿袭着中国的传统，却仍然体现着规则的特点。尤其是在青少年学习书法的阶段，每一笔、每一划都有固定的要求与规则。有一定文化修养的日本人汉字写得都非常漂亮，这常常使一些中国人汗颜。但这种漂亮却明显地缺乏个性，最明显的标志就是男人与女人的字体大致相同，难以区分。严谨的训练与规则的书写体现出了日本人宁守规则也不为了出名而逾矩的特点。只有极少数真正的书法家才能够写出不同的字体，表现出不同的风格。但总体来看仍然是以规则见长，个性并不明显。

中国自古就有书画同源的说法，不仅仅是因为书法与绘画在使用相同的工具，本质上都是在追求一种心灵的表达，更是因为它们都在实践着"以形象论道"与"摆脱形象的束缚"以及"天人合一"的哲学精神。可以说，中国画，尤其是宋元以后的中国画，在本质上与中国哲学的精神相通，中国画是中国哲学的最为精彩的艺术表达：以形象论道——通过形象来表达作者的理念与精神，景物更主要地表现为特定的文化符号与对人生的说明；摆脱形象的束缚——不拘泥于某一具体的形象，略其玄牝，破形传神，注重对"神韵"的把握；天人合一——通过对自然的认识来理解人生，绘画题材大多为山水景物与草木花鸟，通过自然景物来领悟人生、升华人生。

与西方相比，中国画在题材上多为自然景物，在艺术上不求其真而求其神，在表达方式上是以形象来抒写人生。自然景物包含了自然中的景与物，即山水、风云、雨雪、花鸟、鱼虫，也包括人间的小桥、街道、亭台楼阁、竹篱茅舍。专门的人物画、肖像画并不多见，人物更多的还是山水、楼台的点缀与陪衬。不求其真而求其神是不去"写真"、"写生"，不是去表现物理的真实而是去表现情感与精神的真实。在绘画中不受具体、真实的景物的局限,而是通过对景物的"类"的特征的把握、放大与突显,表达某种独特的文化精神——神韵。神,是自由灵秀的精神;韵,是绘画的风格特征。在中国的传统中,各种物象早已具有了特定的文化蕴涵,不仅仅是梅兰竹菊、龙虎虫鱼,就是山川土石、风云雷电也都具有特定的含义。不同的物象代表、体现着不同的精神内涵,对不同物象的不同表现正是对不同精神的抒发。中国人正是在对自然的理解中孕育出了对人生的理解,在中国画中景物也早已成为特定的文化符号,所以中国画与中国诗歌一样并不注重对真实的再现,而是通过对特定景物的特定创造,即通过"理想的景物"或"应该是如此的景物"来表现特定的精神与情感。这种精神与情感就是对自由及自由精神的热爱,在无拘无束的挥洒中体现的正是对自由的理想人生的追求,独特的宣纸与笔墨更使这种表达充满了灵动的生机。成为一名绘画大师固然十分困难,但作为一名爱好者,在经过一定的训练之后仍可以自由挥洒,表达自己的情趣与胸怀。

日本的绘画受中国影响极大,在本质上正与中国画相通。在这里我们可以看一看欧洲人对日本画的评价。小泉八云(1850—1904)是有名的日本通,也是最早研究日本的外国人之一,他在《日本与日本人》一书中对日本的绘画曾给予过这样的评价:"不管那形象只是风中网上的一头蜘蛛,逐着晴光的一只蜻蜓,横行在野草中的一只螃蟹,清流中鱼鳍的波动,黄蜂飞翔的健态,野鸭的翩然而下,奋臂的一头螳螂,爬上松枝高唱的一头秋蝉。所有这些艺术都是活的,强有力地活着的……不用什么模型相助,在纸上证明了某种花卉形象的完全记忆,而且所显示出来的,并非任何一朵花的回想,只是全副情调、时间和变化,精进独绝,于形式表现上合于一般定律的实际化。"这既是对日本画的精彩的描述,更是对中国画风格与技巧的形象说明。正是在这里，我们可以清晰地看到中国画对日本绘画的深刻影响。

　　然而日本毕竟是日本，日本人忽视理论、重视实践的精神，以及在日常生活中私生活不受任何干扰的传统都使日本人更愿意享受感官的刺激而不是理性的思考。小泉八云对日本画的特征的解释虽然非常符合日本人在严格的规则生活之外寻求精神的舒展的心理，也非常符合深受中国画影响的日本画的特征，但这更多的是贵族式的艺术，并不能涵盖日本画的全部。在被称为"浮世绘"的日本画中明显地体现出另一类精神。浮世绘以世俗生活为表现对象，人物画成为主要内容，武士、俳优、仕女等等远远超过了山水景物。色彩艳丽，色块巨大，线条明丽而简洁，人物形象夸张而特征鲜明等等，都给人以强烈的视觉刺激与心理震撼。这里没有哲学的精神，只有对世俗生活的热爱与感官的享受，这也才是普通日本人所需要、所喜爱的、最能代表日本特征的绘画艺术。

文化生活

　　在世俗的文化生活中，中国人喜欢扎堆，日本人喜欢成堆。扎堆是指几个人聚集在一起，组成一个团体，具有明显的内敛性与排他性。内敛性是指关系紧密，这种紧密有亲密、共同爱好、水平相当等因素。排他性是指人员不能过多，人员过多就会再次分化为合理的团体。最明显的例子就是中国人喜爱的打麻将、玩扑克、下象棋、唱卡拉OK，人不能过多，但也不能太少。太多了会因为过于杂乱而无法正常进行，太少了则因为缺少气氛、不热闹而难以长期进行。扎堆就是为了热闹，不热闹就没有意思。成堆是指在互不干扰的原则下聚集在一起,体验着某种共同的心理,消解孤独与寂寞。前文所说的日本人喜欢参加节日活动,喜欢去特定的地点看樱花,以及去电影院看电影,去体育场观看比赛都是如此。

中国人下象棋最大的乐趣在于众人的参与。在街头巷尾、公园码头,不论男女老少,不分南北东西,只要有人摆开棋摊,就会有人过来扎堆、参战。这里有固定的对手与"参谋",也有过路的"好家"与看客。虽然中国有"观棋不语真君子"的古训,但也有"见死不救非丈夫"的调侃。只有"参谋"与看客众多,棋手才会格外来劲,只有棋手来劲,"参谋"才会大呼小叫,频频支招。棋到紧张之处,"参谋"往往会抢过棋子自己行棋。如果赢了,皆大欢喜,一旦输了则会互相责怪,甚至迁怒于对手,更有甚者还会拳脚相加。但是不管争论多么激烈,只要下一盘棋摆开,大家又都集中精力投入战斗,所有恩怨也都烟消云散。而过路的看客在没有融入这个圈子的时候基本上是不发言的,待渐渐熟悉之后才会加入其中。这就是中国的"朋友圈子",在这个圈子里人们是平等的,是不计较地位与身份而以横向关系为主的。随着互联网技术的发展,在网上下棋已经非常普遍,但很多中国人只要有机会仍然要扎堆下棋,因为在扎堆的时候才最能体会到融洽的人际关系带给自己的快乐。

另一种类型是随着生活水平的提高、单元式住房的普及,娱乐场所也普遍了起来,各种棋牌室、茶屋,比比皆是。人们在饭后茶余,尤其是在节假日,最经常的消遣就是在这里打牌、下棋、搓麻将。这同样是在扎堆。

日本也有类似中国象棋的"将棋"。说它类似,是因为将棋也是两人对弈,而其行棋规则却与象棋有很大不同。最典型的就是吃了对方的子之后,这些子就成了自己的子,可以根据需要在适当的时候重新摆在适当的位置上战斗。这与日本人忠诚于集团的精神大不相同,应该是早期日本武士可以更换主君时代的产物。

在日本的街头绝对见不到下棋的人,只有在公园偶尔能见到几个下棋的人,大都是退休的老人。下棋时二人对弈,旁观者不多,绝不插言,只有在下完棋之后才会发表一些评论。整个棋摊非常安静,没有中国式的大呼小叫与兴奋激昂。

以前日本满街都是围棋馆、"麻雀"(麻将)馆,因为人们不愿意在家中聚众消遣,只好去专门的场所。在网络文化发展起来之后,已经基本见不到这种专门供人们消闲的场所了。日本人更愿意在家中一个人安安静静地消遣,既不用担心影响其他人的正常生活,也没有了在围棋馆、麻雀馆找不到合适的对手的尴尬。中日两国的这种娱乐方式非常典型地体现出了各自的文化传统与人际关系。

中日两国对围棋胜负的计算方法也很不相同。围棋对胜负的判定原则非常简单,就是数棋子(包括被围起来的空格——目),谁的子多谁赢。因为下棋时黑白双方依次行棋,理论上说棋盘上的子是一样多的,所以为简便计算,只要数出双方各自占据的"目"就可以了。但必须注意被对方吃掉(提走)的子和被对方围死(未提)的子,因为数目的前提是假设双方在棋盘上的子数是相同的,所以在数目时对于提子与死子是要计算在内的。中国的计算办法是在提子的地方要算两目,如果这里又被摆上了子,则算一目,因为对方棋盘上的子减少了一个。死子也算两目——死子算一目,死子占据的目算一目。不去减少对方的子而是增加己方的子,结果是一样的。这种方法在行棋中对判断形势至关重要,日本人在判断形势时也是如此,但在判定胜负时则是把被对方吃掉与围死的子都取回来,一一填在自己的地盘里然后数目,然后再数子。中国人的简明扼要与日本人的细致谨慎昭然若揭。

对注重本质的中国人而言,图书馆就是藏书的地方,并不是理想的读书之处。人们更愿意来这里借书,回家去读。留在图书馆的成年人大都是在查询资料,或者是阅读一些不能外借的书籍。真正在图书馆读书的大都是些在家中缺乏自己的读书空间或为了摆脱家中的干扰的青年学生,主要还是备考的学生。相对而言,日本人更愿意去图书馆读书。这里也有很多备考的学生,但更多的还是成年人。日本的各种图书馆非常多,图书馆中的人也非常多,虽然借书非常方便,但大多数人并不是借书,而是在阅读,其中蕴含着对某种共同心理的体验。因为大多数日本人在图书馆阅读的并不是难以得到的书籍,而是借阅非常方便、随处皆有的一般读物与普通报刊。

随身听产品是日本的最好,现在也早已不是随身听的时代而是 MP3、MP4 的时代了。不论是随身听还是 MP3,最大的特点一是携带方便,二是不影响他人。日本的电器产品虽然非常发达,但在日本的住宅外边却永远也听不到家中的音乐与电视的声音,因为不能影响他人,包括不影响家中的其他人,所以声音都非常小。随身听与 MP3 正是自我消遣的极好手段。

手机短信非常符合日本的文化需求。日本是一个极端"自重"的国家,隐私不能泄露,别人的隐私也不能打听,接发手机短信可以有效地避免自我隐私的泄露与他人的窃听。在公共场所接打电话有时非常尴尬,因为说话声音小,对方可能听不清,说话声音大则会影响周边的人,而且还会泄露自己的隐私。而手机短信则可以有效地避免这种尴尬,因此成为日本人非常喜爱的交流方式。这还不够,日本的企业还专门制作了从侧面无法看到手机屏幕上的图案与文字的贴膜,更是有效地保证了手机使用者的"隐私权"。

手机短信的优势远不限于此,发手机短信还可以避免正面通话时的胆怯，可以说一些当面难以说出的话，可以保留更为准确的信息，可以消磨无聊的时间，可以在接收之后不予回答，可以在认为合适的时候回答，可以在反复斟酌之后回答，也可以干脆不回答。

　　手机短信在中国也得到了神速的发展，短短几年时间几乎人人皆会。但在文化心理上，中国与日本却有明显的不同。在中国，手机短信的头号功能是联络感情，最典型的表现就是转发各种各样的段子——笑话与调侃之词。

　　"文武之道，一张一弛。"在紧张的工作之余，人们总是想着应该休闲一下，放松一下。说笑话自古以来就是中国普通百姓的一大爱好，相声就是艺术化的笑话。大约从上世纪80年代后期开始，中国开始流行所谓的"段子"。"段子"原本是大鼓、相声等传统艺术中的一个术语，在这里则成为一个短小的笑话或幽默。它的特点是精练、短小、有趣，有些还富有哲理，但也有些沾点"荤"，也就是有点"黄"。老百姓的解释是"不荤不笑"。既然是"搞笑"，沾腥带荤也就成为必然。当然有些段子中也掺杂了一些低级甚至下流的东西，是被禁止发送的。刚开始流行的时候人们还有点不好意思，大多是在同性的朋友之间流行，但渐渐气候形成，在异性之间、上下级之间也开始流行。不仅仅在餐桌与聚会上流行，就是在工作中也会突然冒出一个半个段子来调解一下气氛。

　　自从手机短信传入中国后，通过手机来传递"段子"就成为一种新的传播方式。讲段子是通过口头语言的方式进行的，这需要讲笑话的能力与水平。同一个段子，不同的人讲出来效果就大不一样，而且在不同的环境与不同的场合中也需要不同的技巧，这并不是人人都能掌握的。但是用手机来传递就大不一样，只要会转发就行，而且因为是用文字进行传递的，字数不能多，所以也更精练。

在市场经济的推动下还出现了专门从事段子的编写与制作的职业。有人专门从事创作，有人则把这些新写出来的段子挂在网上，或者通过手机以短信的形式发出去，引诱人们互相转发。这对于网络公司与电信公司来说是一笔不菲的收入，可以想见其数量之大。在这种传播方式的影响下，逢年过节互致问候，以短信拜年，又成为新的热点。

日本人则主要是通过漫画来满足这种心理需求。日本的漫画不仅发行量大——据说世界第一，而且还根据不同的年龄段来制作。无独有偶，对成年人制作的漫画也是以"荤"为特点，但没有什么哲理性。在日本每天都有新的漫画书出版，每天都可以在街头的小摊上买到新的漫画书。有很多成年人早晨上班时在地铁站或电车站旁随手买一本，在车上看，下车时随手往垃圾箱里一丢，或者干脆就留在车上，急匆匆上班去了。因为这种书在"职场"中并不适宜，而且随便翻翻已足矣。于是日本又出现了一种"职业"，专门在地铁站与电车站收集被丢掉的漫画书，然后又摆在车站旁堂而皇之地降价出售。因为这类书原本就是为了消遣与放松，不需要思考与动脑，所以追求的当然也就只是感官的刺激。刺激结束，价值也就消失了。从这个意义上讲，段子的"文化含量"还是要高一些。

相同的心理需求获得的却是不同的表现形式，其差异还是源于两国的人际关系。中国人重"人情"，追求一种和谐而广泛的人际关系是中国人的第一心理需求，而讲段子对普通百姓来说则是一种极好的沟通方式。在哈哈大笑中，人对人的怨气、人与人的隔阂、人与人的距离都得到了有效的化解，而原有的情感更会因为欣赏而变得更加稳固。段子成为人际关系中极为有效的润滑剂与黏合剂,它需要听众,需要环境与气氛。会讲段子的人也会因此而受到一种"优待",例如可以坐在领导的旁边之类。另外,段子毕竟是语言的表现,除非实在是不像话,一般情况下胡说乱道并不会引来他人的批评与非议,而漫画则因过于直观而难以被中国人接收。

日本的人际关系更主要地建立在人对人的评价上,是对每个人在社会与职场中的表现的评价,所以从根本上说是一种"公"的关系,日本人的"私交"远远不如中国人。上下级之间、先辈与后辈之间是不能随便开玩笑的,段子也就失去了它赖以生存的环境。如果讲得不好,会造成不必要的麻烦。日本是一个非常重视"公"的责任与义务的国家,个人的权利与喜好在日本拥有的空间非常狭小,因此日本人缺乏幽默与洒脱,也就只爱看漫画。换个角度,还有另一种原因:漫画是一种视觉刺激,段子是一种听觉刺激,从接收器官的功能来看,视觉对刺激的接收程度更高,也更容易引起人的生理反应。日本人在性的问题上本来就比中国人开放,因此漫画也更符合日本人的心理需求。

结　语

　　家庭是人首先要经历的生活环境,对人一生的影响极为重大,因此社会赋予家庭的责任就成为一个国家一个民族最深层的,也是最核心的文化特征。

　　在以宗法制为核心的中国文化中,孝是道德的基础,仁是道德的提升,道德是人之所以为人的根本。政治制度是家族制度的扩大与延伸,社会道德(仁)是家庭伦理(孝)的扩大与延伸。因此理想的人生道路就被定格为修身、齐家、治国、平天下。道德源于孝,与祖先崇拜联为一体,具有了宗教性的功能;孝扩展为仁,与政治制度联为一体,具有了强制性的特征。道德与政治联姻,在很大程度上超越了法律的力量,善恶判断取代了是非判断,道德成为最高原则。道德与史学、哲学结合,成为史学与哲学的基本精神,以孔子的《春秋》、司马迁的《史记》为代表的古代史书成为对历史人物功过成败的道德审判书,以儒家、道家为代表的古代哲学著作始终把“公天下”的尧舜禹时代作为最高境界与最为理想的时代来论述,善恶判断上升为对世界的本质的关注与把握。普通百姓则是生活在“人道亲亲”与“聚族而居”的氛围与环境之中,道德因此获得了最为深厚的文化基础。表意的汉字通过对事物意义的理解，推动并"控制"了语言的发展，不仅使中华民族凝结为一个稳固的整体，而且也在思维形式上影响着中华民族"把握事物本质"的思维特征的形成。

道德对中国人的作用是不言而喻的，社会的稳定、家族的凝聚、人际关系的和谐、文化的平和以及追求精神境界的高尚等等无不受惠于道德。但道德的善恶判断更多地体现为一种定性式的判断，即对本质的判断，其边界并不清晰，规则亦不严密，注重核心而忽略细节。当人们把道德的作用推向极致，希望道德完成它不能完成的任务时，变通就成为必然，在这种变通中也就会出现弊端。古代如此，现代也是如此。

中国的改革开放进行了 30 年，其成就举世瞩目。在这项伟大的变革中，传统的道德不再拥有过去的力量，对人的约束力大为减弱，善恶判断也不再能替代是非判断，职业道德的建设成为当代道德建设的关键。关注事物本质的传统使中国人在变革中能够摆脱枝节的干扰而紧握核心，变革因此而取得成功。虽然因为忽略细节而付出了不小的代价，但这大概也是中国文化的宿命。

古代日本是一个深受中国文化影响的国家。公元 7 世纪初期圣德太子受佛教思想和中国隋唐制度的影响开始创建律令制国家，此后以刑法与政令的形式来治理国家就成为日本的一个基本统治模式。到了对日本现代国家产生过重大影响的江户时代，幕府的统治者把政治统治模式渗透到对家（家庭、家族）的管理之中，建立了独具特色的家制度。在家制度中，家首先是一个"公"的单位，即社会责任单位，不能完成社会责任的血缘单位（中国意义上的家）不能成为"家"，只能作为家的附庸而存在，氏姓也没有血缘的意义而只是等级与身份的象征。家庭成员（包括附庸者）之间等级森严,责任分明。家长具有极大的权威性,但也必须与家的所有成员一样遵循家的传统与规则,必须带领所有成员为家所承担的社会责任而努力。家实际上已经成为一个社会责任集团,而同族(家的联合体)正是这种社会责任集团的联合体,集团意识由此形成。日本的近代企业正是依据家的这种传统而建立的,所以日本社会被很多日本学者称为"家社会"或"依据家的逻辑"而建立的社会。日本现代社会中的集团意识正是源于这种古代的家制度,在集团内部任何成员都必须服从集团的规则,这里没有哲学的思辨、道德的评价,甚至没有是非的辨析,只有对规则的服从与对集团的忠诚,否则就会受到严厉的惩罚。

集团主义构成了日本各种集团(企业与单位)内部的凝聚力与牺牲精神,对规则的严格遵守使其工作效率得到有效的保证。日本因此而拥有了明治维新的成功,创造了 20 世纪 60 至 70 年代经济起飞的"神话",但对规则的绝对遵守却使日本人在工作与生活中过于关注技术的操作层面以及他人对自我的评价而陷于过度的拘谨,缺少了思想的灵活与创造精神。在知识产权意识日益强大的今天,日本过去通过对他国科技发明的照搬、改造、提升来创造自己的知名品牌的发展模式将面临巨大的挑战。

中日两国的优势与不足在某种意义上恰好对立,只有清晰地认识两国文化的差异才能真正认识自己与对方,对两国来说,这一点都非常重要。

后 记

　　我曾于1993年至1995年以进修生的身份在日本学习过两年,师从于日本横滨国立大学的高桥胜先生。2006年至2007年又有幸获得教育部"西部项目"的支持,以中国政府派遣研究员的身份在日本进行了一年的访学与研究,指导教师是横滨国立大学的冈田充博先生。第一次的日本生活就使我对日本的文化与思维方式有了一定的了解,第二次访学的研究课题是"《史记》在日本的传播与影响",这必然要涉及中日两国的文化差异与思维方式问题,渐渐产生了写作本书的想法。

　　2008年我申请的课题"中国文化因子在日本的变异"获甘肃省教育厅科技处的立项与经费支持,用了一年多的时间完成了本书的写作。

　　非常感谢教育部留学基金委给了我一个以中国政府派遣研究员身份赴日研究的机会,非常感谢甘肃省教育厅国际处与科技处给我的大力支持,也非常感谢甘肃联合大学给我的各种帮助。